基金项目：2022年度内蒙古自治区知识产权专项计划项目"知识产权培训基地建设"；
2023年度知识产权培训基地（内蒙古财经大学）知识产权专项研究项目；
2023年度内蒙古自治区人民检察院重点调研课题"内蒙古地区地理标志知识产权现状、困境及对策研究"（编号:NJ202307）；
2023年度呼和浩特市人民检察院"知识产权基地建设"项目。

内蒙古"蒙"字标知识产权保护与农畜产品品牌建设研究

杜青松　冯辉　著

中国商务出版社

·北京·

图书在版编目（CIP）数据

内蒙古"蒙"字标知识产权保护与农畜产品品牌建设研究 / 杜青松，冯辉著. -- 北京：中国商务出版社，2024.9. -- ISBN 978-7-5103-5348-2

Ⅰ.F326.5；D923.434

中国国家版本馆CIP数据核字第2024KK8575号

内蒙古"蒙"字标知识产权保护与农畜产品品牌建设研究

NEIMENGGU "MENG" ZIBIAO ZHISHI CHANQUAN BAOHU YU NONGXU CHANPIN PINPAI JIANSHE YANJIU

杜青松　冯辉　著

出版发行	中国商务出版社有限公司
地　　址	北京市东城区安定门外大街东后巷28号　邮编：100710
网　　址	http://www.cctpress.com
联系电话	010-64515150（发行部）　010-64212247（总编室）
	010-64243016（事业部）　010-64248236（印制部）
责任编辑	刘文捷
责任编辑	刘　豪
排　　版	德州华朔广告有限公司
印　　刷	北京建宏印刷有限公司
开　　本	787毫米×1092毫米　1/16
印　　张	16.25
字　　数	300千字
版　　次	2024年9月第1版
印　　次	2024年9月第1次印刷
书　　号	ISBN 978-7-5103-5348-2
定　　价	78.00元

凡所购本版图书如有印装质量问题，请与本社印制部联系
版权所有　翻印必究（盗版侵权举报请与本社总编室联系）

前　言

　　2019年习近平总书记视察内蒙古时强调，内蒙古多数农牧区水是清洁的，土是干净的，这就是生产力，也是竞争力。这里所指的生产力，正是内蒙古农牧区无公害绿色有机农畜产品地理标志所创造的新质生产力。发展绿色、有机、地理标志和达标合格农产品是供给适配需求的必然要求，是提高农畜产品质量品质的有效途径，是提高农牧业竞争力的重要载体，是提升农牧业安全治理能力的创新举措。作为政府主导的安全优质农畜产品公用品牌，是当前和今后一个时期农畜产品生产消费的主导产品，是传统农牧业向现代农牧业转变的重要标志。实施农业生产品种培优、品质提升、品牌打造和标准化生产（"三品一标"）提升行动，是农牧业生产全过程的行动指南，蕴含了农牧业全产业链的拓展增值空间，推动了新时期农牧业生产新发展格局的形成。"三品一标"与品牌建设是相辅相成的。一方面，"三品一标"为品牌建设提供了有力的支撑和保障；另一方面，品牌建设也促进了"三品一标"的推广和应用。二者共同推动了农畜产品市场的健康发展，提升了农畜产品的整体形象和品质。品牌作为市场经济主体的核心竞争力，是中国经济社会发展中的重要财富，也是提高企业竞争力和国家综合实力的重要内容，因此品牌竞争力成为知识产权强国建设的重要目标。

　　品牌是企业的重要知识产权，农畜产品品牌的独特功能和定位为企业自身带来市场核心竞争力。知识产权保护作为品牌建设的重要基础性工作之一，最大限度维护了品牌持有者的合法权益，保证品牌建设健康平稳推进。知识产权保护体系与品牌管理体系、品控体系、追溯体系等一同为构建品牌核心竞争力，提升品牌声誉和影响力增添助力、保驾护航。知识产权保护制度是品牌建设的法律保障，强化知识产权的保护将更有力地促进品牌建设。知识产权作为培育品牌信任的重要因素，是开展品牌竞争的重要武器。地理标志产品作为具备特定地理区域、独特自然环境和人文历史特色的商品，具有鲜明的产品差异化和附加值，拥有重要的市场竞争力和绿色优势。以"知识产权+标准"融合为重要抓手，引导知识产权领域对标提升，全方位增强竞争力，创造良好的营商环境，使更多的地理标志产品"走出去、引进来"，推动地理标志产品品牌建设，对提高区域特色产品市场竞争力和经济发展水平具有重要意义。《知识产权强国建设纲要（2021—2035年）》提出："推动地理标志与特色产业发展、生态文明建设、历史文化传承以及乡村振兴有机融合，提升地理标志品牌影响力和产品附加值。实施地理标志农产品保护工程。"在新质生产力发展理念的引领下，积极发挥品牌带动作用，加大品牌管理创新力度，做实品牌培育工作，保护广大企业知识产权，提升农畜产品品牌高质量发展。

"蒙"字标助力内蒙古从农畜产品"大区变强区"，已成为具有鲜明区域特色的标准认证体系，是内蒙古品牌建设的重要组成部分，用以提高地理标志、绿色有机农畜产品质量和市场竞争力，助力内蒙古建设国家重要农畜产品生产基地，属于名副其实的新质生产力。截至2023年底，内蒙古牛奶、羊肉、牛肉、羊绒产量均居全国第一，是国家名副其实的"粮仓""肉库""奶罐""绒都"，名特优新农产品总数量居全国首位。农畜产品区域公用品牌体现了内蒙古独特的自然资源和产业优势，具有显著的地方特色和生态优势，如内蒙古自治区"内蒙古味道""大草原优品"、阿拉善盟"苍天般的阿拉善"、乌海市"乌海葡萄"、巴彦淖尔市"天赋河套"、鄂尔多斯市"暖城多味"、包头市"包头农品"、呼和浩特市"敕勒川味道"、乌兰察布市"原味乌兰察布"、锡林郭勒盟"锡林郭勒奶酪"、赤峰市"赤诚峰味"、通辽市"通辽农品"、兴安盟"源在兴安"、呼伦贝尔市"呼伦贝尔大草原"等农畜产品区域公用品牌。《2023

年内蒙古自治区政府工作报告》提出，培育品牌，加强"蒙"字标品牌打造。开展"蒙"字标认证，不仅是落实"生态优先、绿色发展"战略，助力脱贫攻坚、乡村振兴，推进农牧业供给侧改革，也是推进打假治乱、培育区域品牌，探索市场监管方式现代化的有力举措。统筹协调地理标志、区域公用品牌、企业和产品品牌关系，以品牌带动区域经济发展，形成主导产业和产业集群。通过产业集群品牌和区域品牌，推进以驰名商标为龙头的产业转型升级，全面推进乡村振兴和兴边稳边富民，实现共同富裕。

品牌是高质量发展的重要象征，加强品牌建设是满足人民美好生活需要的重要途径。作为品牌建设的重要组成部分，内蒙古地区农畜产品品牌研究起步较晚，因此尚有较大研究空间。以内蒙古农畜产品品牌为研究对象，通过梳理新时代内蒙古地区农畜产品品牌知识产权保护存在的新问题及原因，分析农畜产品品牌建设的路径、抓手、思路及理论与实践依据，提出具有前瞻性、系统性和精准性的建议，构建内蒙古农畜产品品牌知识产权保护体系。以实现企业品牌和区域品牌的互动发展为目标，充分发挥区域性因素优势，完善农畜产品品牌建设工作机制，政府推动与龙头企业带动是发展的主要推动力。为把内蒙古建设成为国家重要农畜产品生产基地、助力脱贫攻坚和乡村振兴、推进农牧业供给侧结构性改革、培育企业和区域公用品牌、提升品牌竞争力和影响力等方面提供智力支撑。在统筹推进"蒙"字标以及区域公用品牌建设过程中，建构现代化农牧业体系，改变内蒙古农畜产品"大而统"的格局，塑造无公害绿色有机农畜产品品牌。

商标品牌与地理标志助力农牧业高质量发展，实施"蒙"字标认证，推动更多优质产品走向全国、走向世界。在"乡村振兴""兴边富民"背景下，以内蒙古"蒙"字标认证为牵引，结合品牌生态圈等的理论与实践，实现内蒙古地区农畜产品品牌知识产权保护体系构建和品牌运营推广，在丰富知识产权保护体系及品牌营销理论上有所创新。品牌理论基础的阐述对内蒙古"蒙"字标品牌发展问题的研究具有重要指导价值。以影响因素、建设主体和存在问题三位一体的视角来探析内蒙古地区农畜产品品牌建设与发展问题，明确内蒙古地区农畜产品品牌发展的影响机理，形成对内蒙古地区农畜产品品牌发展研究的新观点和新思路，对现有领域研究内容和方法进一步深化、丰富和发展。基于内蒙古农畜产品品牌立法、司法、行政执法保护体系汇总研究成果，以大数据、大服务理念为指导，依托大数据监督模型，对内以提升知识产权检察办案质效为主线，对外以服务社会治理现代化为主线，运用数字分析方法发现知识产权案件办理规律，强化知识产权立法—执法—司法相互衔接机制，更好地服务科学决策和经济社会发展。"以认证、选真品"的"蒙"字标价值理念和宣传推介有力地支撑区域公用品牌和企业品牌以及产品品牌创建，指导帮助品牌建设，推动建设高标准产业体系和产业集群，并提出内蒙古农畜产品品牌知识产权助力农牧业高质量发展的建议。

"农"墨重彩绘振兴，"畜"势勃发赞牧歌。一直以来，市面上鲜有同内蒙古"蒙"字标知识产权保护与农畜产品品牌建设研究相关方面的图书出版。为了满足内蒙古在知识产权保护、农畜产品品牌建设和精准扶贫等方面的需要，在"蒙"字标品牌提升指引下，进一步做大做优做强农牧业，巩固内蒙古"粮仓""肉库""奶罐""绒都"等对保障国家粮食安全的重要作用，牢固树立大农业观，构建农畜产品品牌知识产权保护体系，为农畜产品区域品牌建设提供经验借鉴，高标准保障农畜产品质量和流通，为内蒙古现代化农牧业新质生产力发展提供智力支持。农畜产品区域公用品牌在缔造价值、整合资源和引领产业发展方面，发挥着巨大作用，是中国农牧业品牌化建设的重点。书中的思考与见解，贴合实际、表达真诚，对广大农村牧区发展产业很有启发，对地方党政领导、农业农村干部、农牧业品牌建设工作者有较高的学习借鉴与参考价值。

在内蒙古财经大学和内蒙古自治区市场监督管理局（知识产权局）的大力支持下，特别邀请了内蒙古财经大学谢卓君、陈璐、张师琪、杨雪儿、敖起、史悦颖，内蒙古质量和标准化研究院品牌与质量研究所所长任膺洁以及和林格尔县人民检察院刘玮等高等院校及实务部门的专家学者和工作人员，共同收集整理资料，冯辉参与本书撰写，全书由杜青松副教授主笔、统稿。在书稿付梓之际，由衷地感谢所有在本书撰写过程中给予信任、支持和帮助的同人。特别感谢中国商务出版社编辑老师专业、高效、认真的工作态度和辛勤付出。虽然已经竭尽全力，但受到主客观因素的限制，书中可能存在疏漏，敬请广大读者批评指正，以期日后继续完善。

作　者

2024年9月

目 录

第一章 与品牌相关的重要概念 ... 1
- 第一节 品 牌 ... 3
- 第二节 商 标 ... 8
- 第三节 地理标志 ... 12
- 第四节 品牌IP ... 20

第二章 "蒙"字标认证体系与团体标准化 ... 23
- 第一节 "蒙"字标认证背景和意义 ... 25
- 第二节 "蒙"字标认证体系 ... 27
- 第三节 "蒙"字标认证行动中的团体标准化 ... 32
- 第四节 "蒙"字标认证工作举措 ... 36
- 第五节 "蒙"字标认证管理工作和推广行动 ... 37
- 第六节 "蒙"字标认证助推农畜产品品牌建设 ... 41
- 第七节 "蒙"字标扩面增量提质路径 ... 42

第三章 "蒙"字标下农畜产品品牌知识产权保护现状与问题 ... 45
- 第一节 国外农畜产品品牌知识产权保护 ... 47
- 第二节 国内农畜产品品牌知识产权保护 ... 50
- 第三节 内蒙古农畜产品品牌知识产权保护 ... 53
- 第四节 内蒙古农畜产品品牌发展现状 ... 61
- 第五节 内蒙古农畜产品品牌现存问题 ... 66

第四章 知识产权对提升"蒙"字标农畜产品品牌价值的意义 ... 71
- 第一节 农畜产品品牌价值评估和体现 ... 73
- 第二节 知识产权与农畜产品品牌 ... 80
- 第三节 内蒙古农畜产品品牌价值提升方法和路径 ... 81

第四节　知识产权助力内蒙古农畜产品品牌价值提升 …………… 89

第五章　"蒙"字标下农畜产品品牌知识产权立法保护 …………… 93
　　第一节　内蒙古农畜产品品牌保护的法治意义 ………………… 95
　　第二节　内蒙古农畜产品品牌知识产权立法问题 ……………… 96
　　第三节　加强农畜产品品牌知识产权立法保护 ………………… 99

第六章　打造农畜产品品牌最严知识产权司法保护体系 ………… 105
　　第一节　深化知识产权审判机制司法改革 ……………………… 107
　　第二节　加强知识产权综合司法保护 …………………………… 112
　　第三节　打造数字化知识产权司法保护 ………………………… 114
　　第四节　健全多元化纠纷解决机制 ……………………………… 116
　　第五节　打造高精尖知识产权司法保护人才队伍 ……………… 119
　　第六节　加强知识产权全链条保护 ……………………………… 120
　　第七节　典型案例：呼包鄂乌知识产权司法协同保护 ………… 125

第七章　强化行政执法和刑事司法有效衔接 ……………………… 137
　　第一节　优化知识产权行政执法服务 …………………………… 139
　　第二节　强化知识产权行政执法与司法协同保护 ……………… 141
　　第三节　知识产权侵权纠纷的司法审判与行政处理有机衔接 … 144
　　第四节　共建知识产权综合保护体系 …………………………… 148
　　第五节　典型案例：内蒙古农畜产品品牌知识产权纠纷 ……… 153

第八章　知识产权助力农畜产品品牌高质量发展 ………………… 155
　　第一节　构建内蒙古地区知识产权协同保护体系 ……………… 157
　　第二节　创新内蒙古地区知识产权运用 ………………………… 159
　　第三节　加强内蒙古知识产权保护人才队伍建设 ……………… 163
　　第四节　推动内蒙古农畜产品品牌高质量发展 ………………… 165
　　第五节　尽职调查企业知识产权规避侵权风险 ………………… 172
　　第六节　建立农畜产品品牌检察保护工作站 …………………… 173

第九章　"蒙"字标下农畜产品品牌建设实证分析 ……………… 175
　　第一节　阿拉善盟区域公用品牌——苍天般的阿拉善 ………… 178

第二节　乌海市区域公用品牌——乌海葡萄 …………………………… 179

第三节　巴彦淖尔市区域公用品牌——天赋河套 ………………………… 180

第四节　鄂尔多斯市区域公用品牌——暖城多味 ………………………… 185

第五节　包头市区域公用品牌——包头农品 ……………………………… 188

第六节　呼和浩特市区域公用品牌——敕勒川味道 ……………………… 190

第七节　乌兰察布市区域公用品牌——原味乌兰察布 …………………… 193

第八节　锡林郭勒盟区域公用品牌——锡林郭勒羊、奶酪 ……………… 198

第九节　赤峰市区域公用品牌——赤诚峰味 ……………………………… 203

第十节　通辽市区域公用品牌——通辽农品 ……………………………… 209

第十一节　兴安盟区域公用品牌——源在兴安 …………………………… 213

第十二节　呼伦贝尔市区域公用品牌——呼伦贝尔大草原 ……………… 216

结　语 …………………………………………………………………………… 219

参考文献 ………………………………………………………………………… 222

附　录 …………………………………………………………………………… 224

附录1　2024—2026年内蒙古农牧业品牌目录——区域公用品牌 ……… 224

附录2　2024—2026年内蒙古农牧业品牌目录——企业品牌 …………… 226

附录3　2024—2026年内蒙古农牧业品牌目录——产品品牌 …………… 234

附录4　"蒙"字标认证标准汇总 ………………………………………… 241

附录5　"蒙"字标认证获证企业 ………………………………………… 244

第一章

与品牌相关的重要概念

第一节 品　牌

一、品牌的概念

广义而言，品牌是一种具有显著经济价值的无形资产，它通过独特而抽象的概念来展示其与其他品牌的差异性，从而在消费者心中占据独特的位置。品牌不仅仅是一个名字或标识，更是一种承诺，一种与消费者之间建立的深厚情感连接。狭义上，品牌是一种规范化和标准化的体系，赋予品牌特有的价值、长期性和认知度，确保品牌信息的一致性和连贯性。品牌通过明确的标准和规则，对内统一员工的行为和企业的视觉形象，对外则向消费者传达出清晰、独特且易于识别的品牌形象。这种标准化和规则化的过程，确保了品牌的独特性和价值性，使品牌能够在激烈的市场竞争中脱颖而出。品牌的建立和维护是一个持续的过程，它需要企业不断地进行品牌传播、体验创新和价值提升。通过有效的品牌策略和管理，企业可以建立起强大的品牌形象，从而吸引和留住忠诚的消费者，实现长期的商业成功。如五常大米、潼关肉夹馍、阳澄湖大闸蟹等。在由"中国制造"向"中国创造"的转型升级过程中，自主品牌的建立与发展成为一大重头戏。品牌对商标具有包容性，商标和品牌定位紧密相连。品牌建设离不开知识产权的全方位助力，特别是需要利用好商标制度加强品牌保护、实现品牌价值。尽管企业意识到了品牌的重要性，但在中国市场复杂的法律与商业背景下，品牌布局、管理、维护和风控工作仍然充满挑战。

二、公用品牌与公共品牌

品牌可以分为公用品牌和公共品牌，这两者虽然有一些共同点，但在定义和运作方式上确实存在区别。公用品牌通常指的是由一个特定区域的多个生产主体共同享用的品牌。这类品牌通常基于一个地理区域的特色或优势，并由该区域内的多个主体共同创建、维护和使用。公用品牌能够提升整个区域的知名度和竞争力，有助于形成产业集群和推动经济发展。例如，一些地区的农产品、工艺品或旅游资源等，可能会形成一个具有区域特色的公用品牌。

公共品牌则更多与政府、公共机构或非营利组织相关，如绿色食品、有机食品、地理标志等（图1-1）。内蒙古发展有机绿色食品有着得天独厚的资源优势，截至2022年底共认证641家企业1840个产品，绿色有机产品加工在中国排名第二。公共品牌通常代表着这些组织所提供的服务或产品的质量和形象，旨在满足公众需求并提升公众满意度。公共品牌的建设和管理往往由政府或相关部门主导，通过规范标准、提升服务质量和加强宣传等手段来塑造品牌形象。

图1-1 公共品牌标志

公用品牌和公共品牌都强调了品牌的公共性和集体性，都涉及多个主体的参与和共享。公用品牌更多关注基于地理区域的特色和优势而形成的品牌，而公共品牌则更多关注政府或公共机构所提供的服务或产品的品牌形象。在实际应用中，这两种品牌形式可以互相促进，共同推动区域经济的发展和提升公众福祉。

需要注意的是，具体的定义和分类因不同的研究或实践背景而有所不同。因此，在深入探讨这两个概念时，最好结合具体的研究领域和实际情况进行分析。总的来说，公共品牌更多关注的是由政府或公共机构提供的服务或产品的品牌建设，而公用品牌则侧重于多个主体共同使用和共享的品牌概念。两者都在不同层面上强调品牌的公共性和服务性，但侧重点和应用领域有所不同。

三、区域公用品牌

区域公用品牌是指在一个具有特定的自然环境、人文历史或生产加工历史的区域内，由相关组织注册和管理，并授权若干农牧业等领域生产经营者共同使用的产品品牌。这种品牌能够提高产品的附加值，提升区域产业竞争力，是一种重要的区域财富。

区域公用品牌的形成有两种情形：一是自然沉积形成的公用品牌，这种品牌是在长期历史发展中，由于当地独特的人文环境、自然条件等，形成了明显区别于其他地区的产业优势，逐渐被消费者认知、认可，从而成为大众认可的一种公用品牌；二是通过营销策划打造的公用品牌，这种品牌需要相关组织进行商标注册、品牌战略规划、品牌传播推广等工作，以建立起品牌的知名度和美誉度。近年来，内蒙古作为全国的"粮仓""肉库""奶罐""绒都"，全面实施品牌强农战略，构建农畜产品品牌建设长效机制。2023年，为加强内蒙古农牧业品牌建设力度，进一步提升农牧业品牌竞争力、影响力，制订了《内蒙古农牧业品牌精品培育工作方案》和《内蒙古自治区做优做强农牧业品牌工作方案》，确定了以七大产业链及特色产业为主体的30个区域公用品牌和150个企业产品品牌精品培育名录，内蒙古区域公用品牌和企业产品品牌体系建设日渐完善，品牌知名度日益提高。2024年，内蒙古优质农畜产品雄安营销中心挂牌，这是内蒙古在全国建成的第11个优质农畜产品营销中心。内蒙古相继在北京市、江苏省、山东省和浙江省等地建成10个内蒙古农畜产品营销中心，在区内建成内蒙古优质绿色农畜产品展销中心、内蒙古优质绿色农畜产品展销乌梁素海中心。开通运营全国首辆优质绿色农畜产品移动展厅大篷车，相继在上海、浙江、黑龙江、雄安等地开展了20余场巡展活动，通过宣传推介内蒙古的好产品，让更多的消费者爱上"蒙"字标大草原优品。

对于区域公用品牌的推广，可以采取多种策略，如在商业中心、购物中心、超市等公共场所的橱窗中摆放品牌的样品或广告海报，吸引消费者的注意力；在公共区域如楼梯、地铁站、公交站等地方插入品牌广告的电子屏，播出品牌宣传内容；开展品牌活动，如现场演唱、舞蹈、模特表演等，提高品牌知名度和美誉度。在推广过程中，需要注意视觉效果的重要性，构建一个视觉震撼的广告；同时，要强化品牌理念，向消费者传递品牌的核心价值观和形象；还要结合品牌的特点，吸引目标受众，提高品牌的认知度和忠诚度。总之，区域公用品牌是区域发展的重要支撑和推动力量，通过品牌的建设和推广，可以提升产品的市场竞争力，促进区域经济的持续快速发展。

四、区域公用品牌类型

区域公用品牌是基于特定地理区域范畴，由产业集群、产品类别等形成的，由行业协会组织拥有并运营的，由区域范畴之内的产业相关企业与个人多主体共同创建、共同使用、共同享受利益的，由多主体在行业协会组织等主导下实现共同的品牌建设，更多针对的是产业品牌、产品品牌等生产经营领域，只有区域内相关的行业协会等组织拥有品牌所有权，只有区域内获准授权者才能共用、共建、共享的品牌。区域公用品牌类型可以根据不同的维度进行分类，常见的分类方式主要包括以下几种。依据产业的角度来看，区域公用品牌可以分为农业、畜牧业、食品加工业、文旅业以及康养业等单一或者组合产业类型（图1-2）。按照品牌形象和定位分为一般区域公用品牌和重点区域公用品牌。按照产品类型分为初级产品品牌、加工产品品牌和特色手工艺品品牌等。按照服务范围分为单一产品品牌、综合产品品牌和服务品牌等。按照区域产业发展的成熟度划分为单品类、全品类、机构类。按照地理范围分为县域品牌、市域品牌、省域品牌、国家级品牌等。按照品牌形成方式分为自然沉积品牌和策划打造品牌等。按照品牌生态学分为地理物种品牌和地理集群品牌。其中，地理集群品牌是指基于某一地区内多个相关企业或产品形成的集群效应而形成的品牌，这种品牌不仅强调单一产品或物种的特色，更强调整个产业集群的整体实力和影响力，如"意大利时尚之都——米兰"就是一个典型的地理集群品牌，它涵盖了服装、鞋帽、皮具等多个与时尚相关的产业。

图 1-2 区域公用品牌标志

　　分类方式有助于理解和区分不同类型的区域公用品牌，从而根据不同品牌的特点和市场需求制定合适的品牌发展策略。区域公用品牌分类多样，涵盖产品类型、服务范围、地理范围、地理物种品牌和地理集群品牌等多个方面。这些品牌不仅代表了某一地区或某一产品的特色，更代表了该地区或该产品的市场影响力和竞争力。对于区域经济的发展和产品的市场推广，区域公用品牌扮演着至关重要的角色。

五、农畜产品区域公用品牌的特征

一般来说,品牌具有如下特征:专有性、扩张性、资产性、非物质性、可持续性、集合性以及品牌发展的风险性和不确定性等。与其他的品牌不相同的是,农畜产品区域公用品牌有其独有的特征,以下通过地域属性、公共属性、文化属性三个方面展开说明。

一是地域属性。具有显著的地域特征,代表了该区域的独特文化和自然环境。在生产地域范围、品种品质管理、品牌使用许可、品牌行销与传播等方面具有共同诉求和行动,形成了统一的品牌形象和市场营销策略。农畜产品能展现出不同的地理优势和比较优势,由相关机构、企业、农户等共同拥有的公共资源,体现了集体智慧和力量。如吐鲁番葡萄、科尔沁牛、普洱茶、中宁枸杞等。这种地域性特点使得区域公用品牌具有独特性和不可复制性。

二是公共属性。区域公用品牌是一种公共资源,这意味着区域内的任何生产者和经营者都可以使用这一品牌,但同时也需要共同承担维护品牌形象和声誉的责任。农畜产品区域公用品牌是在特定区域内,由政府、行业协会、龙头企业等共同参与和推动形成的。这种品牌策略的形成,是为了提升该区域内农畜产品的整体竞争力和知名度,促进产业发展,增加农民收入。农畜产品区域公用品牌属于特殊的公共物品,因此它具有公共性和共享性。这意味着区域内的所有相关方都可以从中受益,同时也需要共同维护和管理这个品牌。当区域成员使用该品牌时,使用成本和后果不全部由他们承担。同时,其使用区域公用品牌的后果将对其他企业和品牌造成一些影响,所以公用区域品牌具有非排他性和外部性。区域公用品牌是区域内所有相关生产者和经营者共同拥有的品牌资产,它代表的是整个区域的形象和声誉。因此,维护区域公用品牌的形象和声誉需要区域内所有相关生产者和经营者的共同努力。

三是文化属性。农畜产品区域公用品牌是一种标识、符号或设计,具有品牌的一般性特征,能够建立起品牌形象,给消费者以特定的印象体验。区域公用品牌是一种特殊的品牌形态,它主要依托某一特定区域,集中展现该区域的自然、人文特色和历史文化底蕴,从而提升该区域内所有相关产品或服务的整体品牌形象。这种品牌形态在农牧业领域尤为常见,例如"龙井茶""茅台酒"等。区域公用品牌往往承载着丰富的文化内涵和历史底蕴,它不仅是产品的标识,更是文化的传播者。因此,在塑造区域公用品牌时,需要充分挖掘和利用区域内的文化资源。

总之,农畜产品区域公用品牌是一种具有显著区域特征的品牌集合,它集合了政府、行业协会、龙头企业的力量,为特定区域内的相关机构、企业、农户等提供了共有的品牌资源。这种品牌策略有助于提升农畜产品的竞争力和知名度，促进产业发展，增加农民收入。然而，为了保持品牌的长期稳健发展，还需要加强品牌管理和维护工作。农畜产品区域公用品牌对于提升产业竞争力、促进经济发展、增加农民收入等方面具有积极的影响。通过统一品牌形象和市场营销策略，可以提高产品的知名度和美誉度，吸引更多消费者关注和购买。同时，也可以促进区域内的产业升级和结构调整，推动农牧业现代化进程。为了充分发挥农畜产品区域公用品牌的作用和影响力，还需要加强品牌管理和维护工作。例如，建立完善的品牌管理体系、加强品质监管和质量控制、制定合理的品牌使用许可制度等。只有这样，才能确保农畜产品区域公用品牌长期稳健发展，为区域内的经济社会发展做出更大的贡献。

第二节　商　标

一、商标的概念

商标属于企业或生产者为了使自己的商品或服务与其他企业的商品或服务相区别而使用的一种标识，用以识别和区分商品或者服务来源。它是品牌的一部分，并且在政府有关部门依法注册后，就称为"商标"。商标的主要功能是帮助消费者识别商品的来源，并确保他们购买的商品或服务具有其所期望的质量和特点。商标可以包括文字、图形、字母、数字、三维标志、颜色组合和声音等，以及这些要素的组合。

商标受法律的保护，注册者有专用权。这意味着其他企业或个人不能未经授权使用相同的商标，否则可能会面临法律纠纷和罚款。因此，商标在品牌建设、市场推广和知识产权保护方面扮演着重要的角色。此外，商标还可以帮助企业在国际市场上建立声誉和知名度。许多著名的国际品牌在全球范围内注册了商标，以确保商品和服务在各国都能得到保护。商标具有重要的法律意义和市场价值，一般分为普通商标和驰名商标，普通商标与驰名商标可以相互转换。

二、商标的性质

商标作为品牌的核心要素，具有重要的性质：独特性、显著性、独占性、价值性、竞争性和依附性等。商标应当具有足够的独特性，以便消费者能够轻易地区分不同的商品或服务来源。显著性的要求确保商标在视觉上、听觉上或概念上能够引起消费者的注意，并与其他品牌区分开来。一旦商标在相关部门成功注册，注册者即享有该商标的专用权，这意味着其他企业或个人不得在同一类别或类似商品或服务上使用相同或类似的商标。独占性是保护商标持有人权益的基础。商标作为无形资产的重要组成部分，具有经济价值。随着品牌知名度的提升和消费者忠诚度的增强，商标的价值也会随之增长。商标的价值可以通过转让、许可使用等方式实现经济收益。在市场竞争中，商标是企业争夺市场份额的重要工具。具有独特性和识别度的商标能够帮助企业在众多竞争者中脱颖而出，赢得消费者的信任和偏好。商标通常与特定的商品或服务相关联，它不能脱离商品或服务单独存在。商标的价值和意义往往与其所依附的商品或服务的品质和声誉密切相关。

商标核心价值是对产品功能性特征进行高度提炼的结果。商标对消费者的承诺通过消费者消费产品来兑现。商标所提供给消费者的利益（包括功能性利益和情感性利益）由产品的属性转化而来。这些性质使得商标在品牌建设、市场推广和知识产权保护方面发挥着至关重要的作用。因此，企业在选择和设计商标时，需要充分考虑其显著性、独特性、易于记忆和识别等因素，以确保商标能够有效地传达品牌的核心价值和特色。同时，企业也需要重视商标的注册和保护工作，避免遭受商标侵权和假冒行为的侵害。

三、驰名商标

驰名商标属于高价值知识产权，其是动态调整的。由于驰名商标享有盛誉，国际上有许多条约和协定为其提供特别的法律保护。《保护工业产权巴黎公约》（简称《巴黎公约》）第6条规定：成员国必须按照其法律为其国家境内的驰名商标提供保护。即使驰名商标在该国没有注册，反对对与驰名商标相同或相似的商标的不正当使用。《与贸易有关的知识产权协定》（简称《TRIPS协定》）第16条规定：进一步加强驰名商标的保护。成员国不仅要为在其国家已注册的驰名商标提供保护，还要为在其国家未注册但在其他成员国已注册的驰名商标提供保护。另外，尽管马德里体系主要是关于国际商标注册的，但其也提供了一种机制，使品牌所有者能在多个国家中认定其商标为驰名商标。在国际法律和协议的框架下，各国还根据本国的法律、法规和判例为驰名商标提供保护。例如，有些国家在确定一个商标是否为"驰名"时会考虑其在国内的知名度、使用历史、宣传和广告的规模等因素。如果在某国出现与驰名商标相同或相似的商标注册或使用的情况，商标所有者可以依据国际条约或该国的国内法律启动法律程序，阻止此类侵权行为。总之，驰名商标因其特殊的知名度和影响力，在国际法和各国国内法中都得到了特殊的法律保护，确保其不被他人不正当使用或侵犯。

四、与商标相关的术语

（一）商号

商号被用来识别和区分商业实体的名称，也具有识别和区分商品或服务来源的功能，因此也受到知识产权相关法律的保护。商号与商标同属于无形财产，都具有专有权、使用权、转让权。但是商号权目前在中国并没有得到专门法律的保护，利益受损时只能借助其他相关法律寻求救济。在国际上，《巴黎公约》第8条规定："成员国必须为其他成员国的公民和实体提供与其本国公民和实体相同的权利，以便在其领土上使用和注册商号。如果在一个国家中的商号与在另一个国家中的注册商标冲突，可以提出异议或要求取消该商标。"《TRIPS协定》第9条规定："成员国应遵守《巴黎公约》的第1至12条，这也涵盖了关于商号的条款8。"在《巴黎公约》和《TRIPS协定》的框架下，各国为商号制定了各自的国内法律。通常，一个商号的注册和使用是受到商务注册机关或商务部门的监管的。如果企业名称与之前注册的商号或商标冲突，可能会被拒绝注册。为了防止混淆，许多国家的法律规定，不能注册或使用与已经存在的商号或商标相似或混淆的企业名称。如果出现使用或注册与商号相似或混淆的名称，商号的所有者可以根据国家法律采取行动，如起诉侵权者或向相关机关提出异议。

（二）企业徽标

企业徽标指的是企业的文字名称、图形或两者相结合的一种设计。通常被称为企业标志或公司标志，属于企业身份识别的重要组成部分，它结合了企业的文字名称、图形或者两者的组合，以创造一个独特且易于识别的视觉符号。企业徽标不仅是品牌视觉识别的核心，也是传达企业文化、价值观和产品特点的重要工具。部分企业选择将其徽标注册为商标，这是为了保护其品牌资产和确保市场中的独特性。商标注册后，企业就获得了在法律框架内保护其徽标不被他人非法使用的权利。这可以防止品牌混淆、保护企业声誉，并为企业提供法律手段来追究侵犯其商标权的行为。大多数企业将其徽标注册为商标以获得法律保护。一旦成功注册，该商标即享有10年的保护期，期满后可以续期。在保护期届满前，企业可以申请续展，以确保其商标的持续保护。这通常需要支付一定的费用，并且可能需要满足某些续展条件。

（三）知名商品特有的名称、包装、装潢

知名商品特有的名称可以被注册为商标，从而得到专有使用权和法律保护。同时，商品的特定包装或装潢，如果具有显著性和与商品之间的特定联系，也可以被视为"三维商标"或"颜色组合商标"进行注册。《反不正当竞争法》规定，与他人知名商品相同或者相似的名称、包装、装潢未经许可，禁止在商品上使用，否则容易使人产生误认而对原商品造成不正当竞争。由此可知，判断的关键是同时符合"知名"和"特有"的内涵。因此，实践中法院通常采用先判断某一商品是否"知名"，再判断该商品名称、包装、装潢是否"特有"的思路进行审理。

（四）域名

域名被视为网络上的地址标识，对于有商业价值的域名，其注册和使用应遵循公平、公正的原则。为此，未经许可使用他人知名商标或品牌作为域名，可能被视为侵权行为或不正当竞争。在中国有关域名的法律保护主要基于反不正当竞争、商标法以及相关的行政法规。在纠纷发生时，与商标相冲突的恶意域名注册和使用，也可以通过行政和司法途径寻求解决。

（五）商务广告语

在我国，商务广告语的法律保护主要依托于《商标法》《广告法》以及《反不正当竞争法》等。首先，具有显著性和识别性的商务广告语可以被注册为商标，如"农夫山泉有点甜"等，一旦注册，它便获得了法律保护。其次，根据《广告法》，广告语的内容必须真实、合法，不能误导消费者或损害消费者利益。违反《广告法》的企业将面临法律处罚。最后，依据《反不正当竞争法》，企业在商业宣传中使用与他人相似的广告语，容易导致消费者误认，这可能被视为不正当竞争行为。总体来说，中国的法律体系为商务广告语提供了较为全面的保护，旨在确保市场公平竞争和消费者利益。

五、品牌与商标

品牌与商标都是市场营销中的重要概念，它们在许多方面有联系，但也有一些关键的区别。品牌作为一个综合性的概念，它代表着一个公司或产品的形象、声

誉和价值观。品牌不仅仅是一个商标或名称,还包括与其相关的所有元素,如产品特性、包装设计、广告宣传、客户服务等。品牌是消费者对产品或服务的整体感知和认知,它有助于建立消费者的信任和忠诚度,并增强市场竞争力。商标作为一个具体的标识,用于区分一个公司或产品的来源和身份。商标可以是文字、图形、颜色、声音等,它使消费者能够轻松地识别和记忆一个品牌。商标是一个法律概念,它受到《商标法》的保护,可以防止其他公司或个人使用相同的标识,从而保护品牌形象和知识产权。

因此,品牌与商标之间的关系可以理解为:商标是品牌的一个重要组成部分,它帮助消费者识别和记忆品牌;而品牌则是商标的扩展和延伸,它包含了更多关于产品或服务的信息和价值。在市场营销中,品牌和商标都需要得到妥善的管理和保护,以确保它们的价值和声誉不受损害。总的来说,品牌和商标都是企业成功的重要组成部分。品牌代表了企业的形象与声誉,而商标则是保护这些形象和声誉的重要工具。通过有效地管理和保护品牌与商标,企业可以建立消费者的信任和忠诚度,提高市场竞争力,实现长期的商业成功。

第三节 地理标志

一、地理标志的概念

地理标志(Geographical Indications,GI)是一种用于标识某产品来源于某一特定地区,并且该产品的特定质量、声誉或其他特性主要由该地区的自然因素或人文因素所决定的标志。这种标志可以为品牌提供原产地的身份证明,从而与其他地区的产品区分开来。地理标志的应用范围很广,可以涵盖农产品、食品、手工艺品等多个领域。例如,国内的西湖龙井、金华火腿、库尔勒梨和平谷桃都是受地理标志保护的农畜产品。国外的"波尔多葡萄酒"表示这种葡萄酒来源于法国的波尔多地区,并且具有该地区特有的酿造工艺和风味。地理标志对其具体使用的地理空间范围进行了清晰的界定。地理标志产品的特有品质和声誉被要求是原产地域独特的自然条件和厚重的人文积淀共同造就的,地理标志产品独特的品质只有保持稳定、持久,才能远近闻名。

地理标志承载着丰富的地域文化、自然资源和人文特色。它不仅是商品来源的标识，更是商品特定质量、信誉或其他特征的象征。地理标志的保护不仅关乎商品生产者的利益，更关系到地域文化、自然资源的传承和发展。通过《民法典》的规定，地理标志的权益得到了明确的界定和保护，为地理标志的注册、使用和管理提供了明确的法律依据。地理标志与《民法典》的交融，提供了一个保护与创新并重的法律框架。在这个框架下，地理标志的保护将更加全面深入有效、可持续、系统化和高质量，在法律的保障和推动下，地理标志必将焕发出更加璀璨的光芒。

地理标志是一种重要的品牌和知识产权保护工具，为地区特色的农畜产品品牌提供独特的身份认证和市场优势。作为乡村特色产业的排头兵，是基于自然生态及历史人文特征而形成的独具特色优势的农畜产品地理标志。公众可以通过地理标志直接了解相关产品具备的特定质量和品质，从而做出更好的选择。在中国地理标志有三种保护途径，商标注册是其中主要的一种保护形式，还可以通过申请成为"地理标志产品""农产品地理标志"等方式进行保护，申请方式和保护方式也有所差异。地理标志产品保护制度可以使产品的质量和信誉得到保障，而商标登记本身无法保证产品的质量和信誉。

二、地理标志的内涵

地理标志作为一种特殊的知识产权，它关联着特定区域内的生产经营者们的共同努力和集体智慧。这种标志不仅仅代表了商品的来源地，更重要的是，它反映了该地区的自然环境和人文因素对产品质量的独特影响。如涪陵榨菜和西湖龙井等。具体来说，地理标志的内涵体现在以下几个方面：

（1）产地标志：地理标志的首要作用是指示产品的地理来源。消费者可以通过地理标志了解到商品的生产地，从而关联到该地区的自然环境、文化传统等因素，这对于产品的独特性和差异化具有重要意义。

（2）质量标志：地理标志不仅仅是一个地名，它还承载着产品质量的信息。消费者通常认为，带有地理标志的商品在质量、口感、工艺等方面具有独特性和保证，因为它们的生产受到该地区特定自然和人文因素的深刻影响。

（3）品质与产地关联度：地理标志的核心在于将产品的品质与其产地紧密联系起来。这种联系意味着产品的特定特征是由产地的特定条件（如气候、土壤、传统工艺等）所决定的，离开了这些条件，产品的品质可能会发生变化。

（4）在命名方面，地理标志产品通常采用"地域名称+产品名称"的形式。这种做法直接明了地表达了产品的地理来源，有助于消费者快速识别和记忆。例如，

"茅台酒"就是一个典型的地理标志产品，其名称中的"茅台"指代了特定的地域，而"酒"则指明了产品类别。

总之，地理标志不仅是商品来源的标志，更是产品品质和地域特色的象征。在全球化市场竞争日益激烈的今天，地理标志已经成为地区产业和企业竞争的重要武器。对于生产经营者来说，地理标志是一种重要的无形资产。它有助于提升产品的市场竞争力，增加消费者的认知度和忠诚度。同时，地理标志还能够促进地域经济的发展，提升当地产业的知名度和影响力。

三、地理标志的特征

地理标志产品具有特定的自然和人文地理影响特征，特定的质量、声誉或其他特性。地理标志产品是得到国家知识产权局授权的知识产权保护产品。地理标志是一种标示产品地理来源的标志，具有明显的地域性，其所有者受到地理区域限制。使用地理标志的产品标识来源于某地区，来源地的生产者和经营者可以申请使用地理标志。产地范围和地理特征明确且实际存在，这样才能起到标示商品地理来源的作用。而间接地理标志源于人们对特定产品来源于特定区域的印象，即该产品在原产地为人所知的名称或标志。如中国长城和埃及金字塔等。地理标志是一种重要的知识产权类型，中国法律将地理标志归类为一种独立的知识产权形式予以保护。

地理标志通常由地理来源所在区域内部的所有生产和经营该地理标志产品的集体所共有，专供集体成员使用，任何"个体"都不能成为地理标志的所有人。地理标志的注册者获得的是专用标识的专用权。目前地理标志登记注册类型主要有三类：地理标志商标、地理标志产品和农产品地理标志（图1-3）。地理标志权属于集体所有，通常以协会的名义对外进行宣传和品牌推广。协会属于社会团体，属于非营利组织。当遇到假冒地理标志产品等侵权行为时，也是以协会的名义进行维权的。

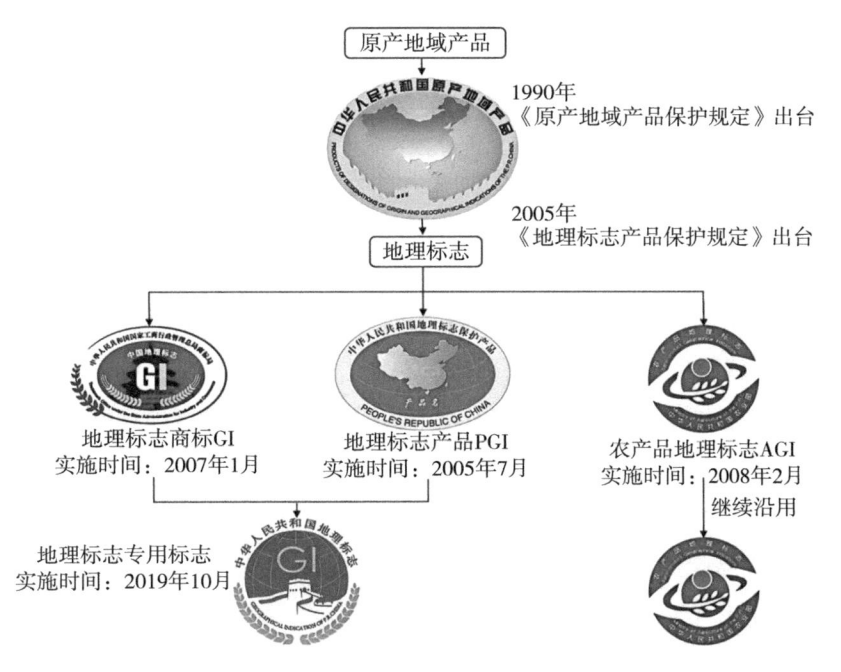

图 1-3 中国地理标志登记注册类型

四、地理标志国际保护

地理标志用于标识产品的来源地，为表明所使用的商品来自特定的地方，地理标志通常由该商品的原产地名称组成，并暗示该产品具有某种特定的品质、声誉或其他与其来源地相关的特征。《巴黎公约》对于地理标志的虚假使用提供了基本的保护措施。特别是第10条规定了对于误导公众或对产地真实性进行虚假表示的商品的禁止。《TRIPS协定》要求WTO成员为地理标志提供法律手段，以防止其在其领土上的任何使用可能误导公众关于商品的地理来源。中国于2001年12月成为《TRIPS协定》的成员。《保护原产地名称及其国际注册里斯本协定》（简称《里斯本协定》）确保在所有成员中地理标志和原产地名称得到保护。地理标志的国际法律保护旨在防止其不正当使用和未经授权的模仿，同时也确保消费者不会被误导关于商品的真正来源。为了保护和利用地理标志，许多国家和地区建立了相应的注册和认证制度。企业或个人可以向相关机构申请注册地理标志，以获得官方认可和保护。这不仅能提升产品的知名度和竞争力，还能促进当地经济的发展和文化的传承。

五、区域公用品牌与地理标志

（一）区域公用品牌与地理标志的关联

品牌和地理标志都是用来标识产品或服务来源和质量的标志，它们之间有着密切的联系。一方面，地理标志可以作为品牌的一部分，增强品牌的特色和辨识度；另一方面，品牌的建设和推广也可以提升地理标志的知名度和影响力，使其更具市场价值。品牌和地理标志都是知识产权的重要组成部分，因此它们的保护至关重要。对于品牌而言，保护包括商标注册、打击假冒伪劣产品、维护品牌形象等方面；对于地理标志而言，保护包括制定相关法规和政策、建立地理标志注册和管理制度、加强市场监管等方面。通过加强品牌与地理标志的保护，可以维护消费者的合法权益和市场秩序。

区域公用品牌通常由地理名称、产品名称或特色描述、品牌形象标志等构成。农畜产品区域公用品牌大多以"地名+产品名"的方式出现，能区分地域而不能体现产品特征。选用体现个性或彰显价值的名称作为品牌名，命名简洁明了，突出地域特色和产品特点。权益归该区域内的所有生产者或经营者共同所有，需要通过集体协议或组织来管理和使用。需要通过政府、行业协会、企业等多方共同努力，共同推广和培育，形成品牌形象和声誉。需要建立集体管理机制，制定品牌使用规范和标准，加强品牌宣传和推广，同时防止品牌滥用和侵权行为。应积极探索品牌推广的新模式和新途径，如互联网营销、文化旅游等，提高品牌知名度和影响力。地理标志包括地名、产品名称或特色描述等。命名需与产品的真实来源相符，且不得误导消费者。权益归该特定地域的所有生产者或经营者共有，受到法律保护，不得被个人或组织独占。通常基于该地域独特的自然因素或人文因素自然形成，但需要政府、行业协会等组织进行注册、认证和保护，以确保其独特性和真实性。需要建立和完善地理标志注册、认证、管理和保护制度，加强市场监管和执法力度，防止地理标志被滥用和侵权行为。应加强对地理标志的宣传和推广，提高消费者对地理标志的认知度和认可度，促进地理标志产品的销售和流通。通过加强区域公用品牌和地理标志的培育、管理和保护，可以有效推动区域经济的发展和传统文化的传承，实现经济社会的可持续发展。

（二）区域公用品牌与地理标志的价值和作用

品牌价值是指品牌为消费者带来的价值感知，包括功能性价值、情感性价值和社会性价值。品牌形象则是消费者对品牌的整体感知和评价，包括产品质量、服务质量、企业信誉等方面。品牌价值和形象是品牌成功的关键，它们决定了消费者是否愿意购买该品牌的产品或服务。地理标志作为一种重要的知识产权，具有重要的经济价值。它可以帮助农民、生产商和地区实现经济增值，提升产品的市场竞争力，促进区域经济的发展。地理标志还能够传承和保护地区特有的文化和传统，为旅游业等相关产业带来额外的经济效益。品牌声誉是品牌生命力的市场化表现，是地标品牌从生产者地里走向消费者心里的至关重要的桥梁，是品牌未来制胜的关键要素。区域公用品牌和地理标志在品牌核心竞争力、包装视觉形象设计、品牌宣传推广活动、消费者互动交流、服务体系建设、地域文化历史内涵、品质管理体系和地理标志产品保护等方面都具有独特的价值和作用。通过全面提升这些方面的能力和水平，可以推动区域公用品牌和地理标志的快速发展和广泛应用，为当地经济和文化的发展作出积极贡献。

区域公用品牌和地理标志的核心竞争力在于其独特性和不可复制性。这种竞争力源于特定地域的自然环境、文化传统和历史背景，使产品具有与众不同的品质、口感或文化内涵。为了强化这种核心竞争力，需要深入挖掘和提炼地域特色，确保品牌在市场中具有鲜明的识别度和差异性。品牌声誉是品牌制胜的法宝，品牌战略是差异化战略，是创造一个地标品牌的差异化形象、个性、特色价值，而品牌声誉，评测的是市场及消费者对一个地标品牌的差异化反应。消费者对一个地标品牌的差异化反应，决定了该品牌未来会发生的连锁反应。包装视觉形象设计对于区域公用品牌和地理标志的推广至关重要。通过精美的包装和醒目的标识，可以提升产品的吸引力和档次，增强消费者的购买欲望。在设计包装时，应注重突出品牌的特色元素，如地域风景、文化符号等，以增强品牌的识别度和记忆度。

为了提升区域公用品牌和地理标志的知名度，需要开展一系列的品牌宣传推广活动。这些活动可以包括展览、论坛、节庆等，旨在向消费者传递品牌的价值和特色。同时，也可通过线上平台，如社交媒体、网站等，进行广泛而深入的宣传推广，吸引更多潜在消费者的关注。锡林郭勒羊肉、乌珠穆沁羊肉、锡林郭勒奶酪、卓资熏鸡、阿拉善双峰驼、达茂草原羊、乌拉特羊肉、通辽牛肉干、呼和浩特羊绒、鄂托克前旗羊肉列入2023中国地理标志农产品（畜牧）区域公用品牌声誉前100位。与消费者建立紧密的互动交流关系是品牌成功的关键之一。通过举办体验活动、开设消费者互动平台等方式，可以让消费者更深入地了解品牌背后的故事和文化内涵，增强其对品牌的认同感和忠诚度。同时，也可以收集消费者的反馈和建议，为品牌改进和优化提供参考。完善的服务体系是提升区域公用品牌和地理标志竞争力的重要保障。这包括售前咨询、售中服务和售后服务等环节，旨在为消费者提供全面、便捷和高效的服务体验。通过建立专业的客户服务团队和制定完善的服务流程，可以确保消费者在购买和使用过程中得到良好的服务和支持。

地域文化历史内涵是区域公用品牌和地理标志不可或缺的一部分。通过挖掘和传承地域文化历史，可以丰富品牌的文化底蕴，提升品牌的吸引力和影响力。在品牌传播过程中，应注重讲述地域故事，展示地域特色，使消费者在购买产品的同时也能感受到深厚的文化底蕴。品质管理体系是确保区域公用品牌和地理标志产品品质稳定和可靠的关键。通过建立严格的品质管理流程和标准，可以对产品从生产到销售的各个环节进行监控和管理，确保产品品质始终符合标准和消费者期望。同时，也可以推动产业链上下游企业的品质提升和协同发展。地理标志品牌文化建设助力产品和品牌推广应用，促进地区经济高质量发展。对于地理标志产品而言，保护是确保其独特性和竞争力的关键。通过制定和完善地理标志产品保护政策和法规，可以打击假冒伪劣产品和不正当竞争行为，维护消费者的合法权益和品牌形象。同时，也可以通过建立地理标志产品追溯体系和质量保证机制等方式加强产品保护和管理。

推动地理标志可持续发展，倡议发起"中国地理标志品牌文化节"。中国自古以农立国，是世界三大农业起源中心之一，农业是中华民族产生、繁衍和发展的基础，也是中华古代文明形成的物质条件和经济基础。以往对国家地理标志产品人文历史挖掘和保护不足，尤其对非物质文化遗产属性研究不透，国家地理标志产品只卖有形产品，没有把无形资产卖出品牌溢价。在《民法典》的指引下，地理标志的保护与创新方式也日益丰富和完善，不仅有利于防止地理标志被滥用或冒用，而且更加注重地理标志与地域文化、自然资源的紧密联系，有利于推动地理标志的可持续发展和传承。

地理标志的创新保护并非一蹴而就。在现实中，地理标志的侵权、滥用等问题时有发生，给地理标志的保护带来了挑战。因此，需要进一步完善地理标志的法律体系，加强地理标志的执法力度，提高地理标志的保护水平。同时，我们还应积极推动地理标志的创新发展，鼓励地理标志与新技术、新模式的结合，提升地理标志的市场竞争力和社会影响力。在提升国家地理标志产品品牌价值的同时，促进了国家地理标志产品的销售，助力乡村振兴。对国家地理标志产品的研究，对中国农耕文明的研究，是一个庞大而复杂的系统，开展《地标志》《地标地图》《地标品牌文化传承人》《地标之歌》的编撰、绘制和文创，需要更多机构和个人的参与。以中国地标节的创建为契机，国家地理标志产品产区政府、企业以及其他机构和个人应积极联合起来，为赓续中国数千年农耕文明，展现中华文明新气象贡献力量。

（三）地理标志向区域公用品牌的转化路径

地理标志可以通过一系列策略转型为区域公用品牌。第一，需要提炼地理标志产品的核心价值和独特性。这包括产品的品质、口感、文化背景等。通过深入挖掘产品的独特之处，可以形成品牌的独特卖点，从而在市场上树立独特的品牌形象，明确品牌定位。第二，需要建立一个易于识别、记忆和传播的品牌标识。这个标识可以是一个图案、一个口号或者一个特定的颜色组合。品牌识别有助于消费者在众多产品中快速识别出地理标志产品。第三，制定品牌传播策略，通过各种渠道和方式，如广告、社交媒体、线下活动等，将品牌的价值和形象传达给目标消费者。同时，也可以通过与知名企业或品牌合作，提升品牌的知名度和影响力。第四，建立品牌信誉，保证产品质量和服务质量，是建立品牌信誉的关键。通过严格的品质控制、优质的售后服务等方式，可以赢得消费者的信任和忠诚。此外，还可以通过参与各种行业认证、获得荣誉等方式，提升品牌的信誉度。第五，推动产业集群发展，地理标志产品往往与某一地区的产业集群密切相关。通过推动产业集群的发展，可以形成规模效应和协同效应，提升整个产业的竞争力。同时，也可以通过与产业链上下游企业的合作，共同打造区域公用品牌。第六，强化品牌管理，建立专业的品牌管理团队，负责品牌的规划、传播、维护等工作。通过定期的市场调研、消费者反馈等方式，不断优化品牌策略和管理方式，确保品牌的持续发展和竞争力。

地理标志逐步转型为具有广泛认知度和市场影响力的区域公用品牌，不仅有助于提升产品的附加值和市场竞争力，也有助于推动当地经济的发展和文化的传承。在农牧业领域，地理标志可以帮助农牧民推广特色农产品，提高农产品的附加值和市场竞争力；在工业领域，品牌与地理标志的结合可以打造独特的品牌形象，提升产品的品质和价值。同时，品牌与地理标志也可以应用于旅游、文化、教育等领域，推动区域经济的多元化发展。已经处于品牌声誉高地的地标品牌，能够通过科学的品牌传播及其声誉管理，达到更高的品牌声誉。尚处于品牌声誉"洼地"的地标品牌，在地理标志农产品区域公用品牌的战略提升、价值升维进程中，能够围绕品牌的价值内核，寻找适合自身的发声平台，提高品牌感知力，不断提升产品品质与消费体验，提高品牌感召力，从而保障品牌声誉得以持续性积累，产生整合的品牌声誉效力。品牌声誉，是地标品牌未来的法宝，也是中国各地乡村，能够让农业更强、农村更美、农民更富的必由之路。

第四节 品牌IP

一、品牌IP概念

品牌IP是品牌所独有的知识产权,包括发明、外观设计、文学和艺术作品,以及在商业中使用的标志、名称、图像等。IP是Intellectual Property(知识产权)的缩写,主要包括商标权、专利权、著作权等。品牌IP是品牌价值的核心组成部分,具有独特性和独占性,通过法律保护来确保品牌的独特性和独占性。品牌IP不仅可以建立品牌的信任度和稳定性,还可以鼓励公司进行创新和研发工作,提升品牌的商业竞争力。品牌IP化后,可以凭借其独特的内容,自带话题势能,自发传播,形成口碑,最终进入消费者或用户的生活方式中,促进业绩的提升,达到商业变现。成功的品牌IP,需要明确品牌的定位和策略,了解目标受众和竞争对手,并设计一个独特、有吸引力的品牌形象。同时,需要通过多元化的内容营销和品牌联合合作来推广品牌IP,扩大其影响范围。总之,品牌IP是品牌价值的核心组成部分,通过品牌IP的打造和推广,可以提升品牌的认知度、忠诚度和商业竞争力。

二、品牌IP运营

新质生产力激发品牌新活力,品牌IP运营是一个系统性、综合性的工作,所有者应全面加强商标保护、专利管理、著作权保护等方面的工作,同时注重品牌价值开发、管理体系建设、开发与许可、法律事务处理、市场推广策略以及风险管理措施的实施。通过科学有效的运营和管理,实现品牌知识产权价值的最大化,为品牌的长期发展提供有力支撑。

商标保护是品牌知识产权运营的核心环节。品牌所有者需对商标进行及时注册、续展和维护,确保商标的专用权不受侵犯。同时,要加强对市场上假冒侵权行为的打击力度,维护品牌形象和市场秩序。专利保护对于品牌的技术创新和产品差异化具有重要意义。品牌所有者应建立专利管理制度,对核心技术和创新成果进行专利申请和保护,防止技术泄露和侵权行为。加强对专利信息的检索和分析,为产品研发和市场布局提供支撑。著作权保护涉及品牌的文化创意和营销内容。品牌所有者应对原创性的文案、设计、音频视频等作品进行著作权登记,明确作品的归属和权益。对于侵权行为,要采取法律手段进行维权,保护品牌的知识产权成果。

品牌价值开发是通过知识产权的运营实现品牌价值的最大化。品牌所有者应通过对商标、专利、著作权等知识产权的有效利用和转化，开发新的产品线、拓展新的市场领域，提升品牌的竞争力和市场影响力。品牌知识产权运营需要建立完善的管理体系，包括制定知识产权管理制度、设立专门的知识产权管理机构、加强人员培训和素质提升等。通过体系化、规范化的管理，确保品牌知识产权运营的高效运行和可持续发展。品牌所有者可以通过知识产权的许可和转让实现品牌的增值和拓展。在许可和转让过程中，要合理评估知识产权的价值和风险，制定科学的许可和转让策略，确保品牌利益的最大化。市场推广策略是品牌知识产权运营的重要手段。品牌所有者应结合市场需求和消费者偏好，制定有针对性的市场推广计划。通过广告宣传、品牌活动、社交媒体等多种渠道，提升品牌知名度和美誉度，增强消费者对品牌的认同和忠诚度。

品牌知识产权运营面临一定的风险和挑战。品牌所有者应建立完善的风险管理机制，对潜在的知识产权风险进行识别和评估。制定应对策略和预案，及时应对和处理各类风险事件，确保品牌知识产权运营的稳定性和安全性。品牌知识产权运营涉及众多法律事务。品牌所有者应建立健全的法律事务处理机制，及时应对和处理各类知识产权纠纷和诉讼案件。同时，要加强与律师事务所等法律服务机构的合作，提升品牌的知识产权保护能力。

第二章

"蒙"字标认证体系与团体标准化

第一节 "蒙"字标认证背景和意义

一、"蒙"字标认证背景

"蒙"字标认证是联盟认证机构采用国际通行的合格评定方式,对源自内蒙古的优质农畜产品进行真实品质的认证,也是内蒙古立足生态资源优势,大胆创新实践,不断总结经验,形成可复制、可推广的区域公用品牌,是国家市场监管总局近年来唯一批准的区域公用品牌认证。为推进内蒙古优势特色产业发展,打造内蒙古农畜产品品牌,自2019年6月以来,内蒙古自治区政府商请国家市场监管总局批复开展"蒙"字标认证工作,开始实施"蒙"字标认证工作,确立了"蒙"字标"打造具有国际竞争力的区域品牌"的战略定位,以及"'蒙'字标,自然的美、自然的味"的品质宣言,并建立起"标准、制度、产业、质量管控、推广"等五大体系。"蒙"字标认证联盟秘书处设在内蒙古自治区标准化院,认证流程围绕企业申报、初审受理、认证实施、证后监督、平台信息提交等。2020年11月,随着兴安盟扎赉特旗绰勒银珠米业有限公司等9家企业获得首批"蒙"字标认证证书,内蒙古打造的区域品牌"蒙"字标正式亮相发布。截至2024年6月,"蒙"字标标准达到77项、获证企业60家、认证产品601种,培育入库企业374家。"蒙"字标已经成为具有鲜明内蒙古特色的区域品牌,受到社会各界和消费者的广泛关注,其辨识度、美誉度和影响力不断提升。获证企业围绕"蒙"字标认证品牌,进一步延链、补链,迅速成为标准化、规模化、科技化发展的龙头企业,品牌溢价能力、社会效益和经济效益明显提升。"蒙"字标运用国际通用认证方式,以认证保品质。内蒙古作为国家的"粮仓""肉库""奶罐",甄选高端产品,打造具有国际竞争力的区域品牌。

二、"蒙"字标含义

"蒙"字标认证是高端品牌自愿性认证,是认证机构根据国际通行的合格评定方式,运用认证的方法对推荐或申请获准使用"蒙"字标的企业开展的第三方评价,树立内蒙古产品"高品质、纯天然、绿色有机、生态环保"品牌形象,以增强产品核心竞争力,提高市场认同度,提升草原特色区域品牌价值和影响力。"蒙"字标以认证选真品,"高标、严选、天然"的IP定位,深受消费者喜爱(图2-1)。

图 2-1 "蒙"字标标志

"蒙"字标标准主要包含两个方面。一方面，深刻认识产品的独特性，是制定标准的前提；另一方面，明确支撑产品独特性的核心要素。一要研究企业包括企业家个人的综合素质、企业家现有的管理、企业信用管理水平等问题，表述严谨规范。二要从制度上保持认证工作的稳定水平，"蒙"字标具有一定的创新性，需要不断完善认证工作。

"蒙"字标认证对象目前主要定位是内蒙古特色农畜产品，生态优先、绿色发展是它的特色。"蒙"字标认证产品需要找出高于或者不同于其他大部分地区的"特征指标"。"蒙"字标认证产品可以和绿色产品、有机产品以及全国各地的同类产品进行比对，需要经过反复论证、反复研究，目的是辨别"蒙"字标产品，突出内蒙古的"蒙"字号等观点，标准决定质量，让"内蒙古标准"走向世界舞台。

"蒙"字标认证工作坚持"生态优先、绿色发展"的原则，采用第三方认证方式，以标准为支撑，向市场传递信任，引导企业高质量发展，是落实生态优先绿色发展，推进农牧业供给侧结构性改革的具体体现。企业自主申报、认证机构严格把控、政府部门积极监管三位一体共同发力，让内蒙古高端农畜产品走向全国，走向世界。

三、"蒙"字标认证意义

开展"蒙"字标认证，打造区域公用品牌，是实现内蒙古自治区经济高质量发展的重要路径。具有原产地保护和绿色有机认证的农畜产品种类丰富、数量庞大，而特色突出、亮点鲜明的优质农畜产品，将凭借"蒙"字标联盟认证，面向市场推广，以高品质、生态环保、可持续发展的特点，切实提升"蒙"字标认证品牌在国内外的知名度和影响力。通过推进"蒙"字标认证工作，为自治区农畜产品品牌建设贡献力量。随着"蒙"字标影响力的不断扩大，认证产品也将逐渐在全国，乃至全球打开市场。"蒙"字标认证在内蒙古自治区农畜产品品牌建设中起牵引作用。

以认证传递信任，为自治区优质农畜产品贴上金字招牌。"蒙"字标认证创建了从标准、认证、制度约束，到质量管控，再到综合服务的"五大体系"，采取"以认证选真品"的方式，建立农畜产品标准体系，研制"蒙"字标认证团体标准，涉及羊肉、牛肉、玉米、大豆等优势特色产业，让内蒙古好产品的真实品质看得见、认得清、能享用，被认证后的锡林郭勒羊肉、呼伦贝尔羊肉、阿尔巴斯山羊肉，以其草原羊的"真实"身份走出了大草原。

以品质引领消费，助推自治区优质农畜产品走向大市场。立足职能，发挥标准、计量、认证、知识产权等技术支撑和专业优势，确定"蒙"字标产品营养指标、风味指标和食用、加工品质指标，形成锡林郭勒羊肉、科尔沁牛肉、兴安盟大米、河套小麦粉等《关键品质指标研究报告》研究成果，以科学数据向消费者展示了内蒙古优质农畜产品的差异、特征和优势。"蒙"字标认证的"呼伦贝尔牛肉"产品，以其极高的信誉度成功进入上海、广州、天津市场，绰勒银珠、龙鼎极北香稻等"兴安盟大米"及兆丰"河套小麦粉"在北京销售良好。"蒙"字标以机制推进发展，让自治区农牧产业行稳致远。坚持"高标准严认证"的原则，为产业、企业和产品赋能，建立了"五项机制"，引导授权企业充分发挥示范引领作用，带动上下游相关产业链绿色发展，推动形成"蒙"字标优势特色产业集群。

第二节 "蒙"字标认证体系

"蒙"字标把国际通行的认证手段运用到品牌打造中，创建了"蒙"字标认证"五大体系"，即标准体系、认证体系、产业体系、质量管控体系和综合服务体系，采取"以认证选真品"的方式，让内蒙古的好东西变成好产品，让好产品的真实品质看得见、认得清、能享用。遵循"政府引导、市场运作、标准引领、认证支撑、品质保证、企业自愿"的原则，打造具有国际竞争力的区域公用品牌。按照"分步实施、分类指导、试点示范、渐次推进"的原则，逐步扩展"蒙"字标认证领域，将"蒙"字标打造成为助力内蒙古自治区经济高质量发展的引领性区域公用品牌。

一、标准体系

标准体系是"蒙"字标认证的基础，它涉及制定和执行一系列针对内蒙古优质农畜产品的标准和规范，确保产品的品质达到国际水平。"蒙"字标标准体系是以"蒙"字标为核心，涵盖产品质量、安全、检测、认证、标识、监督、管理以及应用与推广等方面的综合性标准体系。其范围涵盖了所有使用"蒙"字标的产品或服务，旨在确保产品的品质、安全和信誉，提升内蒙古地区产品的市场竞争力。

标准体系明确规定了与"蒙"字标相关的术语和符号的定义及用法。术语包括"蒙"字标的含义、分类、使用范围等；符号则涉及"蒙"字标的图形、颜色、尺寸等视觉识别要素。这些术语和符号的规范使用，有助于增强"蒙"字标的辨识度和统一性。对使用"蒙"字标的产品或服务进行分类和命名。分类依据产品的属性、用途、行业等特点进行，确保分类的科学性和合理性。命名则遵循简洁、易记、有辨识度等原则，便于消费者识别和记忆。

对使用"蒙"字标的产品或服务，设定明确的质量要求。这些要求包括产品的性能、安全性、环保性、耐用性等方面，确保产品达到一定的品质水平。同时，根据行业特点和技术发展，不断更新和完善质量要求，以适应市场需求和技术进步。严格的检验与测试流程可以确保使用"蒙"字标的产品或服务符合质量要求。检验与测试包括抽样、测试方法、判定标准等环节，确保产品的每个环节都得到有效监控和管理。同时，建立检验与测试结果的记录和追溯机制，便于问题的追溯和解决。

对符合"蒙"字标标准体系要求的产品或服务进行认证，并授予相应的标识。认证流程包括申请、审核、批准等环节，确保认证的公正性和有效性。标识的使用应遵守相关规定，包括标识的尺寸、颜色、位置等要求，以增强消费者的识别和信任。建立有效的监督与管理机制，对使用"蒙"字标的产品或服务进行持续的监管和评估。这包括对生产企业、流通环节、销售平台等各方的监督和管理，确保产品质量和安全。同时，建立投诉处理机制和质量追溯体系，及时处理消费者反馈和投诉，保障消费者权益。

积极推动"蒙"字标标准体系的应用与推广，提升内蒙古地区产品和服务的知名度和竞争力。标准体系建设服务项目涉及：行业/企业标准化现状调研、行业/企业标准体系梳理、行业/企业标准化基础知识的定制培训、行业/企业标准体系构建、行业/企业标准体系实施辅导、行业/企业标准体系实施效果评价。通过宣传、培训、合作等方式，引导企业和社会公众了解和使用"蒙"字标标准体系。进一步强化"蒙"字标认证宣传和申报服务力度，帮助引导企业学习"蒙"字标相关标准，积极做好"蒙"字标认证申报及相关工作，筛选推荐更多当地特色产品，申请制定"蒙"字标认证标准，积极参与"蒙"字标大草原优品直播间直播推介，全面提升当地产品品牌影响力和市场竞争力,以"蒙"字标认证提升企业品牌知名度与影响力。

"蒙"字标搭上直播快车,自2024年3月31日首场直播开始,讲述品牌故事。为加快推进"蒙"字标——大草原优品自治区区域公用品牌打造,按照自治区农牧业品牌建设"五统一"要求,启动"蒙"字标——大草原优品直播间建设工作。"蒙"字标直播间作为自治区区域品牌"蒙"字标——大草原优品的综合传播窗口,通过宣传推广及直播营销等形式,诠释品牌价值、服务企业发展。"蒙"字标大草原优品直播间已在稳步运营中,为全国各地的消费者深入介绍自治区级区域品牌"蒙"字标——大草原优品,内蒙古经济生活频道对"蒙"字标直播间启动进行了宣传报道。直播间邀请"蒙"字标标准专家讲述羊肉、牛肉、米面粮油等内蒙古优势产业故事,让消费者认识内蒙古特色产品为什么好、好在哪里;开启企业专场直播,邀请"宇航人"等"蒙"字标获证企业走进直播间,讲述企业故事、传递企业文化,为企业提供更多口碑产品的销售渠道;受邀参加内蒙古广播电视台举办的《内蒙古好物》节目,以综艺带货直播的形式助力"蒙"字标建设和优质农畜好物销售,与十二盟市的优秀带货网红达人们同台直播;以重要节日为主题开展专题直播,发布具有主题性、趣味性、多元化的宣传视频,橱窗上架企业的"蒙"字标认证产品,直播效果较好,得到了自治区各有关部门、社会各界、广大消费者高度关注和支持鼓励。继续加强与国内外相关标准和认证体系的对接和合作,推动内蒙古地区产品和服务走向更广阔的市场。"蒙"字标标准体系将有力促进内蒙古地区产品和服务质量的提升和市场竞争力的增强,为内蒙古经济社会的持续健康发展提供有力支撑。

二、认证体系

认证体系主要是通过严格的认证流程,对符合"蒙"字标标准的产品进行认证,确保产品的真实性和可靠性。认证体系作为"蒙"字标认证体系的核心组成部分,承载着确保产品质量和信誉的重任。它负责对符合"蒙"字标标准的产品进行权威认证和授权,为消费者提供可靠的质量保证,同时也为企业的市场竞争力提供有力支撑。认证流程是认证体系的具体体现,包括以下几个关键环节:企业申请—资料审核—现场检查—产品检测—持续监督与管理。企业向认证机构提出认证申请,明确表明其产品符合"蒙"字标标准的要求,并承诺遵守相关规定和承诺。认证机构对企业的申请资料进行细致审查,确保企业所提交的资料真实、完整、合规,并符合"蒙"字标标准的要求。派遣专业团队对企业的生产现场进行检查,核实企业的生产过程、质量控制、产品检测等环节是否符合标准，并评估企业的整体管理水平。对企业的产品进行抽样检测，通过科学、公正的检测手段，评估产品的性能指标、安全性能等是否符合"蒙"字标标准的要求。

认证体系不仅仅局限于对产品的一次性认证，更重要的是对认证产品进行持续的监督和管理。这包括定期对企业的生产过程、产品质量进行检测和评估，确保产品质量的稳定性和持续性。同时，对于出现质量问题的产品，认证机构将及时采取相应措施，包括警告、暂停认证、撤销认证等，确保消费者的权益不受损害。通过完善的认证流程和持续的监督与管理，认证体系为"蒙"字标认证体系提供了有力的质量保障。它不仅确保了产品的真实性和符合性，还提升了企业的品牌形象和市场竞争力，为消费者提供了更加安全、可靠的产品选择。

三、产业体系

产业体系是一个综合性的产业发展战略，旨在通过构建完善的产业链，从源头控制产品质量，确保从生产到销售的每一个环节都符合"蒙"字标的要求。该体系结合了内蒙古地区的特色与优势，强调文化传承、生态保护、特色发展以及国际交流与合作，以促进地区经济的可持续发展。

严格的"蒙"字标标准涵盖产品质量、生产环境、文化传承等多个方面。建立专门的监管机构，负责标准的执行和监督，确保产业链上的每一个环节都符合标准。从原材料采购到产品生产、加工、包装、销售等全过程，实施严格的质量控制措施。通过引入先进的技术和设备，提高产品质量和安全性。整合产业链上下游资源，形成紧密的产业合作关系。通过优化供应链、加强产销对接等方式，提高产业整体竞争力。打造"蒙"字标品牌，提升产品知名度和美誉度。通过广告宣传、文化推广等方式，扩大"蒙"字标品牌的影响力。"蒙"字标产业体系是一个综合性的产业发展战略，旨在通过构建完善的产业链、实施严格的质量控制、整合产业链资源、打造知名品牌等方式，推动内蒙古地区经济的可持续发展。该体系注重文化传承、生态保护、特色发展以及国际交流与合作，将为地区经济的繁荣和社会的进步作出积极贡献。

四、质量管控体系

质量管控体系主要是通过科学的管理和监控手段，对产品的质量进行全程控制，确保产品的品质始终保持在高水平。"蒙"字标质量管控体系是内蒙古地区特色产业质量管理的核心框架，它涵盖了标准制定、质量控制、监督管理和持续改进一系列关键环节。本体系旨在通过系统化的方法，确保从原材料到最终产品的每一环节都达到或超越既定的质量标准，为消费者提供安全、可靠、高品质的内蒙古特色产品。根据内蒙古地区特色产业的特点和市场需求，制定详细、全面的质量标准和技术规范。确保产业链各环节严格按照既定标准操作，对违反标准的行为进行及时纠正和处理。

评估原材料供应商的信誉、质量和供货能力，选择合格的供应商。对进厂的原材料进行严格的质量检验，确保原材料质量符合生产要求。确保生产过程中的各项工艺参数和操作符合标准。对生产人员进行定期培训，提高生产技能和质量控制意识。对成品进行抽样检测，确保产品质量稳定可靠。对成品进行各项性能测试，确保其满足使用要求。建立完善的质量追溯体系，确保产品质量问题的及时发现和处理。对生产、检验、销售等环节的数据进行集中管理，为质量改进提供数据支持。及时发现生产过程中的问题，分析原因并制定改进措施。定期开展质量控制和技术培训，提高员工的技能和素质。对生产过程中可能出现的风险进行定期评估。采取有效的风险控制措施，降低潜在的质量风险。推动产品通过相关认证，提升产品的市场竞争力。接受政府部门和第三方机构的监督检查，确保质量管理体系的有效运行。

"蒙"字标质量管控体系是保障内蒙古地区特色产业质量的核心框架，通过一系列标准化的管理措施，确保产品质量的稳定和可靠。同时，该体系也注重持续改进和风险管理，为产业的健康发展提供了坚实的保障。通过实施这一体系，为消费者提供更高品质、更安全的内蒙古特色产品。

五、综合服务体系

"蒙"字标综合服务体系是一个全面的框架，旨在为"蒙"字标认证企业和消费者提供全方位的服务。通过技术支持、市场推广、消费者维权等多方面的努力，促进"蒙"字标品牌的健康发展和市场竞争力的提升。同时，该体系也注重行业合作和国际交流，为"蒙"字标品牌的国际化发展奠定坚实基础，以促进"蒙"字标品牌的健康发展。

为"蒙"字标认证企业提供必要的技术研发支持，包括新产品开发、技术改进、工艺优化等。组织专家团队，为企业在生产、质量管理、技术创新等方面提供咨询服务。定期举办培训班和研讨会，提升企业员工的技术水平和质量管理意识。协助"蒙"字标认证企业塑造和提升品牌形象，打造独特的品牌文化。组织各类市场推广活动，如产品展览、推介会、线上线下促销等，提升"蒙"字标产品的市场知名度。利用各类媒体平台，对"蒙"字标认证企业和产品进行广泛宣传和推广。确保"蒙"字标认证产品的品质和安全，维护消费者的合法权益。建立有效的投诉处理机制，对消费者的投诉和建议进行及时响应和处理。开展消费者教育活动，提高消费者对"蒙"字标产品的认知度和选择能力。加强与其他行业的合作与交流，共同推动"蒙"字标品牌的健康发展。拓展国际合作渠道，引进国际先进的管理经验和技术，提升"蒙"字标品牌的国际竞争力。

一直以来，内蒙古结合地域、文化、气候条件等独特资源促进品牌建设的优势并没有得到真正发挥。在此背景下，内蒙古推出"蒙"字标，本着政府引导、企业自愿原则，以"高标准+严认证+强监管+优服务"，吹响区域公用品牌创新发展的集结号。五大体系共同构成了"蒙"字标认证的核心框架，旨在推动内蒙古优质农畜产品的发展，提升品牌形象，逐步扩展"蒙"字标认证领域，将"蒙"字标打造成为助力内蒙古自治区经济高质量发展的引领性区域公用品牌。通过构建完善的"蒙"字标认证体系，可以有效促进内蒙古地区产业的发展和提升产品质量，增强产品的市场竞争力和影响力。同时，认证体系还可以为消费者提供更加安全、可靠、优质的产品和服务，保障消费者的权益和利益。

第三节 "蒙"字标认证行动中的团体标准化

一、团体标准化概述

（一）定义与背景

"蒙"字标团体标准化是一种针对特定领域或行业的标准化活动，其核心是以"蒙"字标为标志，集合相关企事业单位、行业协会、专家等力量，共同制定和推广标准。该标准化活动旨在推动某一领域或行业的规范化、标准化和高质量发展。在当前全球化、市场化、信息化的大背景下，团体标准化已经成为一种重要的标准制定方式，对于提高产业竞争力、促进国际贸易、保障消费者权益等方面具有重要意义。

（二）标准制定流程

"蒙"字标团体标准化的制定流程通常包括以下阶段：需求调研与分析、标准起草、专家评审、公开征求意见、修改完善、批准发布等。在这个过程中，充分发挥各方的作用，特别是征询行业专家、企事业单位、消费者等群体的意见和建议，确保标准的科学性、合理性和实用性。截至2024年9月，已发布实施的"蒙"字标认证标准共计100项，其中包含1项"蒙"字标认证地方标准、1项"蒙"字标通用团体标准和98项"蒙"字标认证产品团体标准，涉及羊肉、牛肉、牛奶、玉米、大豆、马铃薯等40类内蒙古优势特色产业，团体标准覆盖内蒙古所有盟市，标准使用率达100%。在"蒙"字标品牌带动下，内蒙古培育认证绿色食品、有机农产品4127个，产量达1316.7万吨，居全国第九位；培育名特优新农产品668个，居全国首位；兴安盟大米、赤峰小米、河套小麦粉等"蒙"字标认证企业的种植面积达100万余亩。同时，也带动上下游相关产业链绿色发展，推动形成"蒙"字标优势特色产业集群，进一步奠定了内蒙古农牧业高标准发展的基础。

（三）标准内容解析

"蒙"字标是内蒙古品牌的一个集合单元，团体标准化的内容通常涉及产品质量、技术指标、检验方法、包装标识等方面。这些标准内容旨在规范行业内的产品和服务，确保它们符合一定的质量和技术要求，从而维护市场秩序、保障消费者权益。同时，标准内容也体现了行业最新的科技成果和发展趋势，为行业的技术创新和产品升级提供了有力支撑。"蒙"字标作为区域认证品牌，代表着市场的认知度和美誉度，是通行证，更是承诺书。为了适用"蒙"字标，从制定培育计划、目标、措施，到促进企业质量提升，开展企业对标达标等活动，"蒙"字标企业的评选工作一直都是高标准推进。

（四）应用与影响

"蒙"字标团体标准化的应用和推广对于相关企业和行业具有重要的影响。首先，标准可以提高产品的竞争力和市场影响力，为企业赢得更多的市场份额和消费者信任。其次，标准可以促进企业之间的合作与交流，推动产业链的完善和升级。最后，标准还可以为政府部门提供决策依据和监管手段，保障市场的公平竞争和消费者的合法权益。

（五）实施与监督

一旦贴上"蒙"字标标志，就需要接受比其他产品更为严格、更加全面的监督检查。为确保"蒙"字标团体标准化的有效实施和持续监督，需要建立健全的实施机制和监督机制。一方面，要加强对标准的宣传和培训，提高企业和消费者对标准的认知度和遵守意识；另一方面，要加强对标准执行情况的监督检查和评估，及时发现和解决标准实施中的问题和困难。按照"成熟一个、申报一个、认证一个"的方式，所有申报企业都需经过"蒙"字标认证联盟成员机构的认证审核。"高标准+严认证"，才会颁发"蒙"字标认证证书。"蒙"字标认证既有准入又有退出。一旦发现企业有违规和违法行为，经查实不仅会被退出，还将受到严厉的处罚及通报。与此同时，为筑牢"蒙"字标品牌基础，内蒙古自治区市场监管局还与农业农村部食物与营养发展研究所、北京工商大学合作，形成锡林郭勒羊肉、呼伦贝尔羊肉等关键品质指标研究报告，通过数据科学展示产品差异、特征和优势指导品控。

在"蒙"字标团体标准化的实施过程中，可能面临一些挑战和困难，如标准制定过程中的意见分歧、标准执行过程中的监管难度等。针对这些问题，需要采取一系列对策和措施。例如，加强沟通协调，促进各方达成共识；加强标准宣传和培训，提高标准的应用水平；加强监管力度，确保标准的严格执行等。随着科技的不断进步和市场的不断发展，"蒙"字标团体标准化将继续发挥重要作用。"蒙"字标团体标准化呈现以下发展趋势：一是更加注重与国际标准的接轨和互认，提高中国在国际市场上的竞争力；二是更加注重创新与引领，推动行业的技术进步和产业升级；三是更加注重可持续发展和环境保护，促进经济与社会的协调发展。

二、团体标准监督评价机制探索

"蒙"字标认证是内蒙古自治区为提升产品质量、促进产业升级而设立的一项重要认证制度。为确保"蒙"字标认证的有效性和公信力，建立一个完善的监督评价机制显得尤为重要。

（一）监督评价机制的必要性

"蒙"字标认证作为内蒙古自治区的一项重要认证制度，其目的在于推动产品质量提升、促进产业升级。然而，要确保认证的有效性，必须建立一个完善的监督评价机制。通过监督评价，可以及时发现和纠正认证过程中可能存在的问题，确保认证结果的准确性和公正性。同时，监督评价还可以促进认证机构的自我完善和发展，提高认证服务的质量和效率。

（二）监督评价机制的构建

1.明确监督评价主体

监督评价主体应包括政府部门、认证机构、消费者等多个方面。政府部门负责监管认证机构的运行和认证结果的合规性；认证机构负责自我监督评价，确保认证过程的公正性和准确性；消费者则通过反馈和评价，为监督评价提供重要参考。

2.制定监督评价标准和程序

制定科学、合理的监督评价标准和程序是确保监督评价有效性的关键。监督评价标准应包括认证流程的合规性、认证结果的准确性、认证机构的服务质量等方面。同时，还应建立一套完整的监督评价程序，包括评价计划的制定、评价过程的实施、评价结果的反馈和改进等。

3.加强信息化建设

信息化建设是提高监督评价效率和质量的重要手段。通过建立信息化平台，可以实现对认证数据的实时采集、分析和处理，提高监督评价的及时性和准确性。同时，信息化平台还可以加强各方之间的沟通和协作，提高监督评价的透明度和公正性。

（三）监督评价机制的实施

为确保监督评价机制的有效实施，应加强对认证机构、消费者等相关方的培训和宣传工作。通过培训，提高相关方对监督评价机制的认识和理解；通过宣传，增强相关方对监督评价机制的信任和支持。应定期开展监督评价活动，对认证机构的运行和认证结果进行全面、客观的评价。评价过程中应充分听取各方意见和建议，确保评价结果的公正性和准确性。

对监督评价结果应及时处理和反馈。对于发现的问题和不足，应督促认证机构进行整改和优化；对于优秀的认证机构和认证结果，应进行表彰和宣传，以推动整个认证行业的持续发展和进步。"蒙"字标认证团体标准监督评价机制的建立和实施是一个长期而复杂的过程。只有通过不断完善和创新监督评价机制，才能确保"蒙"字标认证的有效性和公信力，推动内蒙古自治区产品质量提升和产业升级。

三、内蒙古团体标准化实践

作为中国的重要农业和畜牧业地区，内蒙古拥有丰富的自然资源和独特的地理环境。为了进一步推动地区经济的发展和转型升级,内蒙古开始实施"蒙"字标团体标准化实践,旨在通过制定和执行统一的标准,提高产品质量,增强市场竞争力。本书将从农畜产品认证要求、林草产品认证要求、地域及原料限制、"1+N"标准模式、通用地方标准制定、团体认证标准研制、高质量标准体系建立以及拓展至工业服务业等方面,详细介绍"蒙"字标团体标准化的实践内容。

内蒙古注重农畜产品的质量和安全,为了保护生态环境和合理利用资源,通过制定严格的认证要求,确保产品符合国家标准和国际标准。认证过程涵盖了种植、养殖、加工、储存和运输等各个环节,确保产品的品质和安全性、环保性。农畜产品受到地域和原材料的限制,为了确保产品的独特性和品质,认证过程中会对原料的来源和使用进行严格把关,以保证产品的纯正性和特色。

在"蒙"字标团体标准化实践中,内蒙古采用"1+N"的标准模式。其中,"1"代表通用标准,是各类产品必须遵守的基本要求;"N"代表特定标准,根据不同产品的特性和需求制定的具体标准。这种模式既保证了产品的统一性,又兼顾了产品的多样性。为了规范产品和服务的市场秩序,内蒙古制定了一系列通用地方标准。这些标准涵盖了产品质量、安全、环保等方面,为各行业的健康发展提供了有力保障。

内蒙古积极鼓励和支持各类团体参与认证标准的研制工作。通过发挥团体的专业优势和创新能力,推动标准的不断完善和优化,为提升产品质量和市场竞争力提供有力支持。为了推动产品和服务的高质量发展,内蒙古建立了一套完整的高质量标准体系。该体系涵盖了产品设计、生产、检验、销售等环节,确保产品和服务的质量达到国内领先和国际先进水平。"蒙"字标团体标准化实践不仅局限于农畜产品和林草产品领域,还积极拓展至工业和服务业领域。通过制定和推广适用于工业和服务业的标准,推动整个产业的转型升级和地区经济高质量发展。通过制定和执行统一的标准,提高产品质量和市场竞争力,为内蒙古的可持续发展注入新的动力。

第四节 "蒙"字标认证工作举措

"蒙"字标认证是在内蒙古自治区市场监管局指导和监督下以联盟认证形式打造的产品认证品牌,对提高产品核心竞争力,凸显内蒙古草原特色区域产品价值和影响力具有重要意义。内蒙古自治区市场监管局需要充分考虑自身产业优势、资源优势、品牌基础，积极组织做好"蒙"字标认证推广工作。

一是全面加强组织领导。成立"蒙"字标专班，统筹推进"蒙"字标认证工作，推动"蒙"字标认证与区域公用品牌有机结合，扩大"蒙"字标认证社会影响。二是全面做好培育引导。对区域内获得有机认证的种、养殖企业，生产加工企业进行摸底调查，筛选"蒙"字标认证重点培育企业，列入农畜产品品牌建设重点培育企业目录。三是全面做好宣传帮扶。挖掘特色优势产业及产品，加强对企业业务指导和政策宣传以及认证培训，助力特色产业及产品加快推进"蒙"字标认证申报。帮扶有意向的企业准备梳理申报材料，加强信息报送，做好资料收集，为有序推进"蒙"字标认证打好基础。四是积极开展组织申报工作。按照《内蒙古自治区市场监督管理局关于"蒙"字标认证申报工作的通知》，聚焦已建立团体标准的优势特色农畜产品，推动更多企业产品获得"蒙"字标认证，不断提升绿色农畜产品品牌美誉度和竞争力。五是以农畜产品营养价值分析与评估为技术支撑，明确自治区特色优质农畜产品的特色指标，制定先进的"蒙"字标认证产品和技术标准，明确生产地域，牢牢把握产品突出特性，制定广泛推广，提升标准应用性。如"兴安盟大米""蒙"字标认证标准的修订工作是把"兴安盟大米"优质产品向全国推广的一项关键工作。"兴安盟大米"的质量水平应不低于绿色产品质量水平，根据兴安盟实际，某些特色指标可以高于绿色产品质量指标，体现"兴安盟大米"独特的优势。"兴安盟大米"标准体系的框架、标准明细表中的标准按照上述水平要求进行调整，把不符合"兴安盟大米"要求的标准删减，把需要补充的标准列入，标准名称应准确。六是在"蒙"字标认证工作和产品评价方面，围绕"蒙"字标认证系列标准的内容和关键技术指标进行探讨，把内蒙古优质的农畜产品功能功效成分检测出来，使其更有科学依据、更加规范。按照国际通行的第三方评价机制，开展"蒙"字标认证，将传统标准"大水漫灌"的数量保障模式，变为"精准滴灌"的质量支撑模式，以"蒙"字标认证行动为抓手，推动内蒙古经济高质量发展。

第五节 "蒙"字标认证管理工作和推广行动

"蒙"字标作为内蒙古自治区产品质量和服务的重要标志，承载着推动地区经济发展、提升品牌形象的重要使命。为了进一步加强"蒙"字标认证的管理和推广，制定行动计划，包括标准制定与完善、产品质量监管、品牌推广与市场开拓，构建"蒙"字标产业标准体系,深入挖掘认证实践中发现的标准修订、企业贯标、流程优化、服务营销、认证费用和效率等方面的问题提出建议。需要进一步加强企业申报的指导和培训工作提高申报成功率,加强获证企业的证后监督工作,确保产品质量和品牌形象不受损害。进而打造内蒙古区域综合品牌,促进产品质量的整体提升和市场竞争力的增强。

一、标准制定与完善

制定和完善"蒙"字标认证标准体系,确保认证标准与国家法律法规、国际通行标准相衔接,体现内蒙古特色。建立标准化工作机制和专家库,定期修订和完善认证标准,以适应市场需求和技术发展。加强与相关行业协会、科研机构的合作,共同推动行业标准的研究和制定。发挥职能优势,服务发展大局,助力自治区农畜产品高标准高质量发展。围绕"蒙"字标认证的"五大体系",扎实推进"蒙"字标相关工作。加快构建标准体系框架,并研制相关产品"蒙"字标认证团体标准,促进自治区产业转型升级,实现高质量发展。

为进一步加快内蒙古标准化工作步伐,提升内蒙古标准化整体水平,构建创新、务实、互利、共赢的合作平台,通过资源共享,优势互补,开展标准化技术服务,实现合作共赢,深入实施标准化战略,加大标准实施力度,落实标准化提升、企业高质量发展和"蒙"字标品质认证三大行动,有效提升标准化技术服务水平。战略合作围绕制定助推企业高质量发展行动计划,推进重点领域标准体系建设与实施;制定内蒙古品牌建设行动计划,开展品牌建设培育合作;开展军民通用标准化研究工作;联合申请国家项目;开展科研成果、专利转化为标准和标准化科研成果的推广应用;进一步加强标准化队伍建设。合作内容围绕关于提高社会事业领域服务质量、开展食品药品安全标准研究,提升食品药品质量、品牌质量、标准化与知识产权研究、国际标准化和WTO/TBT-SPS信息的研究、编码应用与信息技术服务和标准化队伍建设等方面,应用标准化的思维、理念、方法、工具服务社会、支撑政府、引导企业高质量发展。

二、产品质量监管

建立严格的产品质量监管体系,对获得"蒙"字标认证的产品实施定期监督检查和抽检,确保产品质量持续稳定。加强生产企业质量管理体系建设,推动企业自主开展质量提升活动,提高产品质量水平。对不合格产品及其生产企业进行公示和处理,强化企业质量主体责任,维护消费者合法权益。通过深化标准合作,创建内蒙古高质量发展格局。内蒙古标准化院承担的国家重点食品质量安全追溯——内蒙古省级产品质量安全追溯服务平台项目、国家物品编码中心商品"源数据"深度应用试点项目以及内蒙古自治区商品信息服务平台都将是"蒙"字标认证工作产品质量全链条追溯系统中的重要技术支撑。通过深入挖掘内蒙古特色产业资源，"蒙"字标认证工作首批试点主要打造内蒙古高品质农畜产品。内蒙古标准化院畜肉产品质量安全追溯推广应用项目，就是主要以畜肉产品为对象，在畜肉产品生产、加工环节运用物联网感知手段，实现对畜肉产品质量安全关键指标的感知和信息采集，利用物联网、条码、射频识别（RFID）等技术集成并实现信息融合、查询、监控和追溯，研究肉羊肉牛饲养、屠宰、加工、包装、储藏、运输和销售环节质量安全信息的追溯。只需扫一扫，手机页面便会弹出"承诺达标合格证"和追溯码，信息详细到上市时间、生产单位、联系方式、责任人及产品溯源流程等，图文并茂、一目了然。充分发挥标准的引领作用，产品认证以商品条码和商品源数据信息为基础，企业认证以统一社会信用代码为基础，产品追溯采用GS1国际标准，实现"蒙"字标认证产品生产流通全程可追溯。

三、品牌推广与市场开拓

制定"蒙"字标品牌推广策略，通过媒体宣传、展会展览、线上线下营销等多种方式，提高品牌知名度和美誉度。加强与国内外知名电商平台和销售渠道的合作，拓宽"蒙"字标产品的市场覆盖范围。鼓励企业开展品牌创新和市场开拓活动，支持企业参加国内外重要展会和商务活动，提高市场竞争力。

实施"蒙"字标认证行动计划，是推动内蒙古自治区产品质量提升和市场开拓的重要举措。一要进一步健全"蒙"字标"五大体系"，坚持"高标准、严认证、强监管、优服务"的原则。二要按照"机制重构、扩面增量、强化推广"的总体思路，持续推进法规制度完善、推进机制优化，确保"蒙"字标持续稳定发展。三要筑牢"高标准+严认证"这个核心基础，联盟机构要主动适应制度、机制、规则等方面的改进，积极参与标准研制、标准验证、标准修订，根据标准修订的合理化建议，要列清单、定时限、提效率。四要坚持"强监管+优服务"这个根本保障，加强事中事后监管。推进市场化发展，由申请"蒙"字标认证的企业自愿选择联盟认证机构。从大草原走向大市场，"蒙"字标认证工作既与国际接轨，又充分体现了中国特色。紧贴国家发展重大战略重大需求，运用质量认证手段激发市场活力，释放发展动力，切实发挥质量认证作用，在促进产品服务质量提升、引导产业转型升级、增加市场优质供给、增强消费者的信任感和获得感方面发挥更大的作用。"蒙"

字标终将成为国内外消费者信赖的优质产品标志，为经济社会发展注入新的活力。

四、"五统一"打造"蒙"字标大草原优品

为贯彻落实《内蒙古自治区做优做强农牧业品牌工作方案》，打造"高标准"的"蒙"字标品牌形象，大力推进"蒙"字标认证以及"大草原优品"自治区区域公用品牌打造，采取品牌建设"五统一"措施，包括统一品牌，以"蒙"字标——大草原优品区域公用品牌统领内蒙古区域公用品牌；统一标准，以"蒙"字标认证为牵引，制定大草原优品产品认证标准；统一标识，在产品包装上统一使用"蒙"字标认证标识；统一宣传，以"生态内蒙古，绿色好味道"+"蒙"字标——大草原优品，作为唯一主题，开展品牌发布、媒体宣传、线上线下展示推介；统一营销，推动建立区内外营销中心，为获得"蒙"字标认证企业产品搭建输出平台、对接销售渠道，统一打造"蒙"字标——大草原优品品牌。精心打造"蒙"字标——大草原优品直播间，建成"蒙"字标综合传播中心。发挥"传递信任、保障品质、服务经济"的核心价值，让企业在"蒙"字标品牌宣传、推介、推广、营销等方面发挥合力作用，扩大品牌传播力、影响力，真正为企业和产品赋能，提升企业效益，打造企业品牌，促进地区经济高质量发展。

"蒙"字标品牌工作面临较好形势，"蒙"字标——大草原优品已明确成为内蒙古自治区公用品牌。要坚定不移地做好"蒙"字标，一是坚持"蒙"字标高品质品牌的原则；二是继续加强推进机制建设，完善"蒙"字标制度体系和工作体制；三是要标准先行，做实扩面增量提质。"蒙"字标——大草原优品品牌建设将坚持以"千里草原、万顷牧场，生态内蒙古、绿色好味道"越唱越响亮为主题，多角度、多方位、多渠道开展宣传推介。打造好"蒙"字标直播间，成为自治区区域品牌综合传播中心。围绕"五统一"要求，启动"蒙"字标——大草原优品直播间建设，进一步提升"蒙"字标品牌的知名度和影响力。围绕选派培训培养主持人和主播、指导策划录制编辑视频、小屏大屏互动及资源共享等核心任务展开深入合作，充分发挥内蒙古电视台的专业优势，共同推进直播间建设工作，提升直播间的节目质量和传播效果，让更多人了解"蒙"字标——大草原优品内蒙古区域公用品牌。在"蒙"字标——大草原优品直播间内，搭建特色鲜明的"蒙"字标场景化背景，配备高清摄像设备和专业音频系统。作为自治区区域品牌"蒙"字标——大草原优品的综合传播窗口，"蒙"字标直播间将通过宣传推广及直播营销等形式，实现讲述品牌故事、传播品牌文化、诠释品牌价值、服务企业发展的目标。

第六节 "蒙"字标认证助推农畜产品品牌建设

一、制度体系逐步健全，日臻完善

以区域公用品牌为带动、以龙头企业为主体、以产品品牌为基础、以"蒙"字标认证为牵引，推进农畜产品品牌建设。建立品牌建设工作推进机制，与内蒙古自治区相关厅局的联系机制、与大学和科研院所的联络机制、与各盟市农畜产品品牌推进部门的联合机制、与龙头企业的联动机制、科学严格的品牌建设管理机制。印发《关于开展"蒙"字标产品认证从业机构监督检查工作的通知》，将"蒙"字标认证纳入整体市场监管体系，制定《"蒙"字标认证产品包装规范》，修订《"蒙"字标认证联盟章程》《"蒙"字标认证标志使用管理规定》。召开认证联盟会议，对成员单位进行绩效评价。组织召开"蒙"字标认证暨认证标准宣贯研讨会。《内蒙古自治区"蒙"字标认证管理办法》政府规章立法项目扎实推进。

二、认证工作正式启动，渐次推进

内蒙古加快建设国家重要农畜产品生产基地，创新开展以"蒙"字标认证打造内蒙古品牌行动，截至2023年12月，已发布认证标准73项、培育获证企业58家、认证产品500种以上，推动更多优质绿色农畜产品走向全国和世界。以"高标准+严认证"，全面修订"蒙"字标认证团体标准并发布实施。继续新研制"蒙"字标认证团体标准，覆盖内蒙古十二个盟市。建立了《内蒙古"蒙"字标认证重点培育企业目录》，并实施动态管理。2024年2月，自治区政府印发了《关于支持农畜产品精深加工的若干措施的通知》，支持农畜产品品牌培育和市场营销，开展"蒙"字标认证，推动统一标准、统一品牌、统一宣传、统一营销，打造内蒙古自治区"蒙"字标——大草原优品区域公用品牌。对获得"蒙"字标认证的企业给予认证和检验检测费用奖补。

三、宣传工作全面展开，覆盖全域

加强央视和内蒙古广播电视台及其所属新媒体的宣传，在央视频道和内蒙古广播电视台卫视频道、广播、奔腾融媒体播放"千里草原、万顷牧场、生态内蒙古、绿色好味道"主题宣传语，全面展示自治区农畜产品品牌总体形象和"蒙"字标认证产品品牌。冠名《爱上内蒙古》节目，系列宣传"蒙"字标认证和认证品牌。邀请央视著名主持人和内蒙古电视台新闻主持人录制"蒙"字标宣传片。组织"蒙"字标获证企业参加博览会，制作宣传册和宣传折页。以"蒙"字标认证为牵引的推进农畜产品品牌建设工作在《中国市场监管报》《中国质量报》《内蒙古日报》以及《市场监督管理》（半月刊）均有报道和刊发。

"蒙"字标原创短视频获多项荣誉。2023年，"蒙"字标工作推进组精心谋划，指导制作了一系列原创短视频，既有对"蒙"字标认证的深入解读，也有展示获证企业品牌形象和产品的精彩内容。其中，微视频作品《"蒙"字标好产品走向全国》获2023年度全国市场监管三微大"晒"银质作品；《千珍万选"蒙"字标》在内蒙古第五届广播电视公益广告大赛市场监督管理专项作品（电视类）中被评选为一类作品；《"蒙"字标　以自然之名为世界甄选草原尚品——除了牛羊肉，内蒙古还有香喷喷的大米！》在2023年度"创新榜"广播影视项目推介活动中，获得广播影视业观众青睐影片奖；《"蒙"字标·2023呼和浩特马拉松》在全国广播影视优秀项目推介活动中，荣获"影响中国传媒"2022—2023年度最受期待影片奖；《"蒙"字标产品系列》在2023年度优秀行业电视作品征集展映活动中，荣获宣传片类优秀作品奖等。这些成绩的取得，不仅是对"蒙"字标认证宣传工作的肯定，更是对品牌形象的有力宣传，需要继续保持专业和创新的理念，为消费者带来更加优质的品牌体验。

"蒙"字标产品进机场、上飞机。"蒙"字标获证企业产品将"进机场"成为贵宾休息室休闲食品，"上飞机"成为航空专用食品，为乘客和机组成员提供航食。"蒙"字标获证企业将根据航空食品相关要求，结合自身产品优势，制订生产计划，严格执行标准，保证产品品质。"蒙"字标以获证企业产品"进机场、上飞机"为契机，开辟新的宣传路径和营销渠道，进一步提升"蒙"字标品牌知名度与影响力，扩大品牌传播和辐射能力，让更多大草原优品走向全国。

第七节　"蒙"字标扩面增量提质路径

推进农畜产品生产基地建设，提高农畜产品品牌竞争力。坚决贯彻落实习近平总书记重要指示精神，开展质量提升行动，推动农牧业由数量扩张型向质量内涵型转变，高质量建设绿色农畜产品生产基地。建设国家重要农畜产品生产基地，这是习近平总书记和党中央赋予内蒙古的战略定位，是必须扛起的重大政治任务。各地各相关部门一定要提高政治站位，担当负责，精心组织，坚定不移推动农牧业高质量发展。紧抓品牌培育，大力实施品牌提升行动，扩大整体宣传效应，提升"蒙"字标和区域公用品牌知名度、美誉度，让内蒙古的品牌叫得响、立得住、能赢人、可长久。要抓市场体系建设，打造前端联结农牧业研发、育种、生产等环节，后端延展加工、储运、销售、品牌、体验、消费、服务等环节的现代农牧业市场新模式。

为了高质量建设国家重要农畜产品生产基地，促进粮食和重要农畜产品稳定安全供给，内蒙古大力发展节水农牧业、生态农牧业，扩大农牧业优质资源数量，增加绿色农畜产品产量，提高农牧业发展质量，构建现代化农牧业发展新格局。经过多年努力，内蒙古在品牌提升方面取得了较好成效。但对标先进地区，还存在优质产品企业资金短缺，产业大而不强、多而不优，产品品牌特色不突出、品牌价值挖掘不够充分等问题。促进农牧业发展离不开品牌建设与知识产权的助力，品牌可以提升企业知名度，同时提升市场竞争力，为企业提供增值效应，以及影响消费者的购买行为和市场供求，最终达到保障消费者和企业权益的目的。

内蒙古品牌建设应夯实"蒙"字标产业的发展基础，全方位提升"蒙"字标产品的生产能力、保障能力，让内蒙古的优质产品走向全国。以"蒙"字标为牵引，增产扩量，在不降低产品标准的前提下，提高优质产品保障供给能力。通过重点培育农畜产品品牌，利用品牌的竞争优势在复杂的竞争环境下脱颖而出，而提升品牌竞争力最关键的部分就是注重品牌的知识产权保护。企业已有的核心竞争力，如资源、技术、人才、管理、市场营销等，都将被转换并体现在企业的品牌竞争力上。企业若不注重品牌竞争力，会在将来的市场竞争中落后。只有品牌才更容易获得消费者的信任。一个优质的企业和一个对社会负责任的企业，更应该重视品牌建设。企业从长远的发展来看，需要打造企业品牌和产品品牌。品牌建设不仅增强了企业的知名度、美誉度，更增加了消费者的忠诚度。特别是企业通过创建品牌来向消费者展示信心、企业家精神和工匠精神，从而让消费者更加认可企业。面对内蒙古商标品牌建设，需要审时度势，补齐短板，持续推进品牌战略实施，稳步扩大优质产品市场主体融资规模，支持鼓励企业制定实施品牌发展规划，大力扶持龙头企业，培育品牌主体。建立科学的"农畜产品品牌建设评价体系"和"品牌榜"发布机制。通过国际、国内展示展销活动，大力推介内蒙古的优质品牌，形成多方合力，组织面向国内外的内蒙古优质农畜产品线上线下产销对接大会，提高产品溢价能力，扩大品牌影响力，推动内蒙古优秀品牌和"蒙"字标产品走向全国、迈向世界。

为了加大培育内蒙古农畜产品品牌的力度，可以采取以下措施：完善品牌建设规划，制定内蒙古农畜产品品牌建设的长期规划，明确品牌发展的目标、重点任务和保障措施，确保品牌建设有序推进。加强品牌培育和管理，鼓励和支持有条件的农牧业企业、合作社等主体积极申报和培育自主品牌，加强品牌管理和维护，提升品牌价值和影响力。强化质量监管，加强农畜产品质量安全监管，建立健全质量追溯体系，确保产品质量符合标准，提高消费者对内蒙古农畜产品的信任度。利用各种媒体和渠道加强内蒙古农畜产品品牌的营销和宣传，提高品牌知名度和美誉度。组织参加国内外知名农产品展销会、举办品牌推介活动等，扩大品牌影响力。给予资金和税收等方面的政策支持，鼓励更多主体参与品牌建设。推动产学研合作，加强与高校、科研机构等的合作，推动产学研深度融合，提高内蒙古农畜产品的科技含量和附加值，提升品牌竞争力。建立品牌保护机制，加强对内蒙古农畜产品品牌的保护，打击假冒伪劣、侵权盗版等行为，维护品牌形象和消费者权益。这些措施的实施，可以加大培育内蒙古农畜产品品牌的力度，提升品牌影响力和竞争力，促进内蒙古农牧业的高质量发展。

第三章
"蒙"字标下农畜产品品牌知识产权保护现状与问题

农畜产品知识产权是一个涵盖了多个方面的广泛概念，这些方面共同构成了农畜产品知识产权的保护体系。涉农涉畜专利主要是指与农业和畜牧业相关的发明创造，包括新的农业技术、畜牧养殖技术、农产品加工技术等。这些发明创造可以申请专利保护，以防止他人非法使用或模仿。对于农畜产品而言，商标可以帮助消费者识别产品的来源和质量。农畜产品的商标注册可以保护产品的品牌形象和市场份额。在农畜产品领域，版权可以保护农产品和畜产品的名称、包装设计、广告宣传等创意性成果。动植物新品种的培育是农业和畜牧业创新的重要组成部分。对于新的动植物品种，可以申请品种权保护，以确保品种的独特性和经济价值不受侵犯。地理标志是一种特殊的知识产权，用于标识某个地区的产品或服务。在农畜产品领域，地理标志可以帮助消费者识别产品的地域特色和品质，如"烟台苹果""茅台酒"等。生物遗传资源和传统知识是农业和畜牧业创新的重要基础。这些资源的保护和利用对于维护生物多样性、促进农牧业可持续发展具有重要意义。在农畜产品领域，商业秘密可以保护企业的核心技术和经营策略，防止泄露和非法使用。总体来看，农畜产品知识产权是一个多元化的保护体系，涵盖了专利、商标、版权、动植物新品种、地理标志、生物遗传资源和传统知识、商业秘密等多个方面。这些知识产权的保护对于促进农业和畜牧业的创新发展、维护市场秩序、保障消费者权益具有重要意义。

第一节　国外农畜产品品牌知识产权保护

在全球范围内，农畜产品品牌的知识产权保护受到了广泛关注。国际法律为农畜产品品牌在全球范围内提供了一系列保护措施。旨在帮助品牌所有者在多国之间简化注册流程，确保权益得到公平对待。一些国家和地区，如美国、欧盟和日本，都有着健全的知识产权法律体系。例如，美国拥有强大的专利、商标和著作权体系，而欧盟则提供了欧盟商标和社区设计，使农畜产品品牌能够在整个市场内获得保护。尽管如此，假冒和盗版仍然是一个全球性问题。许多农畜产品品牌经常面临其产品被仿冒或未经许可被复制的风险，这不仅损害了其经济利益，还可能损害其品牌声誉。为了应对这些问题，各国政府和企业已采取了多种措施，包括提高公众意识、加强执法行动以及与其他国家进行合作。总的来说,知识产权保护是国际品牌战略的核心部分,但它也面临着一系列挑战,需要跨国合作和持续努力来确保有效实施。

一、农畜产品品牌国际保护

农畜产品品牌的国际保护主要涉及以下重要的国际法律:一是马德里体系(Madrid System),主要由《商标国际注册马德里协定》及其议定书组成;二是《巴黎公约》(Paris Convention),涉及品牌、专利和工业设计等;三是《与贸易有关的知识产权协定》,涉及世界贸易组织(WTO)等协定,设定了关于包括专利、商标和著作权等在内的知识产权的最低保护标准,要求成员修订其内部法律以满足这些最低标准。这些条约和体系旨在为农畜产品品牌所有者提供一个统一、简化的方式来在多个国家中保护其品牌权益,品牌所有者可以确保在国际市场上的品牌权益得到尊重和保护。这些国际法律框架为农畜产品品牌的国际保护提供了基础和指导。国际上品牌在多个国家和地区享受更加广泛和一致的保护,要求越来越统一,通过国际条约和协议,在很大程度上降低了被侵权的风险。应积极参与国际规则制定和合作,提高知识产权行政管理效率,重视热点问题研究,促进品牌国际保护提高。

二、国外农畜产品品牌知识产权保护典型经验

(一)法国

地理标志起源于法国原产地名称保护制度,该制度的实施已经有一百年的历史。最初,随着法国葡萄酒贸易的发展,葡萄酒的仿冒假冒、掺杂使假盛行,甚至出现化学专家推销假冒葡萄酒配方的现象,农产品成了工业品,给整个葡萄酒行业声誉和健康发展带来严重损害。法国葡萄酒已建立了完善的原产地名称保护制度及法律法规体系,拥有一套完善的知识产权法律体系,涵盖商标的使用、许可、转让和侵权行为,为品牌创造了独特的声誉和价值。例如,葡萄酒存在两种品牌分级制度以进行原产地名称保护,分别为最先实行的法定产区与改革后实行的法定产区,两种制度并用。该制度还对葡萄品种、采摘日期、产量控制、酿造工艺、储藏方式等技术指标进行严格控制,打击假冒伪劣行为。品类分级制度除了在葡萄酒行业应用,随后在奶酪、黄油等农畜产品领域广泛展开。

法国国家知识产权办公室(INPI)负责商标的注册和管理工作。商标的有效期为10年,可以无限续期。另外,作为欧盟成员国,法国品牌还可以选择在欧盟知识产

权局（EUIPO）注册欧盟商标（EUTM），一次性在所有欧盟成员国获得保护。法国还是《马德里协定》和《马德里议定书》的缔约方，因此法国品牌可以通过世界知识产权组织（WIPO）在多国进行商标注册。由此看出，法国品牌不仅可以在国内获得保护，还可以轻松扩展到整个欧盟，甚至可以方便地在全球范围内获得保护。例如，法国著名奢侈品牌"路易威登"（Louis Vuitton），其品牌标志已在法国进行国家级注册，并在欧盟范围内获得了保护。此外，通过国际协议，该品牌还在全球许多国家和地区获得了商标保护。当发现任何假冒或侵权行为时，无论在法国、其他欧盟国家还是全球其他地方，路易威登都可以依法采取行动保护其品牌权益。这种广泛的保护为该品牌在全球市场中的持续成功提供了有力的支持。在法国，经营者如果想要得到原产地名称的保护，就必须通过专门行业协会向法国农业研究院（INAO）提出申请，在经INAO指派的下属专门机构对申请者的申请事项进行严格的形式审查和实质审查，并通过报农业部和经济财政部投票通过后，方可使用原产地名称，取得原产地名称的保护。后来，包括法国在内的国家也基本采用"地理标志"的相关立法对原产地名称进行保护。

中国颁布了《地理产品保护规定》等涉及地理标志保护制度的文件。目前，以"地理标志"为基础的农产品区域公共品牌建设乱象丛生，"搭公车"现象层出不穷，透支抢吃"大锅饭"成为区域公共品牌发展亟须解决的难题，如何更好地利用原产地产品的品牌效应及制度保障，发挥原产地产品的质量优势参与国际合作和竞争，法国原产地名称保护管理上的探索与成功经验，对中国区域公共品牌地理标志的发展有所启示。中国区域公共品牌地理标志的发展应充分发挥行业协会的作用，协调地理标志范围内各方的资源与利益，打造消费者长期信赖的市场品牌。

（二）美国

在美国，商标可以通过联邦级别（美国专利和商标局，USPTO）注册，同时也可以在各个州进行单独注册。与某些国家的"注册原则"不同，美国的商标权主要基于使用原则。这意味着，尽管注册可以提供额外的权益和保护，但实际使用是获得商标权的基础。商标的有效期为10年，但只要商标仍在使用中，并且在每个10年期间提交适当的文件，可以无限期地续展。为了最大限度保护商标所有权人，美国的法律制度为商标权提供了强大的支持，尤其是对于已注册的商标。USPTO的在线搜索系统允许品牌快速检查潜在的冲突，减少注册中的风险。只要品牌仍在使用，并按照规定续展，就可以保持商标的有效性。另外，在侵权案件中，商标持有者不仅可以寻求损害赔偿，还可以要求禁令等补救措施。

例如，农畜产品在USPTO都有注册，当其他公司试图在美国市场上推出与这些产品名称相似或可能导致消费者混淆的名称时，公司可以依赖其商标权，采取法律行动，如起诉或要求禁令，以防止这种可能的侵权行为，为在美国市场中维护其品牌形象和声誉提供了有力的工具。

第二节 国内农畜产品品牌知识产权保护

一、农畜产品品牌国内保护

随着市场经济的不断发展，农畜产品品牌已经成为企业竞争的重要资产，也是消费者选择产品的重要依据。为了保护农畜产品品牌的合法权益，中国制定了一系列法律法规和政策措施，为农畜产品品牌保护提供了坚实的法律保障。首先，《商标法》是农畜产品品牌保护的重要法律依据。该法规定了商标的注册、使用、转让、维权等方面的内容，明确了商标的权利归属和保护范围，为农畜产品品牌所有人提供了有效的法律武器。同时，中国还建立了商标审查、异议、撤销等制度，加强了对商标的监管和保护。其次，中国还制定了一系列与农畜产品品牌保护相关的政策措施。例如，加强知识产权保护，加大对侵犯知识产权行为的打击力度；推广品牌建设，鼓励企业自主创新，提高品牌知名度和竞争力；加强市场监管，规范市场秩序，防止不正当竞争和侵权行为的发生。最后，积极参与国际品牌保护合作，加入了一系列国际知识产权组织和公约，与其他国家共同打击跨国侵权行为，维护品牌所有人的合法权益。

近年来，中国在知识产权保护方面取得了显著的进步。随着对外贸易和国际合作的不断深化，政府对农畜产品品牌的知识产权保护越来越重视。通过对《商标法》的多次修订，中国已建立了一套相对完善的法律体系，加大了对假冒和侵权行为的打击力度。行政和司法途径也更为清晰和有效，品牌所有者可以更方便地维权。此外，与多国的知识产权合作也加强了跨境的品牌保护。然而，尽管如此，中国的知识产权保护仍有待完善。市场上仍然存在一些假冒和侵权的现象，部分地区的执法力度还不够，且公众对知识产权保护的认识仍有一定的盲区。总体上，中国在知识产权保护方面已走在正确的道路上，但仍需努力克服一些固有问题，持续推动法治的完善。

（一）立法保护

中国关于品牌立法保护的现状和成果已日渐完善，为品牌提供了有力的法律支撑。在不断开放和创新的经济背景下，中国大力推动了与国际接轨的品牌立法改革，确保企业的品牌价值得到应有的法律认可和保护。中国的《商标法》为品牌提供了核心的知识产权保护。近年来，《商标法》经过多次修订，加强了对商标的申请、审查、维权和处罚机制。特别是对于恶意抢注、仿冒等行为，制定了更加严格的处罚措施。同时，《著作权法》和《专利法》也为品牌的原创内容和技术创新提供了保护。《反不正当竞争法》和《反垄断法》为品牌维权提供了主要的法律依据。两部法律的目的都是保护市场公平竞争，维护市场秩序，核心区别在于前者主要针对经营者间的不诚信竞争行为，后者主要针对市场垄断行为。为了对品牌侵权行为形成更大的威慑，中国在《刑法》中明确规定了对于严重侵犯知识产权的刑事责任。例如，大规模生产和销售假冒商品，或者盗用他人商业秘密的行为，可能会触犯刑法并受到相应的刑事处罚。随着国家对知识产权保护的重视和加强，中国的品牌保护立法得到了不断的完善和优化，为品牌的法律保护提供了更加健全的法律环境、更加严密的法律条款和更加严格的执法依据。

（二）行政保护

中国已经建立了一套完善的品牌行政保护机制，伴随着经济的持续发展和知识产权意识的日益增强，行政部门在品牌保护方面的干预和活动也逐步增多，从而确保了品牌的合法权益得到切实的保障。国家知识产权局下属的商标局是负责商标注册的行政机关，它不仅提供了商标的注册、变更、续展和转让服务，还负责处理与商标有关的争议，如异议、无效等。地方知识产权和市场监督管理局经常组织对市场的检查，确保没有假冒伪劣品牌的商品出售。

在专项行动方面，中国政府会定期发起专项打假行动，如针对网络侵权和假冒行为的"剑网行动"。另外，对于一些需要集中整治高风险的产业和地区，多个政府部门，如公安、海关、市场监管等，会经常合作发起联合行动，对假冒商品进行查处。总结而言，行政保护及专项行动已经成为中国品牌保护的重要组成部分，其广泛的覆盖面和强大的执行力，确保了品牌权益在各个层面得到实际和有效的维护。这不仅提高了中国品牌的国内声誉，而且增强了国际间的信任度，对于推动中国品牌的持续健康发展起到了至关重要的作用。

（三）司法保护

随着经济的迅速发展和知识产权保护的日益加强，品牌司法保护在中国得到了长足的进展。从案件数量的增长、案件特点的变化到相关司法解释的完善，中国的司法体系在品牌保护方面已经展现出越来越强的执行力和规范性。

近年来，中国法院受理的关于品牌侵权的案件数量稳步增长，这既反映了社会对品牌权益的高度重视，也显示了法院在处理此类案件方面的决心和能力。从简单的商标侵权到复杂的商誉侵权，案件类型涵盖了品牌保护的各个领域。一些具有代表性或新的法律问题的案件，如"新型商标侵权"，已被上级法院作为指导性案例，为下级法院提供了处理类似问题的参考。为了提高判决的统一性和透明性，最高人民法院定期发布与品牌保护相关的司法解释，为法院审理品牌案件提供了明确的指导。这些司法解释旨在解决实践中出现的新问题和争议，确保法律的公平和公正。除此之外，随着中国品牌的国际化步伐加快，涉及外国品牌的跨境纠纷也日益增多，法院积累了处理这类案件的经验。

中国的司法体系对品牌保护的重视和努力，不仅体现在对品牌侵权行为的严厉打击上，也体现在对法律规定和司法实践的持续完善上。这种全面而深入的保护，确保了品牌权益得到真正的维护，为中国品牌的健康成长提供了坚实的法律保障。通过司法保护，中国不仅提高了社会对品牌权益的尊重和重视，还为国内外投资者和创新者提供了一个公平公正的竞争环境。

总的来说，中国法律对农畜产品品牌给予了充分的重视和保护，法律框架比较完备，为企业和品牌所有人提供了全方位的法律保障和政策支持。同时，也呼吁社会各界共同关注品牌保护问题，加强自律和监管，共同维护市场秩序和公平竞争环境。此外，《消费者权益保护法》《产品质量法》等法律也对品牌保护起到了辅助作用。众所周知，无论是农畜产品公用品牌，还是企业品牌乃至产品品牌都属于富有价值的无形资产。

二、国内农畜产品品牌知识产权保护典型案例——"椰树牌"椰汁

建立"知产"矩阵，实施名牌战略。椰树集团以其标志性的椰汁饮品为人们所熟知，经过多年的发展和努力，已经成为中国饮料行业的一大巨头。其品牌的建立和维护，以及知识产权的保护，都为其他企业提供了宝贵的经验。通过借助其独特的品牌战略和知识产权保护策略，成功地在市场中确立了地位，这与其深入的品牌战略和对品牌的法律保护是分不开的。椰树集团重视创新，不断推出新口味、新

包装的椰汁饮品，满足不同消费者的需求。在品牌战略方面，椰树集团有着明确的市场定位，准确捕捉到消费者对天然、健康饮品的需求，致力于提供高品质的椰汁产品。通过电视、网络、户外广告等多渠道进行广告宣传，深入人心，使得"椰树牌"与椰汁饮品紧密关联。

在法律保护方面，椰树集团为其核心产品和相关系列产品进行商标注册，确保品牌名称和标志得到法律保护。针对市场上的假冒伪劣产品，椰树集团积极与相关部门合作，采取法律手段打击，确保品牌形象不受损害。除了商标，椰树集团还为其技术、配方等进行了专利申请，确保产品的核心竞争力得到保护，例如其创新的"水油分离技术"不仅拿下了发明专利，还获得了"中国专利发明创造金奖"。对于公司的广告、宣传资料、包装设计等，椰树集团进行了版权登记，防止他人非法复制和使用。椰树集团的成功，在很大程度上得益于其明确的品牌战略和有效的知识产权保护机制。品牌不仅仅是一个名字或标志，还是公司与消费者之间建立的信任和关系。因此，投资于品牌的建设和维护，以及知识产权的保护，是确保企业长期竞争力和市场地位的关键。

椰树集团的经验说明，品牌建设和知识产权保护相辅相成。重视品牌建设及打造，通过对产品的深度挖掘和对消费需求的深入探索，持续不断打造明星产品。从消费需求出发，通过持续的品牌建设，结合消费者行为习惯进行精准营销，让品牌与用户做"朋友"，实现情感、价值和需求的三重共鸣。从解决社会问题的高度确立品牌的"顶层设计"，围绕产品形象进行精细化包装塑造"超级符号"，同时以创新的产品和营销模式引爆"超级流量"，解锁了互联网时代的流量密码，更为其在市场的长足发展构建了坚固的护城河。

第三节　内蒙古农畜产品品牌知识产权保护

一、知识产权立法保护

立法是构建现代文明社会的基石，它为社会的运转与发展提供了法律框架和规范。通过法律，国家可以明确公民的权利和义务，为公民提供权益保障，维护社会正义，解决社会矛盾，促进和谐稳定。法律为经济活动和社会进步提供了预见性和确定性，为投资者和创业者创造了有利的发展环境。地方立法是在中央法律框架下，根据具体地区的实际情况进行的立法。这种立法更加关注地方特色和实际需要。内蒙古作为一个自治区，地方立法为其提供了更多的自主权，使其可以根据实际情况制定和实施法律，为其经济社会发展提供有力的法律保障。

农畜产品品牌不仅是产品质量的象征，更是地区农牧业发展和文化传承的重要载体。在推进区域经济社会发展的过程中，保护农畜产品品牌显得尤为重要。这不仅关系到当事人的合法权益，更是对地区经济社会发展法治环境的营造。以国家法律为引领，内蒙古立法实践推进了知识产权创新、应用、管理、维权和人才培养等方面的快速发展。当前，知识产权的综合发展势头强劲，对于推动内蒙古的经济和社会进步起到了重要作用。

为了更好地保护本地的文化和资源，内蒙古针对其特色产业和地域特点，制定了一系列与知识产权相关的政策和规范性文件，通过立法推动品牌建设、鼓励创新、保护传统文化等，从而为区域经济发展提供了法律支撑。但相对于东部和中部地区，内蒙古的知识产权立法在某些领域还显得不够细致和深入，部分法律规定与实际发展情况不完全匹配，法律规定仍需根据实际情况进行调整。内蒙古在知识产权立法方面已取得了初步成果，为地区的经济社会发展提供了法律支撑。但同时也面临着一些挑战和不足，需要在未来的立法工作中不断完善和深化。

对于科学、民主、依法的立法原则，仍有提升空间。自治区政府必须持续深化科学、民主和依法的立法理念，确保法律的质量和效力，为社会的和谐发展和善治提供有力支撑。优质的法律是治理的基石。在法治进程中，高质量的法律是确保治理效能的关键。科学、民主和依法的立法不仅代表了立法的精确性、包容性和合法性，也共同反映了立法活动的深度、广度和高度，凸显了立法的综合特性，在实际应用中是相互补充、相互增强的。但有时会出现立法滞后的现象。从其本质来说，政府的行政立法被视为"次级立法"，是广义的立法活动，具备立法的某种自主决定权。然而，与传统意义上的立法机构进行的立法活动对比，政府的行政立法更多地具有对基础法律的解读和具体化的特点，其自主决定权相对有限。特别是在上级法律明确指定了立法内容、目标、标准或时限后，行政立法的自主决定权被进一步约束。

知识产权立法在内蒙古的品牌保护中起到了基石的作用。一方面，它为品牌提供了法律上的明确保护，确保了品牌的独特性和权益不受侵害；另一方面，通过立法明确了知识产权的界定、申请、授权和保护流程，为品牌的创新和发展创造了稳定的法律环境。然而，随着技术进步和市场环境的变化，现有的知识产权立法已经难以满足新的发展需求。例如，对于新的技术形态、新的市场模式、新的侵权行为等，现有的立法可能存在盲区或不足。因此，完善知识产权立法，使其更加适应当前的经济社会发展实际，对于保护内蒙古的品牌、促进其品牌发展具有重要意义。总的来说，知识产权立法在内蒙古品牌保护中发挥了不可替代的作用，但也需要随着时代的进步不断完善，实现长远的发展。

二、知识产权司法保护

近年来，内蒙古加大了对知识产权的保护力度，特别是在知识产权司法方面取得了一定的成果。一方面，内蒙古各级法院在知识产权案件的审理中注重案件质量，提升法官素质，加强司法审查，确保判决的公正性和客观性；另一方面，内蒙古还积极推动知识产权司法保护的国际化合作，加强对涉外知识产权案件的处理。具体来说，内蒙古加强司法保护实践，取得了以下成果：案件数量稳步增长、案件处理效率提高、知识产权司法保护成效显著。内蒙古各级法院坚持保护创新者的权益，秉承公正、公平、公开的审判原则，有效打击了盗版、假冒、侵权等行为，维护了知识产权的权益，在知识产权司法保护方面取得了显著进展。这不仅可以保护企业和个人的知识产权，提高知识产权的价值和创新能力，还有助于在全球崛起的知识产权保护大潮之中，与国际接轨，加快内蒙古的发展速度。

（一）司法制度

司法制度作为国家的基础机制之一，对于知识产权的保护和农畜产品品牌的发展，特别是在内蒙古这样一个拥有众多特色品牌的地区，起到了至关重要的作用。司法制度为知识产权的诉讼提供了明确的途径和程序，确保权利人可以通过法律手段维权，为内蒙古的农畜产品品牌提供了一个公正、公平、透明的纠纷解决环境。内蒙古的农畜产品品牌很多都有深厚的文化背景和市场价值，但品牌的价值不仅取决于其品质和市场表现，还在于其能够得到有效的法律保护。通过司法制度，可以有效打击仿冒、抄袭等侵犯知识产权的行为，从而维护品牌的独特性和价值。在一个有效的司法制度下，企业和品牌可以放心进行创新和开发，因为知识产权可以得到法律的保护。这为内蒙古的农畜产品品牌提供了一个良好的创新环境，增强了其在市场上的竞争力。司法制度的存在和完善不仅提供了一个纠纷解决的渠道，还可以监督和促进法律的实施，确保各种知识产权法律真正落到实处，真正为内蒙古的农畜产品品牌提供保护。综上所述，司法制度对于内蒙古农畜产品品牌的知识产权保护和发展起到了核心的作用，不仅属于法律的保障，更是品牌和经济发展的重要推动力。

（二）司法程序

司法程序是法律实践中的一大核心要素，涉及诉讼活动的每一个环节，从受理案件、举证、庭审到裁决，都需要按照既定的司法程序来操作。对于知识产权的司法保护，特别是对于内蒙古的农畜产品品牌，有一个完善和公正的司法程序是至关重要的。正当的司法程序是确保判决公正、公平的前提。每一个诉讼环节都必须遵循程序，一个明确、具体的司法程序为知识产权的权利人和侵权人提供了明确的操作指南，让双方都知道彼此的权益和责任，也知道在诉讼中应当怎样行动。标准化和规范化的司法程序有助于提高整体的司法效率。特别是在知识产权案件中，因为这类案件往往涉及技术、艺术和商业等复杂的问题，一个系统化的司法程序可以确保案件的高效、有序进行。通过司法程序的公正、透明和高效运行，可以加强社会对知识产权保护的重视，进一步促进知识产权教育和普及。当权益得到司法保护时，创新和推广有助于加强其在市场上的地位和影响力。

（三）法官素质

法官作为司法体系中的关键角色，其专业素质和人文素养对于司法公正、效率和公信力具有决定性作用。特别是在知识产权领域，对于内蒙古农畜产品品牌的保护，法官的专业能力和判断准确度尤为关键。知识产权案件通常涉及技术性、创新性和艺术性的内容，需要法官具备相应的专业知识和判断能力。只有具备这些能力，法官才能正确评估事实、评判侵权行为，并作出公正的裁决。法官的中立和公正是法治的核心。法官的人文素养和职业道德要求其在面对各种利益冲突和外部压力时，始终坚守司法公正的原则。知识产权案件可能涉及复杂的技术细节或法律原则。法官需要有很强的沟通能力和解释能力，确保双方当事人理解案件事实和法律依据，从而增加裁判的公信力。随着技术的快速发展和市场的变化，知识产权领域的法律问题也在不断地演化。法官需要持续学习，更新知识和理解以适应新的法律挑战。品牌不仅仅是一个商业标志，同时也代表了企业的形象、声誉和市场价值。因此，法官对农畜产品品牌的权益保护尤为关键，能够加强内蒙古农畜产品品牌在市场上的地位和影响力。为了加强内蒙古农畜产品品牌的知识产权保护，需要确保法官队伍的专业能力和道德水准，确保司法的公正、效率和公信力。

（四）司法环境

司法环境是决定司法行为公正、公平和有效性的重要外部因素。它涵盖了社会对司法的期望、文化背景、公众对法律的理解和接受程度、媒体的角色以及与司法相关的其他社会机构和力量。对于内蒙古农畜产品品牌知识产权的司法保护来说，一个良好的司法环境不仅能够保障权利人的利益，更能提升社会对知识产权保护的认知和尊重。一个良好的司法环境需要公众对司法机关有足够的信任和支持。当公众认为司法是公正、透明且有效的，他们更有可能遵守法律并尊重知识产权，为农畜产品品牌提供了一个健康的市场环境。在一个积极的司法环境中，媒体起到宣传、教育和监督的作用。通过报道知识产权侵权案例和判决结果，媒体可以加强公众对知识产权重要性的认识，从而提高其保护意识。司法环境中的其他社会机构，如执法部门、商会、行业协会等，也可以通过协同合作加强知识产权的保护，确保司法判决得到有效执行。社会对知识产权的尊重和理解与文化和教育背景紧密相关。一个注重创新和尊重智慧的社会文化环境，有助于知识产权的司法保护得到广泛认同和支持。随着技术的进步，信息化的司法环境可以提高司法效率，为知识产权权利人提供更快速、更透明的服务。由此可知，司法环境对于知识产权的司法保护具有深远的影响。为了加强内蒙古农畜产品品牌的知识产权保护，需要持续优化和完善司法环境，确保其适应知识经济时代的要求和挑战。

（五）司法援助

随着经济发展和知识产权意识的增强，内蒙古地区的知识产权案件数量呈现出稳步增长的趋势。初步由商标、著作权为主的案件类型，开始逐渐涉及专利、商业秘密、不正当竞争等更为复杂的领域。地理标志相关的纠纷和案件逐年增加，显示出对地方特色资源的法律保护需求。另外，随着内蒙古的开放与外部交流加深，涉及多个行政区或涉及境外的知识产权案件也在增加，表明了其与国内外市场的紧密联系。内蒙古知识产权审判始终坚持法律的规范性和公正性，确保每一起案件都得到公正的审理和公正的裁决。对于事实的认定尤其是涉及技术性问题的案件，审判机关重视技术鉴定和证据的收集，确保裁决的科学性和准确性。针对知识产权领域存在的维权成本高、赔偿数额低、恶意侵权多发等情况，内蒙古各级法院积极依法适用惩罚性赔偿。针对知名度较高的商业标识被侵害等现象，加大对权利人判赔请求的支持力度，促进知名品牌保护，提升企业竞争力。另外，内蒙古各级法院严惩各类知识产权犯罪行为，涉及假冒注册商标罪、销售假冒注册商标的商品罪、侵犯商业秘密罪等刑事案件。内蒙古各级法院知识产权审判全面启动"司法区块链+知识产权保护"模式，积极利用区块链技术的保真优势进行证据的存证质证，极大地降低了当事人的举证负担。针对知识产权案件的特点，司法机关还在积极探索使用电子送达、在线庭审等信息化手段，以提高审判效率和质量。

检察机关在办理农畜产品品牌的知识产权保护案件的过程中,要打破刑事检察、民事检察、行政检察、公益诉讼壁垒,践行全职能履职。坚持"一案四查",全链条保护。加大对侵犯地理标志产品知识产权犯罪打击力度,重拳出击,形成震慑。积极探索侵犯知识产权刑事案件和解制度。加强刑事立案监督,重点监督对该类犯罪线索应当移送而不移送、应当立案而不立案、不应当立案而立案、长期"挂案"等违法情形。对农畜产品品牌的知识产权保护侵权案件,做实支持起诉工作。

总的来说,虽然知识产权维权仍然面临着一些困难和挑战,但随着中国政府和司法机关的不断努力和改进,相信这些问题将逐渐得到解决。通过重点关注知识产权案件"举证难、周期长、成本高"的问题,着力降低权利人诉讼维权成本、缩短诉讼周期、加大损害赔偿力度。这些措施的实施将有助于提升知识产权保护的整体水平。同时,呼吁广大知识产权权利人积极维护合法权益,共同推动知识产权保护事业的发展。内蒙古知识产权案件审判展现出了与时俱进、公正严明的特点,保护农畜产品品牌,促进地区经济社会发展。既是维护当事人合法权益的需要,也是促进地区经济社会发展的必然要求。只有加强品牌保护,才能为地区的经济社会发展创造良好的法治环境,推动农牧业现代化和乡村振兴战略的深入实施。

三、知识产权行政保护与司法保护衔接

行政保护的主体是行政机关,如知识产权局、版权局、市场监管总局等,重点是对知识产权的日常管理和侵权行为的即时制止,相对简便快捷。司法保护的主体是法院,着重解决纠纷,确保知识产权受到公正、公平的保护,因此较为严格,涉及诉讼程序。两者都旨在实现知识产权的有效保护,结合行政和司法两种手段,可以更全面地保护知识产权。但在某些情况下,行政机关和法院对同一问题的法律适用可能存在差异,可能出现同一侵权行为被行政机关和法院同时处理的情况。中国的"双轨制"模式在知识产权保护方面具有明显的优势,但仍存在一些不足。为了更好地保护知识产权,需要进一步完善这一制度,确保行政保护与司法保护更加有机地结合,共同为权利人提供更加高效、公正的保护。

(一)行政保护与民事行政诉讼的衔接

行政保护与民事行政诉讼的衔接对于知识产权的整体保护框架极为关键。二者之间的紧密协同不仅确保了知识产权的有机保护,还助力于内蒙古农畜产品品牌在享受知识产权保障时获得更高效、更公正的支持。

民事行政诉讼则是指权利人因不满行政保护结果而向法院提起的行政诉讼。这

通常发生在行政机关作出的决定与权利人的利益发生冲突时。二者之间的衔接主要体现在：当权利人对行政机关的处罚决定不满意时，可请求法院对行政决定进行审查。行政机关在处理知识产权侵权事件时，若发现涉及的问题超出其权限范围，应及时移交至司法机关处理。

作为中国的一个重要自治区，内蒙古对农畜产品品牌的知识产权保护尤为重视。品牌作为地域经济的一个重要标识，对于经济增长和文化传承都具有深远意义。因此，行政保护与民事行政诉讼的衔接对于知识产权的整体保护框架是至关重要的。对于内蒙古农畜产品品牌而言，这种衔接确保了其知识产权在面临争议时，既可以得到行政机关的及时干预，又能够得到法院的公正裁决，从而为品牌的持续发展提供了坚实的法律保障。

（二）行政保护与刑事司法保护的衔接

知识产权的保护是国家法律体系中的重要组成部分。在实际操作中，行政保护和刑事司法保护是两个主要的、互为补充的手段。其间的有效衔接是确保知识产权得到全面保护的关键。内蒙古地区在知识产权行政执法实践中已经取得了一系列值得肯定的成效。其发展轨迹和主要成果可以从以下几个方面阐述：一是加强组织建设与人才培训。通过定期培训、研讨会和外部交流，积极建设专业的知识产权执法队伍。二是完善法律法规与执法指导。在保护知识产权的法律框架下，内蒙古出台了一系列的地方性规定和执法指南，确保知识产权行政执法既具有针对性又有操作性。三是知识产权案件的有效处理。对侵犯商标权、专利权以及著作权的案件，都得到了迅速而公正的处理，大大提高了知识产权保护的实效。四是宣传普及与公共服务。内蒙古强化了知识产权宣传和教育工作，利用各种渠道普及知识产权保护意识，同时提供了一系列的知识产权公共服务，如查询、指导和咨询等。五是加强跨区域协作与信息共享。为了更好地保护知识产权，内蒙古与其他地区和部门建立了密切的协作关系，通过信息共享和联合执法，提高了执法效率。六是推动知识产权战略与经济结合。知识产权保护与地区经济发展的关系密切，内蒙古运用知识产权工作支撑经济社会发展计划。总体来看，内蒙古知识产权行政执法实践中所取得的成效，不仅体现在案件处理的数量和质量上，更重要的是形成了一套完善、高效、公正的执法体系。这为内蒙古地区的知识产权创造、运用、管理和保护创造了一个良好的法律环境。

刑事司法保护则是指对侵犯知识产权的行为，当其达到一定的社会危害性时，进行的刑事追诉、审判和处罚。对于内蒙古农畜产品品牌而言，行政保护与刑事司法保护的衔接具有以下三点意义：一是及时性与效率性。行政保护可以快速介入，制止侵权行为，而刑事司法保护则对于重大侵权行为起到震慑作用。二是全面性。行政保护处理日常、较为轻微的侵权行为，而达到刑事立案标准的重大侵权行为则由刑事司法机关处理，确保了知识产权的全方位保护。三是公信力与公正性。对于侵权行为，特别是重大侵权行为，刑事司法的介入可以强化公众对知识产权保护的信心，并提高社会对知识产权侵权行为的警觉性。为了确保农畜产品品牌的知识产权得到有效保护，行政机关和刑事司法机关应建立密切的沟通与合作机制，对于可能涉及刑事犯罪的侵权行为，行政机关应及时移交给刑事司法机关；应明确行政保护与刑事司法保护的权责边界和操作程序，避免职责交叉和重复办案。

总之，行政保护与刑事司法保护在知识产权的保护中各有其独特的作用，但它们之间的衔接与合作对于确保知识产权的完整性和有效性至关重要。对于内蒙古农畜产品品牌而言，这种衔接不仅有助于打击侵权行为，更是维护其市场声誉和经济价值的关键。行政与司法的衔接对于内蒙古农畜产品品牌知识产权保护意味着更加高效的处理机制，确保农畜产品品牌的知识产权不受损害；更加公正的保障，可以依法向司法机关寻求公正裁决；更加坚定的鼓励，确保知识产权得到全面保护，促进品牌创新与发展。

（三）民事保护与刑事保护的界限问题

在知识产权中，了解民事保护和刑事保护之间的界限对于明确各自的职责和权力、优化资源配置、提高保护效率具有重要意义。尤其对于内蒙古这样拥有众多农畜产品品牌的地区，明确这两种保护手段的分工和衔接关系更是关键。民事保护旨在为权利人提供补救，其目标是恢复受侵权行为损害的权益，包括停止侵权、赔偿损失等。通常由权利人自主选择是否进行民事诉讼。其行动通常受到其经济利益和策略考量的影响。目的是恢复权利人的权益，消除侵权结果，对权利人进行损失赔偿。刑事保护旨在对侵犯知识产权的行为进行惩罚，并起到震慑作用。其目标是维护社会公共利益，确保知识产权的正常秩序。通常由国家机关，如公安、检察院等进行侦查、起诉和审判。目的是通过惩罚犯罪行为，起到震慑作用，预防类似犯罪行为的发生。

一般情况下，轻微的、对社会没有造成严重危害的知识产权侵权行为通常适用于民事保护。而涉及大额、涉及组织、对社会公共利益造成严重损害的侵权行为可能触犯刑事法律，并适用刑事保护。权利人可以根据实际情况选择先进行民事诉讼，然后根据情况考虑是否要求公安机关进行刑事追诉。可知，知识产权的民事保护和刑事保护有其独特的作用和特点,明确两者的界限和衔接关系对于确保其农畜产品品牌的知识产权得到全面和有效保护至关重要。内蒙古可以根据实际情况,对农畜产品品牌的知识产权进行更为高效的民事和刑事协同保护,实现资源的合理配置。

第四节 内蒙古农畜产品品牌发展现状

一、优势基础

(一)天然绿色资源

内蒙古地处广袤的草原地带,拥有得天独厚的自然环境。这里空气清新,水质纯净,土壤肥沃,为农畜产品提供了最佳的生长条件。内蒙古的草原、耕地和林地资源丰富,为绿色农畜产品的生产提供了坚实的物质基础。这种独特的自然优势使得内蒙古的农畜产品品牌在市场中具有鲜明的"天然绿色"标签,深受消费者喜爱。

(二)独特地理位置优势

内蒙古横跨东北、华北和西北三大地区,地理位置优越,气候多样。从东部的森林草原到西部的荒漠草原,每种地理环境都为不同的农畜产品提供了独特的生长条件。这种独特的地理优势使得内蒙古的农畜产品具有多样性和独特性,为品牌的发展提供了丰富的产品线。

(三)文化和旅游资源丰富

从草原文化到民族歌舞,再到传统的蒙古包、马文化等,都为品牌发展提供了丰富的文化内涵。传统手工艺品、音乐和节日也为打造和推广特色品牌提供了无可替代的资本。例如,草原音乐节、那达慕大会等文化活动,通过品牌推广,成为地区的文化和旅游名片。

(四)优质品种培育

内蒙古历来重视农畜产品品种的改良和优化。经过多年的努力,已经培育出了一批适应当地环境、抗病性强、产量高、品质优的农畜产品品种。这些优质品种的推广和应用,为内蒙古农畜产品品牌的发展提供了坚实的品种支撑。

(五)规模化经营

近年来,内蒙古农牧业逐步向规模化、集约化方向发展。通过土地流转、合作社等方式,实现了土地的集中连片种植和规模化养殖。这种规模化经营不仅提高了生产效率,也降低了生产成本,为内蒙古农畜产品品牌的发展提供了坚实的生产基础。

(六)深加工技术

内蒙古注重农畜产品的深加工技术研发和应用。通过引进先进的技术和设备,实现了对农畜产品的精深加工和综合利用。这种深加工技术不仅提高了产品的附加值和市场竞争力,也为内蒙古农畜产品品牌的发展提供了强大的技术支持。

(七)市场需求广泛

随着人们生活水平的提高和健康意识的增强,对高品质、绿色健康的农畜产品需求也日益旺盛。内蒙古农畜产品以其独特的品质和口感赢得了消费者的广泛认可,市场需求持续增长为农畜产品品牌的发展提供了广阔的市场空间。

(八)品牌营销创新

内蒙古的农畜产品品牌在营销方面不断创新和突破。通过线上线下相结合的方式,加强品牌宣传和推广,提高品牌知名度和美誉度。同时,注重与消费者的互动和沟通,了解消费者需求和市场变化,为品牌的发展提供有力的市场支撑。内蒙古具有地理和资源优势。内蒙古拥有辽阔的天然草原,这为其提供了丰富的农牧业资源,其特色农产品如羊毛、羊绒、牛羊肉、乳制品等都有着得天独厚的质量和特性。特别是奶业长久以来为内蒙古的经济发展提供了坚实基础,为品牌打造提供了丰富的资源。例如"伊利"乳制品,利用内蒙古得天独厚的奶源,经过多年品牌建设,现已成为亚洲乃至全球知名的乳制品品牌。

(九)政策支持与推广

内蒙古政府高度重视农畜产品品牌的发展,出台了一系列扶持政策和推广措施。通过资金支持、税收优惠、品牌建设等方式,鼓励企业加大品牌投入和研发力度，提高产品质量和市场竞争力。这种政策支持与推广为内蒙古农畜产品品牌的发展提供了有力的保障和动力。随着《国务院关于推动内蒙古高质量发展奋力书写中国式现代化新篇章的意见》深入推进，内蒙古作为重要的部分受益于一系列政策扶持，为品牌的建设和推广拓展创造了有利条件。地方政府加强品牌建设并重视知识产权保护为企业的健康发展提供了保障，也为企业提供了品牌建设、市场拓展、科研创新等方面的资金和政策支持。内蒙古农畜产品品牌优势基础坚实，具有广阔的市场前景和发展空间。随着技术的不断创新和市场的不断拓展，内蒙古农畜产品品牌必将迎来更加辉煌的发展前景。

二、发展成效

内蒙古作为中国的一个重要区域，拥有丰富的自然资源和独特的文化背景，近年来在品牌建设，尤其是地理标志和商标方面取得了显著的进步。随着地方经济的持续发展和政策的大力支持，内蒙古的农畜产品品牌总量稳步增长，成为推动地区经济增长的重要引擎。利用其得天独厚的地理和气候条件，内蒙古地理标志产品数量持续增长，这有助于提升地区产品的附加值。已有多个产品获得地理标志认证，涵盖了食品、手工艺品、农产品等多个领域。内蒙古不仅有大量的地理标志产品，而且在地理标志的认定上已经初具规模，确保这些产品能够得到有效的法律保护。农畜产品品牌的发展促进了内蒙古的经济发展。地理标志和知名品牌的商品通常能卖出更好的价格，为地方经济注入新的活力。农畜产品品牌的发展不仅仅是商业行为，也是文化的传播。例如，外界能够通过各类品牌更好地了解到内蒙古的传统文化和生活方式。农畜产品地理标志和知名品牌的构建，鼓励企业进行更多的研发和创新，以满足市场的不断变化和需求。总的来说，内蒙古在农畜产品品牌建设上的努力和成果，对地方经济的持续增长、文化的传播和创新的驱动都发挥了重要作用。

三、发展方式

内蒙古农畜产品品牌的发展，凭借的是一个相互补充的双重驱动模式：政府推动和龙头企业带动。这两者之间的紧密结合构建了一个有利于品牌成长和扩张的生态系统。内蒙古"政府推动+龙头企业带动"的农畜产品品牌发展成效通过龙头企业的一定的带动效应已体现出来[①]。凭借其资金实力和技术领先性，龙头企业可以引

---

① 王丰阁.龙头企业在农产品区域品牌建设中的策略：基于"智猪博弈模型"[J].当代经济，2014(15)：88-89.

导产业链上下游的健康发展，实现整体效益的提升。它们往往拥有先进的生产技术和研发能力，能够带动行业技术的升级；凭借强大的市场网络，帮助合作伙伴拓展更广阔的市场；将行业内的优质资源进行有效整合，如供应链优化、合作伙伴的选择等；通过品牌效应，提高整个产业链的品牌价值和认知度。

农畜产品品牌作为一种集体性的公共品牌，确实具有其独特性和复杂性。这类品牌不仅代表了产品的质量和特色，还承载着地域文化、生态环境等多重价值。由于其公共性和外部性，农畜产品品牌的建设往往不能仅靠市场机制来实现，而是需要政府的直接参与和支持。

政府在农畜产品品牌建设中发挥着至关重要的作用[①]。政府可以通过制定和执行相关法律法规，保护农畜产品品牌的权益，打击侵权行为，维护市场秩序。政府可以投入资金和资源，支持农畜产品品牌的推广和宣传，提高品牌知名度和影响力。政府还可以协调各方利益，促进产业链上下游的合作与协同，共同推动农畜产品品牌的发展。在品牌保护的过程中，政府的作用不可忽视。一方面，政府需要制定和完善相关法律法规，确保农畜产品品牌在市场中的合法权益得到保障；另一方面，政府还需要加强市场监管，打击假冒伪劣产品，维护市场的公平竞争秩序。同时，保护农畜产品品牌也是促进地区经济社会发展的重要手段。一个知名的农畜产品品牌，可以带动相关产业的发展，增加就业机会，提高农民收入，促进乡村振兴。而且，一个强有力的品牌还可以提升地区的整体形象，吸引更多的投资和人才，为地区的经济社会发展注入新的活力。

农畜产品品牌建设需要政府的直接参与和支持。针对农畜产品品牌包含有质量标志的特点，政府可以建立严格的质量认证和监管体系，确保品牌产品的质量和安全。例如，对于有机、绿色、无公害等质量标志，政府可以制定明确的标准和认证流程，对符合标准的产品进行认证和标识，让消费者能够清晰识别产品的质量和特色。政府应该发挥其在法律法规、资金资源、质量认证等方面的优势和作用，推动农畜产品品牌的发展和创新，为消费者提供更加优质、安全的农畜产品。同时，政府也应该引导企业和社会各界积极参与品牌建设，形成政府、企业、社会共同推动的良好局面。区域经济的发展确实需要区域政府的积极规划和协调，尤其是在整合区域资源、优化产业结构、提升经济竞争力等方面，政府的角色至关重要。塑造区域品牌形象、打造品牌、创造区域竞争优势等方式方法，对于提升区域经济的整体实力和市场地位具有深远意义。

首先，区域政府应根据区域资源禀赋和市场状况，制定合理的发展规划。这

[①] 赵仕红.农产品品牌创建主体与经营模式的分析[J].江苏商论，2012(8)：25-28.

包括明确区域主导产业、优化产业结构、促进产业升级等。通过规划引导，可以实现资源的优化配置和高效利用，避免盲目发展和恶性竞争。其次，区域政府应致力于整合区域资源，形成合力。这包括推动区域内的产业协作、企业合作、科技创新等，促进资源共享和优势互补。通过整合资源，可以提升整个区域的产业层次和经济质量，增强区域经济的整体竞争力。同时，塑造区域品牌形象、打造品牌是提升区域经济影响力的重要手段。区域政府可以通过加强宣传推广、举办特色活动、提升产品质量和服务水平等方式，塑造独特的区域品牌形象，提升区域的知名度和美誉度。这不仅可以吸引更多的投资和人才，还可以促进区域内的产业升级和经济发展。最后，创造区域竞争优势是区域政府的重要目标。通过制定优惠政策、优化营商环境、提供公共服务等方式，区域政府可以吸引更多的优质资源和企业入驻，增强区域的吸引力和竞争力。同时，区域政府还可以通过加强区域合作、推动产业链协同发展等方式，与其他区域形成互利共赢的合作关系，共同提升区域经济的整体实力。

政府应根据区域资源和市场状况进行规划和协调，整合区域资源，塑造区域品牌形象，打造品牌并创造区域竞争优势。这将有助于提升区域经济的整体实力和市场地位，实现可持续发展的目标[1]。政府作为一个宏观调控的主体，可以通过制定相关政策、提供财政支持和行政指导，为品牌发展创造一个有利的外部环境。通过长期的战略规划，为品牌发展提供明确的方向；通过政策支持，如税收优惠、专项资金支持、市场准入便利化等，为企业减轻负担，增加投入；政府可以利用资源和平台，为内蒙古的农畜产品品牌提供更大的曝光度；为品牌提供法律层面的保护，如打击假冒伪劣，确保市场的公平竞争。

政府与龙头企业在品牌建设中的合作，往往能产生"1+1>2"的效果。政府提供的宏观环境和政策支持为龙头企业提供了更大的发展空间，而龙头企业的市场活力和创新能力又能反过来促进地方经济的繁荣，形成一个良性的循环。总而言之，内蒙古农畜产品品牌的发展得益于政府和龙头企业之间的紧密合作。这种"双轮驱动"的模式，既确保了品牌建设的方向和策略，又确保了执行的力度和效率，为内蒙古的品牌发展提供了坚实的基础。

---

[1] 蒋雯君.区域农产品品牌培育研究：以江苏银杏为例[J].中外企业家，2016(7)：25-26.

第五节　内蒙古农畜产品品牌现存问题

一、内蒙古农畜产品品牌价值体现问题

近年来内蒙古在农畜产品品牌的发展上已经有了很大的进步，但与典型农畜产品品牌相比，内蒙古农畜产品品牌价值的体现仍存在诸多问题亟待解决。想要提升农畜产品品牌价值，首先要分析透彻提升路径中的"路障"，然后逐一拔除，才能进一步进行提升。以下分别对限制内蒙古农畜产品品牌价值提升的三个主要因素逐一进行分析。

（一）地域限制

内蒙古农畜产品品牌受地域局限性十分明显。很多内蒙古农畜产品品牌在内蒙古自治区内的消费者认可度高，广为大众熟知，但在内蒙古自治区以外的认可度就相对较低。农畜产品品牌价值特点是交易价值以及内在价值都高，但地域限制导致了内蒙古农畜产品品牌大多是区内内在价值高，区外内在价值低，品牌打不出去，是限制内蒙古农畜产品品牌发展发扬的一大主要问题。例如"骑士"牛奶在内蒙古自治区内的消费者认可度很高，销量大、销路广，但在区外了解这一品牌的顾客很少，消费者信任度低，认可度也就很低，因此在区外的销路很难打开，品牌价值也难以得到提升。

（二）产品类型单一

内蒙古地处祖国北疆，农牧业发达，基于这种特殊的地理优势，在内蒙古发展起来的农畜产品品牌绝大多数紧紧围绕着农牧业。这造成了内蒙古农畜产品品牌产品类型单一的问题。在品牌发展初期，专注围绕一类产品发展有助于帮助企业快速发展壮大，而逐步发展成为农畜产品品牌之后就需要循序渐进地进行产品类型的"开疆扩土"，才能将农畜产品品牌横向发展，进一步走向全国，走向世界。

（三）营销力度欠缺

内蒙古农畜产品品牌提升路径中的一大主要问题就是营销力度欠缺，广泛使用传统营销方式，宣传方法跟不上时代和市场的发展，产品品质和市场营销不相匹配是导致内蒙古农畜产品品牌内在价值低的主要因素。在如今这个互联网发达的时代，品牌营销的主战场必须在互联网上，一些传统的广告营销方式早已跟不上时代

的队伍。如传统的电话和短信营销，受电信诈骗的影响，这一类营销方式使顾客对产品的信任度大大降低，户外广告牌、电视广告等营销方式造价高，且在快节奏的生活方式中这一类广告起到的作用微乎其微。营销力度不够，营销方式落伍使品牌价值增速较缓。

二、内蒙古农畜特色产品以全新模式解决产业获客复购痛点

内蒙古农畜特色产品通过网络渠道的开放，将会跟上数字经济时代的发展步伐。随着人们生活条件越来越好，消费要求也越来越高，市场上的商品同质化、快餐化等现象越来越明显。站在消费者的立场上，仔细考虑需求和痛点并适时地对观念和运作方式进行调整。大力发展电子商务，突破内蒙古地区因地理位置所限而造成的不利影响，突破传统的货物买卖模式，不断提高企业的经济效益，做大做强。从消费者的角度出发，认真思考消费者的需求，以及如何及时抓住消费者真正的需求，同时观念和商业模式需要调整。基于这一点，5G商城创始人以满足用户需求为核心，整合互联网大数据，利用云计算等先进网络技术，挑选优质商家利用产品树立口碑带动消费，用好乡土优势资源，把内蒙古"土特产"做成大产业，为全国消费者送去内蒙古独有的、健康的、新鲜的特产以及完备可靠的售后服务。这里有地道的内蒙古牛羊肉串、奶片、奶茶、马奶、酸奶等特色小吃，都是从当地直接供应。顾客不但有了方便快捷的购物渠道，而且有了物美价廉的各类正宗内蒙古风味小吃。同时，平台还提供了内蒙古的最新特产信息、旅游指南、民俗风情以及历史文化。更有高效率、高精度的全流程物流服务，让顾客在享用大草原特色食物的同时，也能感受到更高品质的服务，更好地认识内蒙古的民风民俗，多方面满足顾客的多样化消费需求。

近年来，电子商务的发展在一定程度上限制了实体零售商的营收机会。大多数零售商缺乏经验，无法真正有效地躲避市场风险，这在未来的发展趋势中将是对行业的重大打击。但是，随着本土电商平台的不断发展，特有产业已经形成了一个全球性的、跨区域的贸易网络，能够最大限度地突破地域限制，内蒙古土特产品产业借助各类电商平台，向国内市场销售土特产品，极大地促进了土特产品种植户的订单数量和销售数量。但是，伴随着专业化电商平台的不断涌现，互联网市场的竞争日益加剧，专业化电商在呈现出一片欣欣向荣之势的同时也暴露出许多问题。产业中仍存在着一些问题，如大型电商平台趋于饱和，农户和商家与消费者之间不能进行有效的交流，而长期以来困扰产业发展的"顽疾"，如产品的同质化等问题，并没有得到很好的解决。对此，内蒙古5G商城的特色产品就能够得到很好的解决。该

平台将用户需求放在了核心位置，运用先进的互联网技术，将产业上下游的各类商户和农户进行有效的联系。通过信息化的手段，将产品的生产和流通有机地连接，以达到供应链的同步性。除此之外，交换和流量共享板块平台为商家和用户创造了更大的价值，让消费者能够与他们进行零距离的交流和高效对接，持续地收集用户信息，提升了商家和用户之间的黏性，最终实现了对访问率的精准用户转化。从而使内蒙古地区在资源利用上更加有效，竞争优势更加强大，实现专业化、特色化产业的突破。同时，这个平台除了可以满足客户的需要，还会为客户提供便捷、快捷、有效的投资定购方案，让合作伙伴能够更快地在网上建立联系。除此之外，它还为用户提供了一套完整的网上商城系统工具，打造出一个精准销售、特色增值的新平台，从而将电子商务的层次提高到一个新的高度。这样可以使具体的产品、业务和市场与消费者进行有效的联系，使更多的工农商户能够降低成本，扩大销售渠道，提高经济效益。

在区域经济迅速发展的今天，区域特色产品已经成为区域经济发展的支柱，并带动了区域内其他行业的发展。另外，随着消费者需求的增加，土特产品将会是一个不容忽视的产业。内蒙古特色产品5G商城的创立者们也纷纷表示，他们将会在这个平台的引导下，不断地把用户的需要放在第一位，把市场的需要放在第一位。在各个行业中，持续提升能源效率，优化供应链。建立"平台—商家—消费者"三方共赢的合作机制，拓展行业领域提高销量，使电商成为内蒙古特色产品销售的一个重要环节，促进内蒙古特色产品向全国推广。

通过电商渠道拓宽内蒙古农畜产品品牌的销售渠道，能够更好更快地将农畜产品品牌输出，形成优质的产业链，激发当地企业的活力。以建档立卡贫困户为对象，采取"消费扶贫、就业扶贫、产业扶贫"等措施，聚合网络优势营销资源，帮扶贫困县区带动农副产品销售。经过实践整合地方政府、地方供销社等资源，对本地农户进行培训，进入电商运营队伍，对其进行规范化管理，对本地农产品进行孵化。在乡村振兴战略中，推出了"特色农畜产品"品牌培育计划。从产业的全链条着手，利用直播等网络活动，帮助农牧民推动产品的销售，并在线上线下共同展开销售传播。发挥资源优势，高效孵化品牌，促进特色产业升级与发展。依靠品牌打造扩大消费者对产品的认知度，借助"中国田"公益助农项目，利用直播带货的方式提高曝光率、扩大影响力，提升品牌线上知名度，使更多人了解到优质产品，成功实现农畜产品上行，从而使得品牌价值得到提升，推动农产品升级，带动当地经济发展。

三、"蒙"字标研究不足与建议

"蒙"字标在推动内蒙古农畜产品品牌建设、提升市场竞争力方面发挥了一定的作用。然而,在研究"蒙"字标的过程中,不难发现仍存在着一些不足,需要进一步深入研究和完善。"蒙"字标的认证标准尚不够完善,缺乏统一、明确的标准体系。这导致了一些不符合条件的产品也能够获得"蒙"字标认证,从而影响了"蒙"字标的公信力和品牌价值。因此需要加强标准制定,完善认证体系,确保只有真正符合要求的产品才能获得"蒙"字标认证。"蒙"字标的监管机制尚未建立健全,导致一些认证企业存在违规行为却得不到及时有效的处理。这不仅损害了"蒙"字标的声誉,也影响了消费者对内蒙古农畜产品品牌的信任度。因此需要完善监管体系,加强对认证企业的日常监管和定期检查,确保"蒙"字标认证的公正性和权威性。

参与"蒙"字标认证的企业数量相对较少,且多为大型企业。中小企业对"蒙"字标的认知度和参与度较低,制约了"蒙"字标在更广泛范围内的推广和应用。因此需要鼓励和引导更多的中小企业参与"蒙"字标认证,共同推动内蒙古农畜产品品牌建设。针对认证标准不足的问题,建议相关部门加强标准制定工作,制定更加明确、统一的认证标准体系。同时,加强与国内外相关机构的合作与交流,借鉴先进经验,不断完善和优化认证标准。尽管"蒙"字标已经取得了一定的知名度和影响力,但品牌推广仍有限,特别是在国际市场上的知名度和竞争力较低,使得内蒙古农畜产品的品牌价值没有得到充分发挥。因此需要提升品牌宣传水平,加强品牌推广力度,通过各种形式和渠道举办加强品牌线上线下的宣传推广活动,提高"蒙"字标在国内外的知名度、美誉度和竞争力,不断完善和优化"蒙"字标认证体系和推广策略,推动内蒙古农畜产品品牌建设走向更高水平。

第四章
知识产权对提升"蒙"字标农畜产品品牌价值的意义

第一节　农畜产品品牌价值评估和体现

一、品牌价值概述

（一）品牌价值的研究意义

品牌在消费者心中的地位、消费者对于该品牌的忠诚度、品牌在消费者大众群体中的口碑等都在很大程度上决定了在同类产品云集的情况下，消费者对于特定商品的选择。随着科学技术的飞速发展和互联网大爆发，这一特征越发明显。品牌在商品选择的过程中越发成为极其重要乃至最为关键的因素，品牌在消费者心中的地位显著提高。因此，对于品牌价值的研究尤为重要。品牌价值地位提升的两个主要影响因素：一是产品同质化日趋严重，二是网购已经成为现今社会的主流消费方式。

随着科技水平的不断发展，各行业生产技术达到相当水平上的同步，产品同质化日趋严重。机械化、人工智能、物联网、大数据等科技手段逐渐在产品的生产、消费等方面取代了人力。在严格的机械化下，很多产业的同种商品几乎都能达到同一个品质标准，实现技术水平的同步。在产品同质化日益严重的今天，品牌价值在消费者对于商品选择上的重要性日益凸显。在产品品质和质量上相差无几的情况下，市场的竞争就是品牌的竞争，而品牌价值的高低决定了品牌在市场上竞争力的大小以及产品定位标准的高低。

网购的发达也在很大程度上提升了品牌在消费者选择产品因素中的地位，但网购也有很大的弊端。首先，由于网购具有交货延迟、看不到实体等特性，用户在网络上选择商品时无法体验到产品的质量，无法接触商品实体，仅仅通过几张图片来对商品进行表面上的了解，在这种背景下，消费者更需依靠品牌来评价一个商品质量是否达标；其次，电商商户可能会存在网上欺诈的行为，网络购物难以辨别真假、鱼龙混杂，一些虚假广告防不胜防，通常用户在网络上看到的图片与所收到的商品货不对版，而品牌价值越高的品牌客户的信赖度就越高，在真假混杂的商户中，选择更信赖的品牌是消费者的本能，因此在同种商品中，网购用户通常会选择更为放心的"大牌子"。通过对某一品牌的常规认知以及大众口碑，就能做到不用接触商品实体也能对商品品质有一个概括的认知，避免上当受骗，因此在网购用户数量如此庞大的今天，品牌价值是更为值得被研究的话题。

（二）品牌价值的定义

品牌是企业由大到强的重要标志，而品质则是品牌发展的根基。品牌价值一方面是品牌在财务上具有的价值，即交易价值；另一方面是品牌能为需求者带来的物质或精神上的价值以及品牌在需求者心目中的综合形象，即内在价值。交易价值即商誉资本化，具有客观性。评估适当、准确的交易价值可以出现在财务状况表中。如2022年，中国乳业龙头伊利以1379.66亿元的品牌价值居品牌价值排行榜全球第157位、中国第37位。从品牌销售力、品牌溢价力和品牌延展力等方面进行品牌价值的综合考量，伊利蝉联内蒙古品牌价值榜单第1位；蒙牛以1155.62亿元的品牌价值居内蒙古品牌价值排行榜第2位。2024年，凯度BrandZ最具价值全球品牌榜发布，伊利凭借领跑行业的品牌价值继续蝉联全球乳业第一，凭借高品质的产品实力，实现全球品牌价值的跃迁。品牌交易价值可以通过直观的数字在很大程度上反映品牌的知名度、企业的运营情况。顾客的认可度、忠诚度、对品牌的评价等反映顾客对某一品牌商品的主观接受度。品牌内部价值是需求者对品牌价值的衡量与评估，具有主观性。

二、品牌价值的评估标准

（一）对品牌价值进行评估的意义

对于品牌价值的评估，根据品牌价值的分类，品牌价值的评估也分为两种，即交易价值评估和内在价格评估，二者所关注的品牌价值的侧重点不同，因此需要分别对交易价值和内在价值进行评估，才能产生客观的、科学的、具有参考性的品牌价值。在产品同质化趋势日益加深和网购成为主流消费方式的影响下，未来市场的竞争就是品牌的竞争，品牌价值的研究是品牌研究中的核心部分，对于品牌价值的研究已成为重要的研究主题。将品牌价值研究透彻，就等于掌握了品牌竞争的密码。无论是对品牌价值的了解还是有针对性的提升，对品牌价值的评估都是必由之路。品牌价值的准确评估是开展其他一切品牌价值研究的基础。因此对品牌价值进行评估是基础的、必要的、不可跨越的核心步骤。

（二）交易价值评估和内在价值评估之间的关联

1.交易价值是内在价值的直观表达

内在价值是需求者主观上对品牌的认可度，具有抽象性、主观性、难以传达性。交易价值就是把内在价值具象化，通过对数据的统计和测算使内在价值能够得以传达，得以记录，得以利用，把消费者对品牌的主观评价转化为具体的数字。

2. 内在价值是交易价值的主观体现

交易价值的统计计算是以内在价值为基础和抓手，离不开内在价值。内在价值是交易价值的主观表达，一个口碑优良、历史悠久、群众认可度高、附加值高的品牌交易价值也会很高。二者的内涵、作用、研究方向不尽相同，因此评估方法也不同。

（三）交易价值的评估

交易价值评估侧重从财务的角度对品牌价值进行评估。评估出的具体数据可用于商标使用许可授权、商标侵权类案件诉讼中的索赔、公司购并、合资谈判、缴纳税款等多种场合。交易价值评估有成本计量法、市场结构模型法和Interbrand方法。这三种方法分别有不同的侧重点，也各有优劣势，以下进行分析。

1. 成本计量法

成本计量法的原理是根据品牌创设、发展品牌这一过程中的成本来计量品牌价值，着重考量的是原始成本或者说是原始价值。使用这一方法对品牌价值进行评估就等于间接承认一个品牌的创设成本越高则品牌价值就越高。虽然影响品牌价值的因素复杂，但毫无疑问创设价值是这其中最为重要的因素之一。

这一方法实质上的做法就是计算出包括设计、宣传、创意、广告、研究开发、商标注册等各项品牌创设活动所花费的全部成本。然而一个品牌的成功或发展壮大并不只是源于对品牌进行的投资，还包括对产品、对工序、对运输等各个方面和部门的投入，因此对单纯的品牌创设成本进行计量是一项复杂艰巨的工作，并且很难计算出纯粹的真正的品牌创设成本。所以据此方法又演化出了重置成本法。重置成本法的目的就是算出创设成本，从本质上来讲也是成本计量法，属于成本计量法的实现方法。

重置成本法的操作方法是由创设该品牌的企业重新创设一个品牌，使其达到与被测量品牌同样的市场影响力，成为与被测量品牌无限相似的品牌，据其创设成本估算测量品牌的设立价值。但这一方法在实践中可操作性极小，主要原因有两个，一是这一方法投入成本极大，费时费力；二是由于实操中很难做到创设出一个与被测品牌接近的品牌，消费者的选择往往不能完全符合预测的走向，犹如两颗陨石不可能砸中同一个陨石坑，成功和失败都难以复刻。基于以上两种原因，这一品牌价值的评估方法被逐渐废弃。

2. 市场结构模型法

市场结构模型法提倡只有在市场竞争中才能够反应，然后对某一品牌价值进行评估，其主要取向是以已知产业中某一相同或者相似的品牌价值为基础，并通过对竞争过程中的各个数据进行对比得出品牌的价值。这种方法的优点是全方面衡量了影响品牌价值的市场占有率、稳定性和可发展性等因素，客观周全地评价了品牌的价值。但这一方法在实操上也存在一定问题，因为这种方法的前提条件是已知某一相同或类似行业品牌价值，这个已知的品牌价值怎样得出、如何得出是个不可忽视且难以解决的问题。

3. Interbrand评估法

Interbrand评估法的中心思想为"未来稳定收入"。在进行品牌评估时，它主张品牌价值的高低在于品牌是否能为企业带来未来稳定收益，以及消费者对于品牌的选择是否是持续的、反复的、稳定的，而不仅仅取决于品牌是否能为产品带来更高的溢价和更高的未来收益。消费者某一次选择了某一品牌可能受各种偶然因素的影响，因此这种选择并不稳定，而长期、反复地对某一品牌的选择才是市场竞争中企业所要争取的部分，也是品牌价值研究中需要着重考量的内容。在短期时间内，一个企业有无品牌或品牌影响力高低对其总体收益的影响可能并不太大。在乳产品市场，伊利、蒙牛、光明等知名品牌相较于一些小品牌，市场需求和未来收入都更为稳定，因为此次购买这些知名品牌的消费者下一次还极有可能会选择这些品牌，而购买那些影响力较低的品牌的消费者也极容易切换为其他品牌购买。需求稳定性越大，意味着知名品牌的未来回报越大，由此，知名品牌与非知名品牌在价值上的区别显而易见。

（四）内在价值的评估

内在价值的评估着眼于消费者的角度，根据品牌在消费者心目中的位置也就是消费者对品牌的主观看法对品牌内在价值进行评估。综合考量消费者对品牌的忠诚度、对品牌的联想、对品牌的熟悉程度等因素。内在价值的评估方法有市价计量法和收益计量法等，对这一类价值的评估有助于品牌自身认清优、劣势，从而有针对性地进行提升。

1. 市价计量法

市价计量法是品牌价值评估方法中最为便捷的一种，通过对几种同类产品的比较得出品牌价值的高低，考量品牌在市场上认可度的高低，无法得出具体的品牌价值的准确数字，因此这一方法只能算作对品牌内在价值的评估。在广泛流通且活跃、公开、公平的市场上，针对大量流通的同类型且品质相差不大的商品，对比品牌数量越多参考性越大。然后通过对其市场价格即成交价格的比对进而得出品牌的影响高低。交易价格和销量均为这一方法的重要考量数据，在销量接近的情况下再对价格进行比对，例如一个价格高于所有其他品牌商品的产品且购买人数极少，那么这一价值是不具有参考意义的，因此抛开销量谈价格无意义。

2. 收益计量法

收益法计算的品牌价值由品牌过去的终值和未来的现值两部分组成[①]，这一方法又可以分离出两部分，一部分为品牌过去一段时间内的收益，另一部分是对品牌未来收益的预测，对未来收益评估可以参考交易价值评估中的Interbrand评估法。以乳业为例（图4-1），伊利股份（股票代码600887）发布的2022年年报公布伊利2022年实现营收1231.71亿元。截至2022年，全国共有32家上市乳企发布了年销售总收入共计3740.58亿元，其中伊利和蒙牛的销售收入远超其他乳企，呈现断崖式营收超越，体现伊利和蒙牛品牌内在价值高于其他品牌。

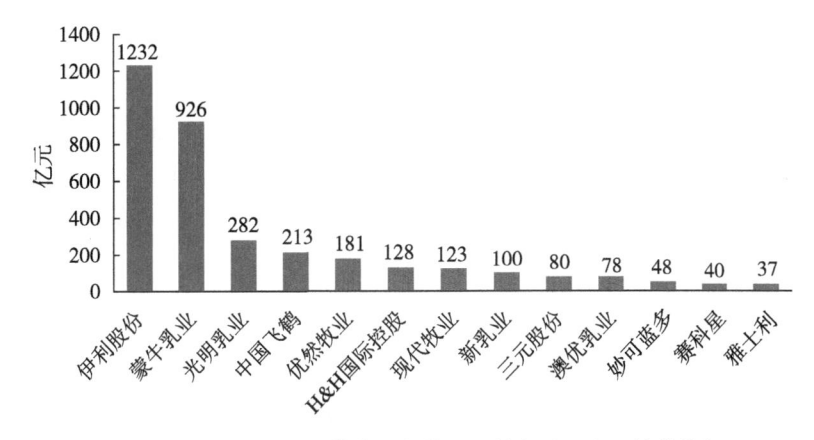

图 4-1　2022年全国营收排名前十三的各乳业企业的营收额

三、农畜产品品牌价值体现

农畜产品品牌是品牌中特殊的一类，区别农畜产品品牌与其他品牌的标准就是品牌价值的高低。相比于其他品牌，农畜产品品牌具有更高的交易品牌价值以及内在品牌价值，更高的市场价格。农畜产品品牌的内在价值毫无疑问也高于其他品牌的内在价值，但与交易价值相比，内在价值并不那么直观，需要通过对比诸多的外在表现得以体现。农畜产品品牌的内在价值主要表现在以下几方面。

---

① 刘常宝. 品牌管理[M]. 2版. 北京：机械工业出版社，2014.

（一）品牌形象佳

农畜产品品牌具有明显的知名度高、大众评价高、认可度高的特征。品牌知名度高即被大众消费者广泛地知晓以及了解，对社会公众影响的广度和深度都远高于其他品牌，消费者对其主客观评价高。通俗来讲就是在提到一个行业时大多数人第一时间想到的是这一品牌而不是其他品牌。大众评价高即在提及一个品牌时，大多数人的印象都是正面的、积极的，而不是消极的、恶劣的。认可度高指大多数消费者对于这一品牌是接受的，而不是排斥的。综上所述，农畜产品品牌的内在价值高在品牌形象上，表现为广为大众所熟知且受到的评价较高。

（二）市场竞争力高

在当前的农畜产品市场中，品牌价值成为提升竞争力的关键因素。农畜产品作为日常生活中的重要消费品，其品牌价值的市场竞争力尤为重要。一个具有高品牌价值的农畜产品往往能够在市场中脱颖而出，受到消费者的青睐。品牌经营者占据的优势越大市场竞争力就越高。市场竞争力高的外在表现为在行业内长期的市场竞争中农畜产品品牌都占据更高的市场地位。农畜产品品牌价值市场竞争力高，主要得益于品质卓越、品牌知名度、市场口碑、创新研发、营养价值、环保可持续、营销策略和客户服务等多个方面的综合作用。农畜产品品牌应该注重不断提升这些方面的能力，提高品牌的市场竞争力，赢得消费者的信任和认可。在未来的发展中，农畜产品品牌需要继续关注市场需求变化，不断创新发展，为消费者提供更好的产品和服务，实现品牌价值的持续提升。

农畜产品的品质是品牌价值的基础。品质卓越的农畜产品能够在消费者心中形成良好的印象，提高消费者的购买意愿。品质卓越表现在农畜产品的外观、口感、营养价值等多个方面。只有保证产品品质的稳定性，才能够为品牌价值的提升奠定坚实的基础。品牌知名度是品牌价值的重要体现。在农畜产品市场中，具有较高知名度的品牌往往能够获得更多的消费者关注。品牌知名度的提升需要依赖广告、宣传、推广活动等多种手段。通过不断提高品牌知名度，农畜产品品牌能够在市场中占据更大的份额。市场口碑是品牌价值的重要衡量标准。一个具有良好市场口碑的农畜产品品牌，往往能够得到消费者的信任和认可。市场口碑的形成需要依赖产品的品质、服务、价格等因素。只有不断提高产品质量和服务水平，才能够赢得消费者的口碑和信任。

创新研发是农畜产品品牌价值提升的关键。随着消费者对农畜产品需求的不断变化，只有不断创新研发，才能够满足消费者的需求。创新研发可以体现在产品的品种、口感、营养价值等方面。通过创新研发，农畜产品品牌能够在市场中形成差异化竞争优势，提高品牌的市场竞争力。农畜产品的营养价值是品牌价值的重要组成部分。随着健康意识的提高，消费者对农畜产品的营养价值越来越关注。农畜产品品牌应该注重提高产品的营养价值，满足消费者对健康的需求。通过提供富含优质蛋白质、维生素和矿物质等营养成分的农畜产品，品牌能够吸引更多的消费者，提升品牌的市场竞争力。环保可持续是农畜产品品牌价值的重要体现。在现代社会，环境保护已经成为人们关注的热点。农畜产品品牌应该注重环保可持续的生产方式，减少对环境的影响。通过采用环保种植、养殖方法，减少化肥、农药的使用，农畜产品品牌能够赢得消费者的认可和支持，提高品牌的市场竞争力。

营销策略是提升农畜产品品牌价值的重要手段。一个具有针对性的营销策略能够帮助农畜产品品牌更好地定位目标市场，提高市场份额。营销策略可以包括品牌定位、产品定价、渠道选择、促销活动等方面。通过精心策划和执行营销策略，农畜产品品牌能够在市场中形成独特的竞争优势，提升品牌的市场竞争力。客户服务是农畜产品品牌价值提升的关键环节。优质的客户服务能够增强消费者对品牌的忠诚度和满意度。农畜产品品牌应该注重提供及时、专业的客户服务，解决消费者在购买、使用过程中遇到的问题。通过提供个性化的服务，农畜产品品牌能够赢得消费者的信任和好评，提高品牌的市场竞争力。

（三）消费者忠诚度高

消费者忠诚度就是消费者对品牌的信赖程度。农畜产品品牌的消费者忠诚度高代表相比于其他品牌，消费者会对农畜产品品牌更为信赖，决定了消费者会对农畜产品品牌重复选择。农畜产品品牌相比于其他品牌，宏观上拥有更为庞大的高忠诚度消费者群体，微观上行业内每一个消费者都对农畜产品品牌有高于其他品牌的信赖度和忠诚度。因此农畜产品品牌区别于普通品牌的一个重要考量因素就是消费者忠诚度更高。

（四）品牌附加值高

品牌附加值高代表在其他条件相同或相近的情况下，农畜产品品牌的市场价格要高于一般品牌的市场价格，高出的部分就是品牌为产品带来的附加值。在产品原料、工艺、销售渠道等方面一致的情况下，农畜产品品牌的销售价格高于其他品牌，但仍然能实现较为可观的销量和较高的净利润，这些就是农畜产品品牌的品牌附加值高的具体表现。

（五）未来收益稳定

稳定的未来收益在实质上与消费者忠诚度的内涵基本一致，数量庞大的信赖消费者群体就代表了一部分稳定的未来收益。消费者对农畜产品品牌的忠诚度高会具有更为稳定的未来收益。

第二节　知识产权与农畜产品品牌

一、知识产权的取得是农畜产品品牌市场竞争的基石

随着科技水平逐步发展，产品同质化日益严重，知识产权在市场竞争力中的重要性日益凸显。在利用知识产权增强市场竞争力的路径上，知识产权的取得是一切的基础，取得高质量知识产权才能进一步利用知识产权实现农畜产品品牌的价值提升。农畜产品品牌应取得以商标为主导的知识产权一体化布局，构建知识产权体系，覆盖到企业的方方面面，形成强大而丰富的知识产权网。农畜产品品牌应注重拓展知识产权海外布局。许多跨国公司为了保持竞争优势，在许多国家进行了专利申请的"跑马圈地运动"，布下"专利地雷阵"，设置"标准封锁线"，达到在市场上压制、排挤甚至消灭竞争对手的目的。融入知识产权国际体制，有利于避免卷入大量国际知识产权纠纷，在国际上树立正面形象。

农畜产品品牌应注重知识产权的数量和质量。很多企业急于取得大量的知识产权而忽视知识产权的质量，然而没有质量的知识产权大多数不能被实际利用，创造现实的价值。早在2015年，中国发明专利申请量首次突破百万，达110.2万件，占据了全球专利申请量的1/3，连续五年稳居世界首位。中国在飞机、半导体、3D打印、纳米技术、机器人、抗生素等领域的核心专利非常少，"量多而质不优"的问题较为严重。农畜产品品牌企业要发挥自身优势，利用好已有的资源，注重知识产权的质量。

二、知识产权的运用是农畜产品品牌提升的动力

农畜产品品牌知识产权主要可以用来防御、交易、许可、制标、诉讼等。防御就是通过多创造知识产权来对自己品牌的技术进行固定，防止被其他品牌企业利用，导致产品被替代从而影响市场。品牌创造一道坚实的知识产权壁垒，使同类产

品的竞争对手受到技术等诸多限制，以减少对自己产品市场的侵占。企业也可以通过收取专利许可费的方式实现营收，同行业或相关行业之间的企业可以进行专利的交叉许可使用实现共赢。农畜产品品牌企业可以利用手中的大量专利，与业内同行组成专利联盟，积极参与标准制定工作，共同阻碍和排斥竞争对手。从商业策略上讲，打知识产权官司往往还能打出名气，受到公众的广泛关注，进一步提高农畜产品品牌知名度，从而达到广告效果。

三、知识产权保护是农畜产品品牌创新的保障

知识产权保护为技术创新的茁壮成长提供了必需的阳光和土壤，为自主创新提供了持续的原动力。知识产权法律的强制性和排他性为创新驱动提供了原始动力和迸发源泉，并在下一步的技术创新实践中指明了新的发展方向，促使形成良性的创新循环系统，进而推动经济的高质量发展。全方位保障品牌的知识产权不受侵害，为品牌的创新活动提供制度保障。知识产权保护影响技术创新的机制：加强知识产权保护—明晰产权—保护创新收益。一方面，在加强知识产权保护环境下保护了创新主体的创新收益从而激励创新主体创新动力，实现创新的绝对增量；另一方面，知识产权保护为知识溢出设置一定的障碍，进而促使部分想要模仿创新的企业进行积极的自主创新。农畜产品品牌往往有更具价值、影响力更高的知识产权，因此知识产权保护对于农畜产品品牌而言具有更为重要的意义。保护农畜产品品牌知识产权可以保障现有的技术不被窃取，在已有的技术上进一步创造新的产品或诞生新的技术，并从中得到更大的利益，正向促进创新动力的提高。农畜产品品牌往往具备更高的市场地位，增强知识产权保护，提高了"窃取"技术成本，使市场秩序得以规范，规范的市场秩序有益于稳定农畜产品品牌在市场中的领先地位，反向抑制其他品牌非法利用农畜产品品牌技术的成本，稳固农畜产品品牌市场地位。因此增强知识产权保护从正反双向都对农畜产品品牌产生了重要的意义和创新推动作用。

第三节 内蒙古农畜产品品牌价值提升方法和路径

内蒙古作为中国的一个重要农牧业区域，其农畜产品品牌对区域经济和文化具有深远的影响。农畜产品品牌不仅代表了一个地区的生产能力和产品质量，更是该地区的经济和文化的重要载体。名优产品经过精心的加工和包装，让消费者在享受

美味的同时也能够感受到制作工艺和文化内涵的独特魅力。由于这些名优特产品品质卓越且有市场竞争力，为进一步扩大内蒙古品牌影响发挥了积极的作用。农畜产品品牌对区域经济和文化具有非常重要的意义，是促进内蒙古经济发展，扩大文化影响力和实现经济转型升级的重要手段之一。因此，应该重视和支持内蒙古农畜产品品牌的建设工作，让更多人了解、认可和喜爱内蒙古的产品和文化。内蒙古农畜产品品牌对区域经济和文化的影响是深远的。它不仅带动了当地经济的发展和产业的升级，也传承和弘扬了当地的地域文化，增强了文化自信，推动了文化的创新和发展。未来随着内蒙古农畜产品品牌的不断发展和壮大，其对区域经济和文化的影响将更加显著。

一、内蒙古农畜产品品牌对区域经济的影响

内蒙古地区因为其独特的自然环境和文化背景而具有丰富的资源和生产力，但由于缺乏知名品牌，内蒙古产品一度无法进入更广阔的市场。推广内蒙古农畜产品品牌可以带动当地经济发展，促进内蒙古产品走向国内外市场，壮大当地产业，造福内蒙古人民。在实现内蒙古经济跨越式发展方面，推广内蒙古农畜产品品牌是一个非常好的起点。内蒙古农畜产品品牌如"天赋河套"等，通过不断的品牌建设和推广，已经成功地将当地的优质农畜产品推向了全国乃至全球市场。这不仅带动了当地产业的发展，也吸引了更多的资本和人才流入，进一步促进了区域经济的繁荣。农畜产品品牌的建立，使得内蒙古的农畜产品从简单的原材料转变为具有高附加值的品牌产品。这不仅提高了当地农民和企业的收入，也提升了整个产业链的价值，为区域经济的发展注入了新的活力。随着农畜产品品牌的不断发展，内蒙古的农牧业产业也在逐步升级。从传统的种植、养殖模式向现代化、规模化的方向发展，这不仅提高了生产效率，也提升了产品的品质和竞争力。

二、内蒙古农畜产品品牌对区域文化的影响

农畜产品品牌反映了内蒙古的文化底蕴和历史传承，作为中华民族重要的组成部分之一，内蒙古拥有悠久的历史文化和灿烂的民族传统。通过推广内蒙古农畜产品品牌，外界可以更加深入地了解和认识内蒙古文化，从而增强影响力和感染力。同时，这些名优产品也能带动相关产业的发展，使得内蒙古文化更好地融入现代社会，与外界进行文化交流和互动，促进文化多元化与民族团结。内蒙古拥有壮丽美景、辽阔草原和独特民俗，在推广内蒙古农畜产品品牌的同时，还可以促进内蒙古全域旅游的发展，提高内蒙古的知名度和在国际上的声誉。

内蒙古农畜产品品牌与当地的历史、文化紧密相连。如"天赋河套"等品牌，就融入了河套地区的独特文化和历史元素。通过品牌的推广和传播，不仅让更多的人了解了内蒙古的地域文化，也进一步弘扬了当地的传统文化。随着内蒙古农畜产品品牌的不断壮大和影响力的提升，当地人民对文化传统也产生了更深的认同感和自豪感。这种文化自信不仅有助于提升地区的文化软实力，也为当地的文化产业发展提供了强大的动力。农畜产品品牌的发展也促进了内蒙古文化的创新。为了更好地推广品牌和产品，当地的文化工作者和企业家不断挖掘和创新传统文化元素，将现代设计理念与传统文化相结合，创造出既具有地方特色又具有现代感的文化产品。

三、农畜产品品牌"五环方法论"

作为一个全面而系统的框架，"五环方法论"旨在帮助农畜产品行业打造强大的品牌。这一方法论从品牌资产、信任支点、视觉营销、空间营销和营销日历五个方面入手，为品牌打造提供了明确的方向和策略。

（一）品牌资产

品牌资产是品牌打造的基础，包括品牌名称、标志、口号等识别元素，以及品牌的历史、文化和价值观等内在资产。在农畜产品品牌打造过程中，应注重品牌资产的积累和保护，确保品牌具有独特性和辨识度。具体来说，可以通过以下几个方面来积累品牌资产：精准定位，明确品牌的目标市场和消费者群体，根据市场需求和消费者偏好进行精准定位，确保品牌与消费者需求高度契合。独特命名和标志设计，为品牌起一个易于记忆、富有特色的名字，并设计一个独特的标志，以便消费者能够轻松识别和记住品牌。品牌故事和文化传承，挖掘品牌背后的故事和文化内涵，将这些元素融入品牌传播中，增强品牌的情感连接和文化认同感。

（二）信任支点

信任支点是品牌打造的关键，它涉及产品的品质、安全性、可靠性等方面。在农畜产品品牌打造过程中，建立信任支点至关重要。具体来说，可以通过以下几个方面来建立信任支点：严格把控产品质量，确保农畜产品的品质达到行业标准和消费者期望，通过优质的生产工艺和严格的质量控制流程来保证产品质量。强化安全认证，积极申请和通过各类安全认证，如有机认证、绿色食品认证等，向消费者传递产品安全可靠的信号。透明化生产过程，向消费者展示产品的生产过程，包括原料来源、加工工艺等，让消费者了解产品的来龙去脉，增强信任感。

（三）视觉营销

视觉营销是品牌打造的重要手段，通过精美的视觉元素和创意的设计来吸引消费者的注意力。在农畜产品品牌打造过程中，应注重视觉营销的运用。具体来说，可以通过以下几个方面来实现：设计富有创意和吸引力的产品包装，突出产品的品质和特点，提升产品的附加值。在实体店或线上店铺中，通过统一的店面设计、陈列展示等方式来展现品牌形象，提升消费者对品牌的认知度。利用社交媒体平台，发布精美的产品图片、视频等内容，吸引消费者的关注和互动，扩大品牌的影响力。

（四）空间营销

空间营销是指通过合理利用空间资源，提升品牌形象和消费者体验。在农畜产品品牌打造过程中，可以通过以下几个方面来实施空间营销：合理规划实体店的布局和陈列，营造出舒适、温馨的购物环境，提升消费者的购物体验。积极参加各类农牧业展会、农畜产品交易会等活动，通过展示产品、交流经验等方式来扩大品牌影响力。利用电商平台、直播带货等线上渠道，拓展销售渠道，提升品牌的线上曝光度和销售额。

（五）营销日历

营销日历是品牌打造的时间规划工具，通过制定年度、季度、月度等营销计划，确保品牌活动有条不紊地进行。在农畜产品品牌打造过程中，可以制定以下营销日历：根据市场需求、竞争态势等因素，制定年度的营销目标和策略，明确各项任务的时间节点和责任人。针对农畜产品的季节性特点，制定相应的营销策略和活动，如春季新品推广、节日促销等。抓住社会热点事件或节日等时机，策划相应的营销活动，提升品牌的关注度和话题性。品牌打造是一个长期的过程，需要持续投入和努力，才能实现品牌的长期发展和竞争优势。

四、农畜产品品牌价值提升的具体途径

（一）地理标志——发挥地理优势，推动品牌发展

内蒙古自治区地域宽广，地形开阔，内蒙古拥有广阔的草原资源和丰富的畜牧业品牌，具有发展农牧业的天然优势。基于这种地理优势，内蒙古发展了大量质

优的农牧业农畜产品品牌，为了让更多消费者了解并依据这些优势对内蒙古农畜产品品牌产生信赖，进而选择内蒙古农畜产品品牌，就需要利用地理标志达到这一目的。

地理标志是与农产品最具关联的知识产权。地理因素对农作物的影响巨大。特定区域范围内农牧民特有的生产方式、加工技术，以及当地独特的气候环境、土壤条件，是培育独特而质优的农作物的温床。内蒙古自治区有着大量以农产品为主要经营产品的农畜产品品牌，因此地理标志对于内蒙古农畜产品品牌意义重大。

单个企业的生命周期短暂，品牌效应难以长久维持，而区域品牌更具有持久性，是一种珍贵的无形财产。近年来，内蒙古各地注重发展区域品牌，其所带来的品牌活力和竞争力也带动了内蒙古农畜产品品牌价值提升迈上新台阶。如赤峰市的区域公用品牌"赤诚峰味"、通辽市的全域品牌"通达辽阔"。区域公用品牌使农畜产品品牌价值快速增长的同时，还能带动当地经济发展及其他品牌的连锁价值提升。

（二）自媒体——品牌价值提升的"快速路"

顾客对一个产品品牌情感的建立要经历意识、熟悉、考虑、购买、忠诚这五个阶段。让用户更多地对自己产生联想、对自己有更多的了解、买自己产品的时候少一些不信任和担心，之后在想到自己产品时比较容易买到自己品牌[①]。通过自媒体这一途径可以实现五阶段中的前四个阶段：意识、熟悉、考虑、购买。

随着抖音、快手等短视频平台的兴起，自媒体行业以破竹之势迅速发展壮大，成为影响消费市场的一大主要推动力。短视频平台的兴起致使从事自媒体的成本大大降低，因此自媒体人这一队伍快速壮大。自媒体以视频、文章、图文、公众号等多种方式渗透日常生活中，因此利用自媒体对品牌进行传播是一种高效的品牌宣传方式。对于一个品牌，从没有见过，到熟悉乃至信赖的品牌，在受众没有意识到的情况下，一个品牌已经深入人心。

自媒体具有受众范围广和影响力大等特征，使得自媒体成为当今市场上效率最高的品牌宣传方式。利用自媒体对农畜产品品牌进行价值提升，无疑是一条"快速路"，也是一种适应当下市场发展的品牌价值提升途径。以抖音视频平台为例对自媒体在品牌价值提高中的作用进行分析。品牌价值通过抖音视频平台提高的方式是由大量自媒体人对产品的介绍以及分享的视频提高品牌在消费者群体心中的地位，通过网络视频在消费者心中建立起一个积极正面的形象。抖音视频介绍产品会让观

---

① 方四平.市场营销技能实训[M].北京：清华大学出版社，2009.

看者产生一种面对面沟通的感觉，创作者通过分享自己对产品的体验感来对产品进行宣传，这种方式具有很高的可信度，而且相同品牌短视频的穿插很容易就会给观看者留下很深刻的印象，提高受众对品牌的接受度。但在这一过程中要关注广告频率，研究表明，适当的广告会让顾客对品牌产生好感，而过量的广告投放可能会产生相反的后果，顾客会开始怀疑产品质量，甚至由于视觉疲劳产生愤怒的情绪。

（三）品牌延伸——多品牌战略和副品牌战略带来品牌价值的厚度提升

中国的品牌大多数是统一品牌战略，即一个品牌覆盖企业的全部产品，这种战略使得品牌价值相对集中，但有一个明显的弊端就是容易让人对一个品牌产生思维定式，不利于品牌新产品的推出或多向拓展。因此诞生了多品牌战略和副品牌战略。

多品牌战略就是根据不同产品性能和定位的差异诞生出不同的品牌，各个品牌各自发展，不会产生市场上的交叉和重叠。一系列知名品牌分别是一个领域或几个领域主要目标消费群体不同的、满足不同需求的品牌。多品牌战略增加了品牌价值的厚度，使得人们提到一个品牌时，会同时想到一系列的关联品牌。将多品牌织成一张网，用一个或几个农畜产品品牌的价值形成连锁效应影响多个品牌，品牌之间相互联结、相互带动，每一个品牌价值的提升都不是单一的，而是同时带来一系列品牌价值的提升。弊端就是它会带来一定程度上品牌价值的分流，因此这种战略只适合相当高水平的农畜产品品牌价值的进一步提升。对于中小品牌来说，它们的品牌价值和影响力相对较低，带来的品牌价值连锁提升反应并不明显，反而会使品牌价值被分流，因此并不适用多品牌战略。

副品牌战略是指主品牌下不同规格、档次、品位、功能的产品使用不同的副品牌，加以区分的同时给消费者带来更深的印象。副品牌名称之间往往都有一定的关联性，例如洋河的"海之蓝""天之蓝""梦之蓝"等。副品牌的设立会让品牌价值产生厚度，让品牌价值从单一变得富有层次。从本质上来看，多品牌相当于以原始品牌为基础设立了多个新的品牌，而副品牌相当于原始品牌的子品牌，与主品牌的连接更为紧密。通俗来讲，消费者要了解到多品牌在哪一品牌旗下可能要查阅相关信息，但副品牌则是消费者耳熟能详，一听就能了解到它属于哪一主品牌。与多品牌相比，副品牌具有更高的关联性，因此对于主品牌的品牌价值的要求并没有多品牌那么高。多品牌战略更多的是一个原始品牌带动其他品牌价值的提升，而副品牌战略则是副品牌与主品牌同等幅度价值的提升，二者之间是相辅相成的关系。副品牌战略是相较于多品牌战略更为适合内蒙古农畜产品品牌价值提升的战略方法。由于大部分内蒙古农畜产品品牌的品牌价值偏低,原始品牌难以带动多品牌的价值提升,因此需要对原始品牌价值的要求更低,与原始品牌关联性更强的战略才能实现品牌价值有效地提升。例如兴安盟大米、敖汉小米等农畜产品品牌,可以以地理特征作为主品牌,再辅以具有产品特色的副品牌可以有效提高地理名优产品的区外品牌价值,通过副品牌战略进一步丰富品牌价值的层次,提高品牌特色。

(四)以"产品力"驱动"品牌力"

"产品力"是一个营销和商业术语,主要是指产品本身所具有的功能性、品质、性能、创新、价格等方面的竞争力,用于描述一个产品或服务在市场上的吸引力、竞争力和销售潜力。一个产品如果具备独特的功能、卓越的品质、合理的价格以及持续的创新,那么它的产品力就强。产品力是驱动消费者购买决策的核心因素,是品牌竞争力的基础。一个优秀的产品能够满足消费者的需求,提升消费者的使用体验,从而帮助品牌建立市场地位。一个产品的"产品力"通常取决于其功能特性、质量和可靠性、设计和外观、品牌声誉、价格和价值、创新和差异化、服务和支持等方面的表现。一个高"产品力"的产品通常会在以上多个方面表现出色,能够吸引并留住消费者,从而在市场上获得成功。

品牌力(Brand power)是渠道经营主轴,是知名度、美誉度和诚信度的有机统一,是指消费者对某个品牌形成的概念对其购买决策的影响程度,以及品牌在市场中的知名度、美誉度、忠诚度以及品牌影响力等方面的综合实力。品牌力是消费者对品牌的整体认知和感受,是品牌资产的重要组成部分。一个强大的品牌能够激发消费者的购买欲望,增加消费者的忠诚度和复购率,从而提高市场份额和盈利能力。品牌力基本上是由品牌商品、品牌文化、品牌传播和品牌延伸这四要素在消费者心智中协同作用而成的。品牌力更多的是一个从心理学角度提出的概念。

"产品力"和"品牌力"是市场营销和商业领域中两个重要的概念,它们各自有着不同的内涵和重要性,同时又相互影响、相互促进。一方面,强大的产品力可以支撑和提升品牌力,帮助品牌在市场上树立良好的形象和口碑,吸引更多的消费者。另一方面,品牌力的提升也可以反哺产品力,增强消费者对产品的信任度和购买意愿,从而促进产品的销售。在市场竞争日益激烈的今天,企业需要不断提升产品力和品牌力,以满足消费者的需求,赢得市场份额。同时,企业也需要平衡好产品力和品牌力的关系,确保两者之间的协调发展,实现品牌的长期可持续发展。

品牌力体现在财务价值、选择指南以及价值观和文化传递等方面。一个知名的品牌本身就是一种无形资产,能为企业带来更高的市场份额、增强客户忠诚度,并降低营销和推广的成本。品牌的价值不仅反映在财务报表上，还包括企业在消费者心目中的地位和声誉。在众多产品和服务中，消费者往往倾向于选择那些他们熟悉和信任的品牌。品牌的存在帮助消费者简化购买决策，减少购买过程中的不确定性。品牌是企业传递其核心价值观和文化的媒介。一个具有吸引力的品牌能够与消费者产生情感共鸣，建立长期的信任关系。同时，品牌也能够帮助企业塑造独特的企业文化，增强员工的归属感和团队凝聚力。

企业提升品牌作用力，需要建立独特的品牌识别系统，包括标志、标语、颜色、字体等，使品牌在市场中与竞争对手区分开来，并产生辨识度。提供优质的产品或服务，确保产品或服务具有卓越的品质，能够满足顾客的需求，并提供出色的客户服务。加强品牌的可视化宣传，利用多种渠道，如广告、社交媒体、公关活动等，传播品牌的价值观、故事和优势，提高品牌的知名度和认知度。与目标受众进行积极互动，通过社交媒体、线下活动等方式，与目标受众进行积极互动和沟通，了解需求和反馈，建立品牌与受众之间的良好关系。寻求品牌合作和联合营销，与其他品牌进行合作，可以扩大品牌的影响力和曝光度。提供独特的品牌体验，通过创新的产品设计、个性化的服务和独特的购物体验，为顾客提供与众不同的品牌体验，留下深刻的印象。

（五）推进农牧业品牌化和标准化建设

内蒙古的纬度、海拔、气温、光照、水源条件孕育了许多具有民族特色的有机产品，无公害且绿色纯天然农畜产品，种类丰富，品质上乘。近年来，内蒙古农畜产品以其良好的质量和良好的品牌形象，受到市场的高度重视，得到了越来越多的消费者认可。"名牌"已经成了农牧民购买产品的一个重要指标，其市场认可度和满意度也在不断提升。内蒙古深入实施农牧业生产和农畜产品"三品一标"行动，推进品种培优、品质提升、品牌打造和标准化生产，加快名特优新等优质农产品生产基地建设，增加绿色有机和名特优新农产品供给，巩固名特优新农产品工作成果，助力农产品质量安全与优质化发展，坚持推进农牧业品牌化和标准化建设，开展"名优特"农畜产品评定工作，创新提升"绿色内蒙古"品牌创建工作，积极推动"名优特"农畜产业发展。从2013年到2023年，连续开展了十一届"名优特"农畜产品评定工作，317家龙头企业的1778个产品被评为"名优特"农畜产品。通过品牌创建，创新"绿色内蒙古"品牌创建工作，提升农畜产品品牌价值和社会认知度，提升"名优特"品牌价值和社会认知度，把内蒙古自治区"名优特"农畜产品推向更广阔、更大、更远的市场。伊利集团、科尔沁牛业、额尔敦、东黎羊绒、恒丰集团、阴山莜麦、绰勒银珠、民丰种业、宇航人、图里河酒业、科沁万佳、三胖蛋等53家企业的139个产品荣获2023年度第十一届内蒙古"名优特""优质""特色"农畜产品称号。内蒙古作为农牧业大区，以农牧业创新发展，实现乡村振兴事业为导向，发展以绿色生态为主旋律。内蒙古走的是高质量发展道路，探索人与自然和谐发展的路径。当前，内蒙古农牧业发展已经进入了提质增效的关键时期，加强农牧业品牌建设，这些举措有利于内蒙古地区的发展，使其向农牧业高质量发展转变。

第四节　知识产权助力内蒙古农畜产品品牌价值提升

品牌是企业的灵魂，是一个企业存在和续延的价值支柱。农畜产品品牌的价值为企业自身带来市场竞争力，同时亦令企业拥有一种无可代替的财富。在很多情况下，知识产权的地位能够决定企业的市场地位。随着经济全球化和信息技术的发展，标志着一个企业品牌形象的元素已经不仅仅是产品、服务和广告，而更多的是知识产权。知识产权包括商标、专利、版权以及其他知识产权。在市场竞争中，知识产权成为企业最重要的竞争手段之一。在农畜产品品牌价值的提升上，知识产权的建立和维护是极为重要的关键举措。知识产权法是至关重要的保障和救济途径，在塑造品牌形象、培育品牌信任和开展品牌竞争等方面对于品牌价值提升发挥着重要作用。

一、知识产权是塑造品牌形象的重要力量

加强知识产权保护，是塑造内蒙古农畜产品品牌形象的重要力量。品牌形象通过品牌标识、设计和创新，形成了每个企业独特的形象。在市场竞争中，企业必须以知识产权为核心来将产品及服务与其他竞争对手区分开来，建立自己独特的品牌形象。同时，通过专利和商标的使用，加强品牌的曝光率和认知度，实现品牌推广和营销。内蒙古知识产权建设始终朝着向善、向好的方向稳步推进。锡林郭勒盟品牌中心对此次知识产权进步也非常重视。创建知识产权体系可以为品牌树立良好形象，在品牌形象受到非法侵害时也可以通过知识产权诉讼进行维护。随着知识产权越来越受到重视，为维护知识产权而提起的诉讼越来越多。在遭遇知识产权侵害时需要重视，有的知识产权诉讼甚至能起到广告宣传的作用，提升品牌知名度。

二、知识产权是培育品牌信任的重要因素

知识产权是培育内蒙古农畜产品品牌信任的重要因素。品牌信任是消费者对品牌信赖、尊重和忠诚的一种情感价值。在新兴的消费时代，知识产权成为商业模式不可分割的一部分。消费者越来越依赖于知识产权在企业品牌中的作用，而企业也越来越注重知识产权的保护、运用和开发，这就更加凸显了知识产权在培育品牌信任中的重要作用。品牌信任建立在消费者对企业品牌的认知和了解上，而知识产权引领企业创新、提高产品和服务质量，进而提升品牌信誉和影响力。知识产权的保护使得企业在社会中获得了稳定的合法地位，消费者也会因为知识产权保护而对企业更加信任。

一方面，知识产权保护帮助消费者确认品牌的真实性和合法性。消费者希望购买符合规定且具备高质量的产品或服务。而获得知识产权保护的品牌往往可以提供比较稳定的高品质的产品。同时保护知识产权也可以防止企业通过假冒产品等损害消费者的利益。另一方面，知识产权保护还可以表达品牌的价值观和承诺。品牌信任是消费者对品牌的信赖和忠诚度，其中一个重要的因素是品牌的价值观和承诺。品牌通过获得知识产权保护，表达对自身产品和服务的认可和自信，这可以传达品牌在市场上的价值观和承诺。这些价值观和承诺也是消费者选择某个品牌的因素之一。

可口可乐是全球著名的饮料品牌之一，该公司在知识产权保护方面投资了大量的时间和资金。如对品牌商标的保护，可口可乐公司采取了多重措施，防止任何盗版或仿冒产品。可口可乐公司在全球范围内动员知识产权律师、定期进行商标检查、加强监管和积极开展知识产权教育等。这些措施保障了可口可乐在全球消费者心中的品牌信任度。路易威登是一个典型的奢侈品品牌，该品牌在知识产权保护方面一直非常注重。作为一个奢侈品品牌，路易威登必须保障其品牌的稀有性和高品质，而知识产权保护则是其维持在高端市场上的竞争优势的关键。路易威登在保护自己品牌相关知识产权方面采取了各种措施，如注册专利、商标、设计等知识产权，申请举报假冒等。可口可乐和路易威登在知识产权保护方面所做的种种努力从某种层面上来讲就是对品牌信任的保护。只有品牌信任得以维系不被动摇，才能为企业带来较为稳定的收入。

维护品牌信任是企业成功的重要组成部分。而知识产权保护则是一种非常有效的保护品牌信任的方式。企业应该通过加强知识产权保护来确保品牌的真实性和合法性，表达价值观和承诺，并建立良好的品牌形象。成功的案例在一定程度上展示了知识产权的重要性，同时也为内蒙古农畜产品品牌消费者品牌信任的建立提供了

参考和启示。

三、知识产权是开展品牌竞争的重要武器

加强知识产权保护，是开展内蒙古农畜产品品牌竞争的重要武器。在商业经营中，品牌本质上是企业的资产，代表了企业的形象、信誉和商誉，品牌竞争是企业稳步发展并取得成功的关键之一。如何打造一个具有强烈竞争力的品牌呢？知识产权的维护可以保护企业知识产权、防止他人侵犯，促进企业的创新能力，从而提升企业在市场上的竞争力。知识产权也可以提高消费者对企业品牌的忠诚度。知识产权衍生的优质产品和服务往往受到消费者的认可，消费者会因为这些产品和服务的品质和特色而对企业品牌产生深刻的信任。同时，知识产权还可以鼓励企业创新，不断推出具有创新意义和高附加值的产品和服务，满足消费者日益增长的需求和期望，在市场竞争中稳占先机。

首先，知识产权可以保护企业的独特性。商标是企业的标志，是企业独特性的象征和保护；专利是企业独有的技术成果，可以防止他人对这些技术的非法使用和复制；版权是保护企业的创意和原创性产品，防止盗版和侵权；商业秘密是企业机密的保护，包括生产流程、商业模式、市场策划等，保证企业内部信息不被泄露。所有这些知识产权保护措施，都有利于企业保持独特性，抵御市场上的同质化竞争。可口可乐公司是一家重视知识产权保护的企业，这家公司一直致力于保护其标志性的"红色圆圈"和配色方案。可口可乐公司成功地将其商标注册在190多个国家和地区，与近百年的品牌历史一道成为世界文化的一部分。这些成功的法律保护和商业行动，大大提高了可口可乐的品牌声誉。

其次，知识产权可以提高企业的商誉度和客户忠诚度。通过保护知识产权，企业可以建立品牌信誉，提高用户忠诚度，优化客户体验，并增强消费者对企业的信任。众所周知，苹果公司是全球最具价值的品牌之一。这家公司从一开始就非常重视知识产权的保护。在专利战争中，"苹果"曾与三星公司打了七年官司，这些官司涉及智能手机的基本设计和操作系统的核心。最终，苹果公司赢得了知识产权的保护，维护了其品牌声誉。这个胜利也证明了苹果公司的创新价值高于同行或模仿者。

最后，知识产权可以提高企业的竞争力和创新能力。创新是企业取得成功的关键之一，而知识产权则是保护创新成果并为企业提供合法权利的基石。通过保护科技创新、知识产权等，企业不断推进自身的创新发展。"三只松鼠"是中国的一家休闲零食生产商，主打的是各种口感独特的坚果产品，如瓜子、开心果、腰果等。"三

只松鼠"在知识产权保护方面也非常重视,并在多个市场上拥有商标和专利。不断创新打破限制,广泛开拓产业。在知识产权保护方面赢得的信誉,使"三只松鼠"成为坚果零食市场的领导者,并极大地增强了其品牌竞争力。

知识产权是企业打造品牌竞争力的重要武器。保护知识产权不仅可以保护企业的独特性,提高企业的商誉度和客户忠诚度,还可以提高企业的竞争力和创新能力。通过上述成功案例,可以看到保护知识产权对于企业的品牌竞争力的影响。对于内蒙古农畜产品品牌价值提升来说,知识产权保护的重要性只增不减。

农牧业是内蒙古的主要产业,农畜产品具有技术门槛低的特征,很难在众多同产业竞争中脱颖而出。因此知识产权保护对于内蒙古农畜产品品牌的竞争力提升至关重要。擦亮内蒙古"金字招牌",加强知识产权保护,为市场主体创建农畜产品品牌提供健康的生态环境,为自治区经济社会高质量发展注入强劲活力与动力。充分发挥内蒙古知识产权独特优势,通过专利技术和植物新品种强农、商标品牌富农、地理标志兴农,将知识产权转化为农牧业高质量发展的强大后盾。知识产权已成为现代农牧业发展的重要资源和核心竞争力,成为现代农牧业建设的重要支撑和掌握农牧业发展主动权的关键。由于农牧业技术已实现相当高水平的同步,农牧业知识产权展现出前所未有的生命力、创造力和影响力,对实现中国的农牧业现代化、提升农牧业产品的竞争力、推进实施乡村振兴发展战略有着巨大的推动作用,但也存在着知识产权总体质量不高、自主创造创新能力不足、科技成果及其知识产权利用效率和市场转化运用率低等种种问题。充分释放发挥知识产权的市场价值,发展特色经济、品牌经济、创新型经济,是推动农牧业高质量发展、经济高质量发展的关键。

在知识经济时代,知识产权成为企业创新、市场营销和产品服务的核心。知识产权的运用和保护不仅是企业发展过程的必要条件,也是构建企业品牌的重要基础。企业必须认识到知识产权对品牌信任的影响和作用,通过知识产权保护、开发和运用,不断提升企业品牌在市场竞争中的影响力和市场份额,赢得消费者的信任和忠诚。

第五章

"蒙"字标下农畜产品品牌知识产权立法保护

知识产权是现代经济中不可或缺的组成部分，对于农畜产品品牌的保护尤为重要。《内蒙古自治区市场监督管理局"蒙"字标认证管理办法（试行）》自2020年3月公布施行以来，为开展"蒙"字标认证工作提供了根本遵循，对规范"蒙"字标认证起到了重要作用。近几年，内蒙古自治区党委、政府对"蒙"字标认证工作提出了新的要求。通过制定《内蒙古自治区"蒙"字标认证管理办法》，明确政府及其相关部门做好"蒙"字标认证工作的职责，规范"蒙"字标认证工作的秩序，提高自治区农畜产品品牌建设工作的规范性和有效性，为人民群众生活、消费带来更好的产品品质保障，发挥"蒙"字标认证在自治区农畜产品品牌建设工作中的重要作用。总体而言，内蒙古知识产权保护立法还不够完善，缺乏地方性法规支撑，没有形成完整的体系。在一些重要领域，如地理标志缺乏专门的立法，法律保护意识不足，缺乏认证体系，需要完善法律保护体系，对地理标志进行专门立法。

第一节　内蒙古农畜产品品牌保护的法治意义

内蒙古农畜产品品牌保护的法治意义重大，具体表现在以下方面：第一，法治化的品牌保护制度可以有效地维护市场秩序，防止假冒伪劣产品的出现，保证农畜产品的质量和安全。这对于消费者来说是至关重要的，它确保了消费者能够购买到真实、可靠、高品质的内蒙古农畜产品。第二，通过法治手段保护农畜产品品牌，可以鼓励更多的企业投入品牌建设中，提升产品的竞争力。这不仅能够推动内蒙古农畜产品产业的健康发展，还能够促进地方经济的增长，为农民和牧民带来更多的收入。第三，法治化的品牌保护可以提升内蒙古农畜产品的品牌形象，增强消费者对品牌的信任度。这对于内蒙古农畜产品走向全国、走向世界具有积极的推动作用，有助于提升内蒙古农畜产品的国际竞争力。第四，法治化的品牌保护制度可以确保消费者的权益得到充分的保障。当消费者购买到假冒伪劣产品时，他们可以通过法律途径维护权益，这有助于提升消费者的满意度和忠诚度。第五，通过法治手段保护农畜产品品牌，可以推动社会的诚信建设。这不仅可以增强企业的诚信意识，还能够提升整个社会的诚信水平，为内蒙古农畜产品产业的健康发展创造良好的社会环境。通过维护市场秩序、促进产业发展、提升品牌形象、保障消费者权益以及推动社会诚信建设，对内蒙古农畜产品产业的健康发展以及地方经济的增长具有积极的推动作用。

第二节 内蒙古农畜产品品牌知识产权立法问题

一、立法不够完善，缺乏系统的地方性法规支撑

《商标法》对商标的保护范围和侵权行为的认定也作出了详细描述，是内蒙古地区品牌知识产权保护的重要法律依据，裁判规则加强了品牌知识产权保护的力度，规定了品牌知识产权维权方面的具体程序和标准。为了促进自治区优势特色产业高质量发展，加强品牌建设，规范"蒙"字标认证活动，依据《中华人民共和国认证认可条例》等有关法律、法规的规定，自治区市场监管局修订了《内蒙古自治区"蒙"字标认证管理办法》。除此之外，内蒙古地区还加强了知识产权保护的宣传普及工作。有关部门和各级政府大力推行"知识产权强省"和"创新驱动"以及其他相关政策，通过媒体宣传、培训、展览等方式，提高了广大企业和公众对于品牌知识产权保护的意识和重视程度。但是，内蒙古地区缺少对品牌知识产权保护的系统立法。面对品牌知识产权侵权行为时，企业往往无法得到有效的维权保护，甚至导致品牌声誉受损或经济损失。企业并未充分认识到品牌知识产权保护的重要性，高价值专利申请和授权数量偏少，限制了对品牌知识产权的创造、保护和利用。相关政策和制度缺失无法形成有效的品牌知识产权保护机制，实体程序和实践标准亟待明晰。

（一）内蒙古关于地理标志缺少专门的立法规定

地区内关于地理标志产品的假冒案件经常发生，假冒的主要原因就是产品的生产销售者以次充好，用不合格产品替换合格产品在各个地区进行售卖，损害了这一地理标志形象。如乌兰察布地区的丰镇月饼，丰镇月饼在内蒙古很多地区进行售卖，但是并没有地理标志这一意识，在市场上进行售卖，既没有统一的生产售卖标准也没有统一的售卖规制。像丰镇月饼的例子还有许多，如卓资熏鸡。由于法律制度的缺失和不完善，这种侵权现象也日渐频发。侵权案件不只发生在辖区内，也侵害其他地区的地理标志，如包头天香茶庄侵害信阳毛尖一案，最终法院认为包头天

香茶庄构成侵权并赔偿信阳市茶叶协会因侵权所带来的损失。

以东阿阿胶案为类比案例，"东阿标志""福字标志""东阿城标志"等与东阿阿胶有关的原产地商标，通过提出申请，可被认定为企业注册商标。"东阿阿胶"是"东阿阿胶"公司的原产地标志，是"东阿阿胶"公司通过法律途径取得的，所以将"东阿阿胶"作为"原产地"进行了广告宣传，明显构成了"侵权"。以"阿胶"和"东阿镇阿胶"作为两个地理标志的一种，既能解决两者之间的矛盾，又能兼顾两者之间的利益。2003年3月，原国家质检总局批准福光公司在两个方面分别使用了"东阿阿胶"和"东阿县阿胶"两个原产地标志，并对东阿阿胶进行了认证。"东阿阿胶"案就是一个很有代表性的案件，它反映出中国对地理标志的保护还处于一种比较模糊、不够完善的状态。地理标志的保护工作还需重视附着于产品的商标、专利、版权等知识产权。当前中国对地理标志保护的法律法规也不多，未来构建完善的地理标志保护框架仍然任重道远。因此，一部为了保护地理标志的专门立法迫在眉睫。地理标志产品的生产者及产业协会等可以参与到地理标志产品相关标准制定的过程中，对产品的独特性做好规则上的明晰。保护地理标志是为了相关产业的更好发展。地理标志产业的高质量发展是一个关涉整条产业链、需要各方发力的问题。中国在制度层面对地理标志的保护曾呈现出多头管理的情况，这极大影响了地理标志产业的保护和发展。国家对地理标志保护的发展的关注度正在不断提高。近年来出台的相关政策标志着中国对地理标志的保护逐渐走向统一。随着保护框架的健全升级，地理标志产业未来也将在高质量发展之路上进一步加速，实现"中国产品"到"中国品牌"的转变。

（二）政府宣传和监管力度不足

大众对于地理标志这一新领域的知识产权问题意识不够，很多人并不知道其真正的含义，更不知道如何进行申报和维权。内蒙古的农畜产品地理标志数量多，但是这些地理标志的知名度远不及一些驰名商标，这也意味着政府的宣传工作任重道远，如何宣传以及普及成为政府工作的重中之重。政府对于一些假冒行为的监管力度不足。由于监管的缺失，部分假冒商品从生产车间到进入市场再到销售到消费者手中，产品都是没有保障的，更不能溯源，如果发生侵权案件，对于调查取证等执法环节以及其他司法环节都是极其困难的，知名地理标志保护产品一旦出现问题，就会产生信任危机，口碑以及品牌价值将会急剧下降，影响在消费者心中的形象，损害企业以及品牌的重要利益，不利于经济价值的创造和提升，阻碍当地的经济发展。

二、农畜产品品牌知识产权保护意识不足

首先,在农畜产品品牌知识产权保护方面,内蒙古部分企业的知识产权法律保护意识相对薄弱,缺乏充分的认识。不断强化地理标志产品的规划引领和全链条保护,地理标志产业的进一步发展也将在助力乡村振兴、提升产品价值方面发挥作用。商标、专利、商业秘密等知识产权已成为企业最具价值的资产之一,但是企业缺少对知识产权价值的深刻认识,只注重商标、专利等知识产权的取得过程,忽略了对其进行维护和保护。其次,部分农畜产品品牌行业从业者对于品牌知识产权的保护意识也相对较差。由于市场竞争的全面加剧,一些企业或从业者为了追求经济利益,就会出现各种侵害、抄袭、仿制等不道德及不合法的行为,而这些行为往往会带来严重的知识产权侵权问题。在这种情况下,部分从业者和企业管理人员应该增强品牌知识产权保护的意识,增强自身品牌的核心竞争力。最后,在公共意识方面,内蒙古地区基础知识产权保护意识普及率还有待提高。大众对知识产权的理解仍然处在初级阶段,缺乏对知识产权价值和维护措施的正确认识。例如,市场上存在着消费者故意购买假货或侵犯品牌注册商标的情况,部分消费者对品牌知识产权的保护意识不足,需要通过广泛开展宣传教育活动,提高品牌知识产权保护的实际效益。

三、缺乏成熟完备的知识产权认证体系

知识产权管理体系认证业务已经在内蒙古各地方稳步推进。部分地区缺乏有效的"蒙"字标认证体系,部分企业也没有建立知识产权认证体系这一概念,尤其是农畜产品品牌。知识产权是组织重要的无形资产,通过对其管理、保护及使用,从而盘活组织的知识产权创新力,农畜产品品牌缺乏认证体系,不利于激发企业创新能力。同时,也不利于有效地运营知识产权,进一步阻碍了资产运作获得更多的利益。"蒙"字标有利于改善内蒙古农畜产品品牌的市场竞争地位,提升组织的核心竞争力,支撑其可持续发展,有利于内蒙古创新主体发挥更大作用。因此,构建内蒙古"蒙"字标农畜产品品牌知识产权认定体系非常重要。

第三节　加强农畜产品品牌知识产权立法保护

一、完善构建农畜产品品牌知识产权保护立法

（一）制定知识产权保护法律法规

在国家法律框架下，尽快制定出能够反映本地区实际情况和需求的知识产权保护条例，从而奠定本地区知识产权保护的基础。在税收、财务支持、费用方面出台相关优惠政策，鼓励企业进行科技创新并保护自身的知识产权。加强对重点企业或特定行业领域在知识产权保护方面研究、交流与合作，以更好地提升这些企业或领域的竞争力。扩大知识产权侵权的刑事及行政追究范围，提高判决赔偿金额，并加快审理速度，让公民及企业在法律上得到更多保障。积极参加国际知识产权合作，如世界知识产权组织、国际商标协会等国际知识产权组织及论坛，与国外知名企业开展技术交流、实现创新合作，进一步扩大内蒙古区域的影响力和威信，并分享更多的农牧产业成果。2023年，内蒙古制定了《农畜产品区域公用品牌建设要求》地方标准和《农牧业品牌评价规范》系列团体标准、考评管理办法及评价指导办法，印发了《内蒙古农牧业品牌精品培育工作方案》和《内蒙古自治区做优做强农牧业品牌工作方案》，确定了以七大产业链及特色产业为主体的30个区域公用品牌和150个企业产品品牌精品培育名录。

（二）完善知识产权保护地方立法体系

根据本地区经济社会发展实际，不断完善地方立法体系，既要保证本地区经济社会发展的需要，又要兼顾本地区人民群众的个体需求，在保证符合国家法律框架的前提下，以更好地满足本地区经济社会发展和人民群众个体需求为主要目的。探索数字化立法，要加强数字化立法方式的探索。建立在线公示平台，方便公众对法规草案提出意见和建议。制定可视化立法规范，让公众更容易找到、参与和监督法规草案的讨论和审议。建设德治型政府，在立法的过程中，秉持公正客观原则，改善政府部门与市场关系，同时增强政府自身监督机制，从而形成德治型政府。优化行业适用性，积极引导各个职业群体对知识产权管理问题进行投入和研究，促使产业和科学创新之间的融合，推动知识产权法的修改与更新。联合其他地区知识产权保护，加强与其他地区，特别是发达地区之间的知识产权保护联系，并加强对跨境知识产权侵权的监测和处理，从而进一步扩大本地区知识付费侵犯所发生的范围。

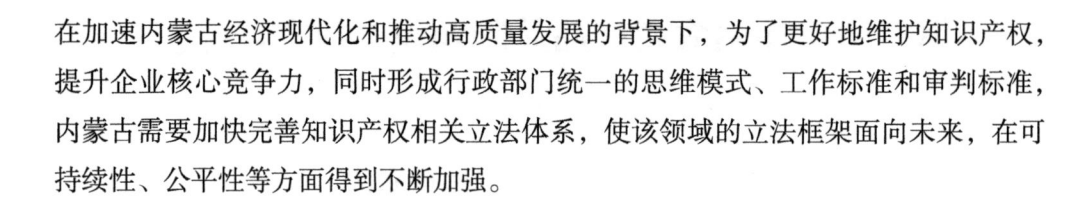

在加速内蒙古经济现代化和推动高质量发展的背景下,为了更好地维护知识产权,提升企业核心竞争力,同时形成行政部门统一的思维模式、工作标准和审判标准,内蒙古需要加快完善知识产权相关立法体系,使该领域的立法框架面向未来,在可持续性、公平性等方面得到不断加强。

(三)颁布实施《内蒙古自治区"蒙"字标认证管理办法》

《内蒙古自治区"蒙"字标认证管理办法》共七章37条,包括以下内容:第一章为总则,第一条至第六条。规定了《管理办法》的起草依据、适用范围、各部门职责以及"蒙"字标认证联盟的成立。第二章为认证标准,第七条至第十条。规定了"蒙"字标认证标准的组成、制定、发布形式以及复审时间。增加了"蒙"字标认证标准的征集、研制方式,以及标准修订等内容,规定了"蒙"字标认证标准每3年复审一次。第三章为认证实施,第十一条至第十九条。规定了"蒙"字标认证实施过程中申报、受理、认证各环节的要求。增加了申报、受理等内容,认证流程更加规范。第四章为认证证书和标志,第二十条至第二十六条。根据《中华人民共和国认证认可条例》《认证机构管理办法》等规定,增加"蒙"字标认证标志相关内容。规定了"蒙"字标认证证书包括的内容和期限、标志的式样以及对证书和标志的管理。第五章为认证企业培育,第二十七条至第三十一条。此章为增加内容,通过构建内蒙古"蒙"字标认证企业培育库,对库内企业和产品,实施质量提升、对标达标、管理升级等培育工作,助推企业达标升级。第六章为监督管理,第三十二至第三十五条。规定了认证联盟要在每年的3月底前向自治区市场监督管理部门提交报告,并规定了认证机构对获证组织开展证后核查的相关内容,以及各级市场监管部门的监督管理职责。第七章为附则,第三十六条至第三十七条。规定了本办法的解释单位、实施日期。

二、对地理标志进行专门立法保护,加强监管执行

(一)对地理标志进行专门立法保护

《商标法》中关于地理标志保护的规定很少,且有一些规定过于笼统、空白点和宽松的保护措施,与《TRIPS协定》相比还有很大的距离。《地理标志保护条例》是由原中国质量监督检验检疫总局制定和发布的,也是对地理标志保护制度的初步探索。这对于中国地理标志行业来说,无疑是一个重大的进步。在《商标法》规定的基础上,以专门法为基础,构建一套完善的保护制度。从世界范围来看,对地理

标志的保护可分为商标保护、特殊法律保护、混合法律保护、竞争法律保护四大类。而商标保护则是将地理标志作为一种特殊的保护方式，与其相结合，并与之相适应。特殊法律保护制度，是国家为保护地理标志而专门制定的一项立法，旨在对其进行更全面的保护。英国、墨西哥等国家都已经采取了这一模式。所谓"混合法定保护"，就是指建立一个独立于商标管理部门之外的特殊部门。中国以不正当竞争为基础，维护市场秩序。日本颁布的《地理标志法》，对于假冒伪劣产品或者对消费者有误导作用的情况将给予重罚。另外一种复合型的法律保护方式，就是除了商标局以外，还可以成立一个特别的"原产地名字管理局"，为商标注册提供特别的保护。在"一带一路"与中欧GMP合作的背景下，内蒙古需要更好地将GMP引入市场"走出去"，发挥其最大的价值。结合内蒙古实际情况，根据上位法制定合理的地理标志保护全链条的法规和规章。立法形式应该具有综合性，相关机构和部门互相配合、互相协作，全方位地维护地理标志的相关权益，各司其职，更好地治理因商标假冒产生的实际问题。将地理标志的类型进一步梳理整合，尤其是加强地理标志产品本身与原产地的相关性，进一步强化产品的质量、来源、声誉、特性等要素，增强其在市场的地位。这也为内蒙古农牧业经济的提升及实施乡村振兴战略提供有力的法律保障。

（二）加强知识产权行政保护监管

从地理标志保护的角度出发，市场监督管理局（知识产权局）具有重要的监督管理职责，对本区内的地理标志进行合法有效的监督、全链条的监督保护，进而保护地理标志，提升内蒙古地理标志产品的声誉。从产品的原材料入手，应该针对其进行更加细致的管理。一些商家为了牟利，用假冒伪劣商品替代真正的材料进行生产和销售，导致市场上的产品鱼龙混杂，消费者自身难以辨别。从材料的源头入手进行有效的监管，将不法行为遏制在摇篮里，进而控制产品的质量。对于生产过程以及方式进行质量认证和检测，完善认证体系。

三、建立有效的知识产权认证机制

公司贯彻认证标准，依据知识产权方针、目标，规划知识产权功能部门架构，构建知识产权管理体系。编制公司的知识产权保护系统管理手册，并编制公司的相关文件，如管理流程、记录表等。颁布组织的知识产权管理手册、程序、作业指导书、记录表等，开展组织的知识产权管理体系的宣贯培训，并指导各个部门。本单位的知识产权管理系统，必须符合本单位的实际状况，并依循本单位的实际状况，将有关系统的操作记录，及时、准确地输入本单位的操作记录，并监察本单位的操作状况。内审机构须定期内审其自设的知识产权制度，并依稽核的结果，处理与其有出入的问题，并作出适当的修正与补救。管理检讨组织的高层管理人员须定期检讨该组织的知识产权管理系统，并对其方针与目标的执行与不断改善进行检讨。向认证机构递交认证申请，进行认证审核。根据审核结果实施认证，完成认证，颁发认证证书。设置知识产权审核员，严格依照相关程序审核，建立知识产权审核员制度。

四、提升知识产权维权援助工作能力

依托智库优势，组织和协调知识产权专家库成员依法独立、客观、主动开展侵权判定工作，为专利行政部门提高专利侵权纠纷调处效率发挥积极作用。与自治区司法厅、版权局联合成立知识产权纠纷人民调解委员会。指导行业协会建立纠纷调解工作站，入驻人民法院调解平台，推动构建"线上+线下""纠纷+调解"的工作体系，推进诉前委派、诉中调解全覆盖。如《"众里寻他"的烦恼》为解决驰名商标侵权案件，被列入国家知识产权保护重点案件名单，获得了第三届"国家知识产权保护案例示范""国家十大优秀案例示范"。强化法律援助组织，构建"1+14+N"的法律服务体系。建立维权援助分中心、工作站，为自治区各盟市提供调解和咨询服务。为了提升市场竞争力，改善营商环境，内蒙古除了12345政务服务便民热线和12315消费者投诉举报热线之外，还开通了知识产权专线为企事业单位、个人等提供专利申请、优先审查、举报投诉等知识产权咨询解答服务。

五、协同提升技术创新效能

以区内重要的产业计划、重大的投资项目为核心，研究制定有关知识产权的法律法规。强化对重点科技攻关项目的知识产权全程管理，减少行业发展风险。需要把知识产权作为企业创新发展的核心要素，联合监管组每年的综合评价工作，侧重于促进创新，保护知识产权，强化知识产权的转化和运用，营造良好的环境，提高工作效率。探讨国企绩效评价、知识产权评价、创新评价等方法。建立知识产权奖励的项目，增加在自治区内对知识产权领域的科技奖励的比重，并将其作为对发明人的考核和晋升的重要参考。构建一条基于"加快许可、加快授权、加快增值税"的综合知识产权联合保护体系，一条面向生物技术与新材料产业的"绿色通道"。"绿色通道"极大地减少了审批时间，使审批速度更快。对受理的申请，给予优先考虑，对低效率的申请，加快审批速度，大幅减少申请时间，实现快速确权。新获

批的内蒙古自治区保护中心担负起加速协同保护工作的重任，为生物和新材料等领域专利的申报开通"绿色通道"，对助力自治区特色产业企业能力提升和农畜产品生产基地建设发展十分有利，对于区域内农畜产品品牌的知识产权保护也进一步强化。为了增强对知识产权的保护，也必须在实施上有所完善，其中包括对改善知识产权的管理系统进行研究，实施区域知识产权战略的联席会议制度。

六、提高知识产权保护意识，营造尊重创新良好氛围

加强知识产权法律法规的宣传和培训，提高企业和个人对知识产权保护的法律意识和操作能力，推进品牌建设。知识产权是指由人类的智力劳动创造出来的各种专有权益，包括专利、商标、版权、商业秘密等。这些权益可以被认定为财产，当拥有者享有相关权利时，也就被赋予应该保护的权利。提高知识产权保护意识并营造尊重创新的良好氛围是一个复杂而重要的任务，涉及法律、教育、文化和社会等方面。通过各种渠道和方式，如学校、媒体、社区活动等，普及知识产权法律法规，提高大众对知识产权的认知和保护意识。持续完善知识产权相关法律法规，使其更加符合国际通行规则，为创新提供更有力的法律保障。加大对侵犯知识产权行为的打击力度，形成有效的执法震慑，让违法者付出应有的代价。通过政策扶持、舆论引导等方式，鼓励创新精神和文化，营造"敢于创新、尊重创新"的社会氛围。加强与国际知识产权组织的合作，学习借鉴先进经验，共同打击跨国侵犯知识产权行为。对于在知识产权保护和创新方面做出突出贡献的个人或组织，给予一定的奖励和荣誉，树立正面典型。为创新者和知识产权持有者提供高效、便捷的服务，如专利申请和维权指导等，降低成本和风险。通过推广先进的信息技术和手段，如区块链和大数据等，提高知识产权保护和管理的效率与准确性。通过以上措施的综合实施，可以逐步提高知识产权保护意识，营造尊重创新的良好氛围，为科技创新和社会进步提供有力支撑。人们学习保护知识产权，了解如何防范侵权行为，认识到侵犯知识产权的严重性，尊重知识产权，共同营造创新的社会环境。

构建一个全方位、多层次的传播矩阵，对知识产权文化理念进行广泛的宣传、深入的普及，从而提高全社会对知识产权的尊重和保护意识。强化互联共建，构建协同保护"一张网"，加大维权援助工作保障，构建并完善内蒙古知识产权三级维权援助体系，明确协调相关部门要认真抓好贯彻落实。在人才队伍建设方面。一是确定了维权援助人才的选拔条件、范围和办法，从自治区范围内选拔出100多名专业人士，成立了内蒙古自治区知识产权专家委员会，完善知识产权专家库。二是加强人才培养共建，创新人才培养模式。与高校签署知产合作协议，为培养复合型、

应用型和创新型的知识产权专业人才提供有力支撑。三是从内蒙古财经大学、内蒙古大学、内蒙古工业大学等相关专业遴选优秀学生，壮大知识产权青年志愿者队伍，为维护知识产权权益提供帮助、举报、投诉等多种形式的服务。通过加强知识产权保护宣传，不断提升服务专业性和创新性。

为了补齐短板、强弱项，构建并完善仲裁调解、法律衔接等方面使其优势充分发挥出来，让产业链的衔接和融合更加深入，让快速联动保护的效果更加明显。内蒙古知识产权保护中心立足职能职责，发挥预审优势，促进专利审查质量和效率的提升，缩短专利的审核期，提高初审速度，使得发明专利的批准时间由平均22个月减为3个月，实用新型的批准时间由6~8个月减为1个月，工业外观设计的批准时间由6个月减为3天；发挥维权援助优势，为企业的知识产权运用保驾护航；发挥综合运用职能，根据产业特色和企业需求开展专利导航业务，引导企业运用专利导航成果谋划创新发展，促进企业市场活力的激发。从专利、商标数量和质量上来看，创新主体的知识产权意识已经有很大的提高。但是，对比经济发达地区，内蒙古知识产权数量、质量和代理机构的数量和质量都还有差距，说明知识产权保护意识还有进一步提升的空间。

为了促进自治区优势特色产业高质量发展，加强品牌建设，规范"蒙"字标认证活动，依据《中华人民共和国认证认可条例》等有关法律、法规的规定，通过建立知识产权保护的法律体系和制度机制，鼓励企业将自主创新成果转化为实际生产力，增强企业的市场竞争能力。加强知识产权执法和对市场主体的监管，防止知识产权侵权行为的发生。6月9日是"世界认可日"，通过开展"世界认可日"系列活动，提高社会对认证检验检测工作的认知度和在经济社会发展各领域的广泛应用；通过活动推动各行各业树立质量优先的理念，强化质量意识；助力企业提升自身竞争力，推动产业高质量发展；为认证机构、检验检测机构、企业、专家等搭建交流平台，促进经验分享和技术合作；展示市场监管局的监管成果和工作成效，体现其维护市场秩序和保障消费者权益的职责；让社会大众更加了解认证检验检测工作的重要性以及对经济社会发展的积极作用。总的来说，知识产权保护旨在促进创新创业，推动经济发展。通过加强法律法规的宣传和培训，建立健全的法律体系和制度机制，推动知识产权的创造、运用和保护，加强执法监管，为知识产权保护提供了有力的保障。

第六章

打造农畜产品品牌最严知识产权司法保护体系

第一节　深化知识产权审判机制司法改革

一、完善知识产权"三合一"审判机制

（一）发展现状

在中国知识产权发展的初期，存在由民事、行政和刑事法庭分别审理的"三审分立"的审判机制[①]。随着中国经济的不断发展和知识产权纠纷的增加，基于"三审分立"的模式出现的瓶颈越来越明显。为了更好地解决这些问题，"三审合一"的模式成为目前中国知识产权审判的主要模式。在"三审合一"模式下，刑事法官和民事法官一起组成审判团队，集中审理刑事和民事知识产权案件。这种模式进一步提高司法公信力，更好地保障当事人的合法权益。在此模式下，所有的知识产权案件都可以在同一级法院受理，避免了各级人民法院之间管辖权冲突导致问题的产生，可以更好地解决知识产权案件中存在的瓶颈问题，提高司法效率和公正性。采用"三审合一"模式可以有效地解决知识产权案件审理中存在的困境，通过统一审核标准、集中利用司法审判资源、避免管辖权冲突等手段提高了领域内的审判效率和质量，为中国知识产权保护提供了有力的法律保障。

（二）存在问题

内蒙古等地知识产权司法保护水平相对较低。"北上广"地区作为全国经济中心、科教人才集聚地，具备独特的地理优势，成为中国知识产权审判资源的主要集中区域，但是其他地区的知识产权审判资源及审判水平也呈现参差不齐的状态。除了"北上广"之外，西部地区的重庆、四川、贵州和青海等地也存在知识产权司法保护水平不均衡的现象。针对这个问题，应当采取措施逐步缓解不同地区知识产权审判资源及审判水平不均衡的状态。比如增强各地区知识产权法院的建设和设立，为各地区提供更多的知识产权专门的法官和执法人员，培育更多的知识产权法律人才等。同时，加强各地区知识产权的司法协作和信息共享，更好地实现知识产权保护的全覆盖。只有各地区的知识产权审判资源和法律人才水平普遍提高，才能更好

[①] 汤晨."一带一路"背景下中国知识产权审判机制研究[D].合肥：合肥工业大学，2020.

地服务于全国知识产权保护工作的需要。

知识产权的保护与发展需要专业人才支持。北京、上海和广东成为知识产权纠纷解决的重要地区，主要归因于这些地区的人才集聚优势。国内的"三审合一"机制并非作为一种司法审判模式存在，而是基于知识产权纠纷的特有属性，以及经验积累后形成的一种审判机制。然而，知识产权法官队伍人才短缺，正是其痛点之一。

伴随着中国经济发展以及国际交往的快速推进，知识产权方面的诉讼案件数量剧增，案件的类型也越发丰富。为了更好地发挥知识产权"三审合一"的作用，必须出台一套独立的审判程序，针对知识产权案件的特点进行制定，以充分发挥该机制在知识产权保护领域的作用。同时，加强各部门之间的信息共享，强化协作配合，可以更好地解决涉及多部门法律的案件，提高维权效率，为知识产权保护提供更有力的法律支持。

知识产权纠纷案件涉及的部门法在证据规则方面存在巨大差异，导致同一案件在不同诉讼程序中的证明标准和举证责任也存在差异，举证责任在部门法中也存在差异。因此，在审理跨越部门法的知识产权纠纷案件时，需要充分考虑证据规则的差异，确保各个诉讼程序的公正性和合理性，有效保障知识产权的权益。

（三）完善"三合一"审判机制

维护知识产权的合法权益，保护创新成果，提高知识产权的运营效率和保护水平，从而能够促进省内经济建设和创新驱动发展，建立知识产权法院可以推动完善各省的知识产权保护体系，提高司法公信力和行政执法的效率，为提高营商环境、优化投资环境、吸引外部资本和人才的进入建立较为完善的制度体系，提高法官的专业水平和知识产权专业背景。知识产权案件的审判程序跨越了三大部门法，这使得其证据规则的审慎制定变得至关重要。如何在推行一体化审判程序时统一证据规则，成为这一领域中的一大难题。从证明标准来看，不同的案件类型需要采用不同的证明标准，有助于更好地保护知识产权并促进其健康发展。

二、加强知识产权侵权惩治力度

（一）知识产权惩罚性赔偿制度司法适用

知识产权惩罚性赔偿制度是保护知识产权、促进创新的重要手段。通过不断完善和优化这一制度，可以更好地维护权利人的合法权益，促进知识产权的保护和利用。虽然有关知识产权的侵权惩罚已经有了相关规定，但是在司法实践中仍然存在不足，知识产权方面的侵权出现恶意侵权及重复侵权的情况比较多，一种情况是明知某品牌是知名品牌从而进行仿冒、假冒等；另一种情况是已经受过相关侵权处罚，但是在受到处罚后仍然对受害人的知识产权进行侵权，这种情况的出现主要是因为对行为人的惩治力度不够产生的。《民法典》作出一般性规定，将惩罚性赔偿的适用范畴扩展至整个知识产权领域。惩罚性赔偿的总体启用率依然不高，适用仍不规范，适用要件难区分。惩罚性赔偿以"主观故意""客观情节严重"为独立适用要件，这两个要件之内涵尚未明晰、边界存在粘连，且主观状态和客观情节的判定均依赖于侵权人的外化行为，实践中往往对两者不加区分一并证成。赔偿基数难固定，惩罚性赔偿以赔偿基数的确定为适用基础，目前赔偿基数的法定计算方式单一、笼统，且不同规范间存在不一致。以"实际损失"和"侵权获利"为路径计算损失难以固定具体数额、难以证成因果关系；以"权利许可费的倍数"为路径对损害进行评估缺乏可参照性。惩罚倍数无依据。惩罚性赔偿的"惩罚性"彰显于"倍数"中，而中国现行立法只对如何确定惩罚倍数作出笼统规定，欠缺倍数判断的评估要素与具体设置。实践中对倍数的确定具有任意性，法院往往不对具体适用几倍惩罚予以释明，径直依据主客观情节判赔某个数额。法定赔偿惩罚化。法定赔偿的立法定位为"兜底赔偿"，但实践中大量的案件因为无法固定赔偿基数或权利人怠于举证，转而投向法定赔偿路径。这些绕过惩罚性赔偿的案件，在确定赔偿数额时，法院往往考量惩罚性赔偿的适用要件，造成大量的法定赔偿案件染上了"惩罚性"色彩，脱离了法定赔偿的功能定位。

（二）解决方法

面对知识产权恶意侵权的行为，审判机关可以通过加强对知识产权恶意侵权的惩治力度，进一步促进知识产权保护的健康发展，审判机关在审理案件中严格依据法律进行判决，并根据不同情况采取合适的处罚措施。对于恶意侵权案件，判决应当从严，提高对侵权行为的惩罚力度，以震慑侵权者，维护知识产权权益。对证据进行严格审查，确保审理的案件证据合法、真实、完整，如果证据符合恶意侵权的情节要件，认定侵权人的行为确属恶意，则对其恶意侵权行为予以严惩。重复侵权是指多次侵犯同一知识产权的行为，在知识产权保护中属于比较严重的侵权行为，针对这种情况，审判机关可以根据实际情况适当增加赔偿金额，采取罚款、没收违法所得等处罚措施，同时适当加大处罚力度，以起到威慑作用，防止侵权者多次侵犯同一知识产权，对于知识产权重复侵权行为，审判机关可以公开曝光侵权者的行为，提高社会对侵权行为的警惕和对知识产权保护的认知，进一步加强惩治力度，对于严重的知识产权重复侵权行为，可以启动刑事诉讼，以法律手段加大惩治力度，侵权者可能通过多种手段规避赔偿责任，此时审判机关可以依法注销商标等知识产权，以切实保护权利人的合法权益。

廓清构成要件之认定。明确"故意"包括"明知"与"应知"两种主观状态。优化赔偿基数之体系。同时，允许对基数额进行概括计算、区间计算；当损害可区分时，还应当允许对该部分的基数进行区分计算，单独适用惩罚性赔偿。补充惩罚倍数之依据。以侵权人的责任能力和侵权行为的主客观情况综合确定惩罚倍数，可对判断要素赋值，采取累进制原则确定具体倍数。惩罚倍数的考量要素可概括为过错程度、行为方式、侵权对象的价值、造成权利人之损害、对公共利益的影响、妨害诉讼行为、侵权人责任能力、同一侵权行为是否已受到其他制裁等方面。重构法定赔偿之轮廓。允许法定赔偿适用时考量主客观情节，对惩罚性因素适当回应，承担一定的威慑与惩戒功能，以解决目前的实践困境。同时，应当严格限制其适用的启动前提，遵循"穷尽原则"，坚持"兜底"定位。在知识产权侵权行为中增加侵权赔偿金的数额，使侵权成本增大，起到警示作用，因为部分侵权人就是因为惩罚金额远小于其实际获利金额，所以即使被处罚也仍然继续实施侵权行为，所以提高对侵权人的处罚金额可以对其进行有效的打击，法院可以加快知识产权侵权案件的审理速度，防止被侵权方长期受到侵权的损失，也可以通过快速处理案件，增强对侵权者的震慑力，法院可以加强对侵权行为的证据收集力度，挖掘出更多的侵权证据，及时查处侵权行为，加大对侵权者的惩罚力度，形成良好的执法示范力，提高知识产权保护的效果。

随着知识产权保护需求的不断提高和国际合作的深化，中国的知识产权惩罚性赔偿制度也需要不断完善。需要加强法律规定的明确性和可操作性，完善侵权行为的认定标准，优化赔偿数额的计算方法，简化赔偿请求权的行使程序，强化赔偿决定的执行力度，平衡赔偿责任的限制与保护创新的关系，加强赔偿效果的评估和反馈机制。

三、构建"速裁+快审+精审"审判模式

"速裁+快审+精审"审判模式是指审判机关在审理案件时，要尽可能地追求审判效率、减少审判周期，同时保证案件质量和公正性的一种工作模式。在当前的社会背景下，构建这种审判模式可以促进司法公正，快速审理案件并不代表降低审判标准，而是要通过优化审判流程和提高效率，更好地保障当事人的诉权和辩护权，

加强司法公正和司法效力；提高社会信任度，通过快速、精确、公正的审判机制，可以提高司法机关的公信力，增强人民群众对司法机关的信任度，从而增进社会稳定和发展；优化司法资源配置，采用"速裁+快审+精审"审判模式可以合理利用司法资源，尽可能减少资源浪费，释放时间和资金的杠杆作用来提高效率；满足法治需要，当前社会发展的趋势要求法治建设越来越完善，采用"速裁+快审+精审"审判模式可以更好地满足人民群众对法治的需求，提高司法机构的权威和公信力，进而推动法治建设的良性发展。"速裁+快审+精审"审判模式对于优化审判机制、提高司法效率、提高司法公信力等方面具有重要意义，是推动司法改革和法治发展的必然选择。其建立和推行需要依靠审判机关的积极行动和有力配合，必须准确掌握各种案件的基本特征，选择合适的技术手段，不断强化审判质量和效率的提升。

加强审判队伍建设，推动法官专业能力的提升和审判效率的提高。可以通过持续进行法律、技术和行业培训，以及优化法官职业评价制度等方式，设计合理的速裁、快审、精审标准，包括各环节的时限、证据收集、庭审程序等，将案件审理所需时间予以固化，避免案件长时间被拖延。实现在线收发送材料、高效协作和审判全流程透明化，有助于提高案件的审理效率和质量。推广ADR机制，通过建立争议解决ADR机制，如专业领域仲裁机构、调解机构等，协议解决争端可以避免复杂的诉讼程序，有助于加速知识产权争议的解决。加强跨领域协作，知识产权审判与科技、金融、商业等领域的交叉越来越多，跨领域协作应成为常态，可以将行业专家、技术人才、金融专家等引入审理过程，提高审判效率和专业性。建立审判标准化规范，制定相关的审判标准和程序；加强审判流程优化，优化审判流程，通过合理的调度和分工，加快审批效率，缩短案件审理期限，引入信息技术，提高审判的自动化和数字化程度，建立起电子档案和审判数据库，并配合相应的信息化平台和软件系统，实现审判信息的快速共享和传递，提高审判的效率和准确性；加强对裁判质量和审判流程的监督和评估，及时纠正审判中的错误和偏差，最大限度地保证审判的公正和准确性。

在"精"字上做文章，优化办案资源配置。与政法委、司法局联合出台了人民调解奖补办法，在"分"字上寻突破，实行团队自主选案。在规定办理不低于全院50%民商事案件基础上，速裁团队自主甄别选择简易案件进行审理，每个速裁团队轮流挑选案件，剩余案件再分流给其他法官，确保每个团队都能根据自身业务特点高效、公平选案。收案后立即指导人民调解员开展诉前调解，调解不成的，及时立案转入审判程序，不属于速裁案件的于立案后五个工作日内退回立案团队重新分案，防止久调不决、时间拖延。在"专"字上下实功，探索类案集中审理，开展集中化、专业化的调解、审判工作，推进审判效率提升、裁判尺度统一。同时，对于系列性、群体性简案统一由一个速裁团队办理，如在办理5件涉油用牡丹种植扶贫项目案件中，法官将各方组织到一起集中进行调解，不到10天便一次性圆满化解。在"快"字上铆足劲，发挥智慧法院效能。总之，知识产权"速裁+快审+精审"审判模式，需要从法官队伍、审判流程、信息管理、ADR机制以及跨领域协作等方面着手，建立高效、合理的知识产权审判机制。

第二节　加强知识产权综合司法保护

检察院通过发挥"四检合一"办案机制，即整合刑事、民事、行政和公益诉讼检察职能，形成一体化的知识产权保护工作模式，能够更全面、更深入地审查涉及知识产权的案件。这种机制有助于确保案件处理的公正性和效率，实现对知识产权的有效保护。在全面审查案件的过程中，检察院会对案件的事实、证据、法律适用等方面进行严格把关，确保案件处理的质量。同时，检察院还会加强与其他执法部门的沟通协调，形成合力，共同打击侵犯知识产权的犯罪行为。此外，检察院还会狠抓知识产权刑事检察的提质增效。这意味着检察院会不断提高办案人员的专业素养和业务能力，加强案件办理的规范化和标准化，提高案件处理的效率和质量。通过加强监督和指导，确保案件处理的公正性和合法性，维护当事人的合法权益。总之，检察院通过发挥"四检合一"办案机制，全面审查案件，狠抓知识产权刑事检察提质增效，能够更好地保护知识产权，维护市场秩序和公平竞争，促进经济社会健康发展。

知识产权保护中介入并大力推动公证是有必要的，公证具有法定的证据效力，在知识产权中有先天的法律优势，公证机构具有独立、公正、权威的鉴定能力，能够对一些知识产权相关证据进行公正鉴定，从而减少商业诉讼中存在的证据争议，公证书能够有效证明知识产权的存在、来源、所有权、权属范围等核心问题，有利于商业法律纠纷的解决。知识产权证据保存要及时，否则后续很容易导致证据缺失或证据损害，但公证机构的工作相对灵活，有利于及时公证相关知识产权，更好地满足企业和个人需求。企业和个人应当积极利用公证机构提供的知识产权保护服务。

积极组织知识产权法律培训、宣传和普及活动，加强知识产权法律知识的普及和推广，提高知识产权法律意识和法治素养，为知识产权保护奠定了重要的基础，加强行政执法和司法保护之间的协同配合，建立信息共享机制，为知识产权保护提供更加完善的制度保障。知识产权对于发展经济和维护社会稳定具有重要作用。不断加强对知识产权保护的重视和推进工作，为保护知识产权提供了制度保障和司法支持。帮助企业和个人了解知识产权相关法律及法规，提供专业的法律意见和建议以及知识产权侵权案件的维权指导服务，指导企业和个人如何采取合适的方式进行维权，并提供维权策略和建议。依法审理各类知识产权侵权案件，帮助受害人维护合法权益。通过提供法律咨询、维权指导、知识产权保护教育和宣传、知识产权司法保护等服务，帮助企业和个人了解知识产权的相关规定和权益，并保障知识产权的合法权益。

律师组织是知识产权司法保护中的重要参与者和推动者，其在知识产权保护和创新发展中发挥着重要的作用。律师组织中的律师通常拥有专业的法律知识，并掌握与知识产权相关的技术背景或专业知识，他们能够理解和解释技术创新和发明，并有效地将其与知识产权法律框架结合起来，律师可以帮助权利人收集和整理相关证据，包括侵权证据和权利人的原创证据。他们可以进行必要的调查和取证工作，以支持权利人的知识产权主张。其可以为当事人提供法律服务，律师事务所能够代理客户提起和应诉各种知识产权诉讼，包括专利、商标、著作权、不正当竞争、商业秘密等方面的案件，律师在知识产权司法保护中扮演着承前启后、承上启下的角色。他们可以协助当事人了解知识产权相关法律规定和实际操作，提供专业的法律意见和建议，并撰写法律文件，如起诉状、答辩状、上诉状等，他们确保文件的准确性和法律合规性，以提高案件的成功率。律师事务所能够为客户提供知识产权相关的法律意见和风险评估，协助客户制定相应的知识产权保护策略，预防和解决知识产权侵权和纠纷。律师在知识产权保护和诉讼中可以提供创新咨询和技术评估，帮助创业者和创新企业制定知识产权战略，推动知识产权创新发展。律师可以帮助当事人表示意见和权益，律师可以代理当事人参与知识产权纠纷的诉讼和仲裁，律师事务所能够代理客户参与知识产权诉讼和仲裁调解，律师可以参与诉讼的各个环节，包括庭审、辩论、证人询问等。他们能够充分发挥专业能力，并为权利人提供法律支持和代表，代表或协助当事人维护其合法权益。同时律师可以通过协商、调解或其他替代争议解决方式，努力解决知识产权争议和纠纷，以避免长时间的诉讼过程和高额的诉讼费用。律师也可以参与知识产权行政执法，协助行政机关开展案件调查和取证，律师组织中的律师也可以协助行政机关处理案件，也会为行政机关提供专业的法律意见书，帮助司法机关制定或完善支持知识产权的法律政策，律师组织可以设立专家委员会，提供专业化的司法鉴定和技术支持服务，协助法院和行政机关处理知识产权案件，律师事务所能够为客户提供知识产权法律培训和咨询服务，帮助客户提高知识产权保护意识和基本法律知识，律师事务所能够对知识产权保护进行深入研究，组织相关论坛、研讨会等活动，促进知识产权保护工作的开展和进步。总之，律师组织在知识产权司法保护方面能够提供丰富的服务，他们通过提供法律专业知识、代理诉讼、收集证据、起草文件等方式，为权利人提供全方位的法律支持和维权服务，为客户和社会提供了强有力的法律保障。

第三节　打造数字化知识产权司法保护

一、智慧法院

现如今随着科技的不断发展，司法也进入了与数字化融合的阶段，知识产权智慧法院是一种基于大数据、人工智能[①]等技术的新型司法模式，通过信息技术、数据分析等手段，提高法院的智慧化水平，更好地服务于知识产权保护。智慧法院可以加快知识产权案件审理速度，通过智慧法院的技术应用，可以实现案件的自动分流、自动识别和分类，提高案件处理效率和质量，缩短审理时间，更快地促成知识产权纠纷案件的解决；还可以提高判决质量，智慧法院对案件数据进行计算、分析和预测，可以更准确地识别和理解案件中的事实和证据，提高判决的准确性和公正性；促进司法公正和透明，智慧法院为公众提供了便捷的司法服务和信息公开渠道，增强了法院的透明度和公开性，促进司法机构的公正和公信力；促进知识产权保护的创新，智慧法院的出现，推动了知识产权案件的智能化和专业化审判，为知识产权保护提供了新的思路和方式，有助于不断完善知识产权法律制度和司法实践。

智慧法院需要建设现代化的数字信息系统，对案件进行全程数字化管理。将传统的纸质文书、卷宗等材料数字化，提高数据的准确性和时效性，同时方便法官查阅和办理案件，通过大数据和人工智能等技术，对知识产权案件进行分析和预测，提供更科学、精准的法律判断和指导。同时，通过对知识产权案件的分析，发现案

[①] 吴汉东，张平，张晓津.人工智能对知识产权法律保护的挑战[J].中国法律评论，2018(2)：1-24.

件的规律和特点，从而为司法实践提供有益的借鉴，智慧法院可以将法院的工作信息进行公开化管理。例如，通过建设信息公开平台，实现对审判程序、庭审直播、文书公开等信息的公开，通过联合惩戒，提高侵权成本，更好地维护知识产权。又如，与工商、海关等部门建立信息共享机制，对侵犯知识产权的制造、销售、运输环节进行全方位打击，智慧法院需要培养具备信息技术和专业知识的法官，提高法官的综合素养和服务水平。同时，还需要加强对知识产权法律和相关政策的培训和宣传，提高相关从业人员的法律意识和业务素质。智慧法院通过其电子平台和在线庭审系统，使得知识产权纠纷的解决变得更加高效，加速了纠纷的解决过程，智慧法院的在线庭审系统和电子证据交换系统，也有利于当事人提交证据，加快庭审的效率，避免印章、传票等物品的快递和人工收寄，智慧法院还会通过对数据的分析比对，指导法官进行案件的处理，避免人为因素对判决产生影响，并且在结案后还可以对诉讼数据进行一定的分析，提升了审判的质量和公正性。

总之，智慧法院的出现为保护知识产权提供了新思路和方式，数字化、智能化的审判模式可以提高效率、提升质量，为知识产权保护注入新动能，同时，智慧法院的建设需要加强现代化数字信息系统建设、提高法官的专业素养和知识产权领域的法律意识，加强信息共享、诉讼数据统计等方面的合作，为司法实践提供便捷服务和信息公开渠道，可以有效地提高司法质量和透明度，加强知识产权保护，助力中国知识产权事业健康发展。

二、数字检察

数字检察采用数字化技术，加速案件的审理流程[1]。数字检察采用数字取证技术，为侵权行为的证据提供了更高的可信度和可靠性，能够准确获取案件证据，对证据的收集、整理、分析和评价能够自动化、程序化进行，有效提高证据的竞合程度，数字检察系统的透明性能够保障司法公正，有效避免信息的滥用和歧义的产生，提高知识产权司法保护的公信力。追踪和记录网络侵权行为可以生成新形式的电子证据，有助于法院制定相关解释和规则，数字检察部门可以与企业或其他相关知识产权权利人合作，推进信息共享，打造信息共享平台，提高保护知识产权的效果，数字检察可以帮助排查侵权行为及其来源，并督促相关部门采取措施，加强对知识产权侵权行为的管理和管控。数字检察主要依赖于网络技术，能充分保护司法信息的安全和隐私，数字检察能够确保案件审查、侦查、审判等环节中的信息不受

---

[1] 宋华，胡庆.数字经济时代知识产权检察保护新模式探索[J].中国检察官，2021(17)：20-23.

非法侵入和泄露，同时，数字检察系统还可以有效防止内部管理和使用中出现的安全漏洞，保障全部工作环节的安全。利用数字检察可以实现较高的信息共享度，宣传和发布案件信息、受理和审理进程、审判结果等，能够有效提高司法的透明度和公开度，避免木桶效应，也可提高公众对知识产权司法保护的信心和认可度。

在具体方法上，可以借鉴双报制、双引导、双规范。知识产权案件"双报制"，检察机关可以及时参与维权，提供司法保护。为了拓宽线索来源，利用互联网平台和大数据进行普法宣传，让市场主体有意识地向检察机关寻求救济。并且在检察院收到线索材料后，采取依法有序分流及时筛查判断，对于确实涉嫌犯罪的侵权线索，给予分类指导。检察院可以压缩从权利人报案到检察机关提起公诉的经历周期，促进保护知识产权的快速处理。检察院采取"双报制"接收线索后引导依法维权。

为了填补守法执法漏洞，让隐患变得少、查得早，检察院可以采取督促双规范的措施。对市场主体规范经营的督促，向数字经济相关行业加强法治宣传的方式不能仅仅局限于线下，还要发挥线上的优势。这些措施在前端治理方面加强了守法执法环节的规范，确保了知识产权保护的有效性，让隐患变得少、查得早。总之，检察机关要通过数字模型的建立及数字检察模型路径的运行模式的完善深化变革法律监督体系，要熟练运用行政执法与刑事司法信息共享平台及多跨场景连接数据，同时充分挖掘检察机关内部数据，对于先行实施的实践单位充分借鉴其经验与方法，对数据进行整合以提升数字检察的整体发展水平。

第四节 健全多元化纠纷解决机制

知识产权纠纷的解决不能局限于诉讼这一种方式，传统的诉讼程序通常需要较长的时间和高昂的成本，这使得小公司和个人难以承受，与此相比，多元化纠纷解决机制[①]通常更加灵活快捷，可以有效地解决争议，从而保护知识产权。多元化纠纷解决机制可以提供更多样化的选择，使得当事人可以选择最适合自己情况的解决方式，比如调解、仲裁和协商等方式，这些机制通常更具亲和力，可以减少当事人之间的矛盾和纷争，从而有利于维护知识产权。多元化纠纷解决机制通常更加隐私和保密，可以在不暴露企业商业机密的情况下解决知识产权争议，这在知识产权领

---

① 王莹.完善深圳知识产权司法保护体系研究[J].深圳职业技术学院学报，2017，16（2）：24-28.

域非常重要，因为企业知识产权通常是其生存和发展的关键要素。

建立健全知识产权案件多元化纠纷解决机制，可以通过法院、检察院、公证处、市场监督管理局、知识产权保护中心、法律调解中心、仲裁委员会共同建立知识产权纠纷调解工作室，加强知识产权司法鉴定机构、仲裁机构建设，完善民营企业家法律维权服务联席会议制度，成立知识产权纠纷人民调解委员会。知识产权调解作为知识产权纠纷解决机制的举措之一，对其要进行完善以推动知识产权调解制度的发展，建立专业的知识产权调解机构。专业的知识产权调解机构一般由更加熟悉知识产权法律知识的法律专家和技术专家组成，具有更高的专业素养和法律意识，能够更加准确地评估案件背景和法律责任，制订更加合理的调解方案。专业的知识产权调解机构通常拥有多年的调解实践经验和丰富的案例积累，能够较好地掌握和处理不同类型的知识产权纠纷，针对性更强，知识产权调解涉及知识产权的商业机密、技术秘密等重要信息，专业的知识产权调解机构对保障知识产权保密性和商业机密具有更加谨慎的态度和更加严格的保护措施，能够更好地维护当事人的知识产权利益。专业的知识产权调解机构通常受到政府部门的支持和监管，具有更好的合法性和权威性，能够更好地引导当事人依法进行调解和解决纠纷。相较于普通的调解机构，专业的知识产权调解机构主要优势在于其透彻的知识产权法律知识和丰富的调解经验，以及其对知识产权秘密的严格保护措施，具有更好的合法性和权威性，能够更好地维护当事人的知识产权利益。在知识产权调解制度中推行强制性调解，采取强制性调解制度，通过法律的约束力，同时加强调解机构的权威性和专业性，使得当事人更愿意通过调解解决纠纷，并且在一些案件中，能够有效避免诉讼带来的高额成本。建立完善的调解机制，在调解机制上，要注重灵活性和简易性，及时响应当事人的需求，采用跨行业、综合性等方式形成适应各类需要的调解机制，使其更加灵活、高效。加强调解人员的培训和专业化建设，调解需要具有一定的专业知识，如果调解人员没有丰富的知识产权相关背景和知识，可能会导致调解不力，因此应加强对调解人员的培训和专业化建设。加强信息化建设，通过信息化手段建立起知识产权纠纷调解与仲裁的监管平台，建立起一套全流程数据系统，从而加强对知识产权纠纷的全面监管。建立各方参与的调解模式，建立起由当事人、调解机构和其他利益相关人共同参与的调解模式，形成一种集体智慧的纠纷解决机制，可以增加调解协议顺利签署的可能性。完善知识产权调解制度需要综合考虑各方面的因素，包括机构的建设、制度的设计、信息化建设等，力求达到高效、便捷、公正、专业的目的，为优化解决知识产权纠纷提供有效的途径。

仲裁是除调解外常用的非诉方式之一，仲裁的优势在于其效力与诉讼判决相同，仲裁过程相较于诉讼来说更加灵活，当事人可以根据需求自行组成仲裁庭的人员，仲裁过程公平公正，仲裁庭的裁决能够充分考虑当事人的利益。虽然在保护商业秘密等隐私信息方面调解更具有优势，但是相较于诉讼而言仲裁对商业秘密的保护是更有保障的。仲裁比诉讼能更快地解决问题，因为仲裁过程更简洁迅速，而且各方可以根据时间表进行安排，与诉讼相比，仲裁更适合于需要快速解决争议的情况，仲裁通常比诉讼成本更低，因为它通常是更简单、更快速的解决方式，需要的人力资源和时间较少。在知识产权纠纷解决中，仲裁通常需要由专业人士作为仲裁员，这些专业人士在相关领域中有较为丰富的经验，能够更加准确地判断知识产权有效性和侵权行为的性质，提高了纠纷解决的准确性和公正性。采用仲裁方式解决知识产权纠纷，可以更好地保护商业机密，保证快速解决纠纷，降低成本。对于国际商务纠纷，仲裁更是一种常用和有效的解决方式。完善知识产权仲裁制度可以通过完善相关法律法规、建立高素质仲裁员队伍、加强仲裁规则建设、强化仲裁机构建设等方法。

加强知识产权仲裁在法律法规上的规定，当前中国知识产权纠纷仲裁的法律法规还不够具体集中，要制定更为完备的法律、行政法规、司法解释等文件，明确知识产权仲裁的基本原则、程序、范围等，为客观、公正、高效的仲裁提供法律保障，明确知识产权仲裁的适用范围、程序、结果等方面的具体标准，为仲裁的实施提供更为明确的法律依据。知识产权仲裁需要专业化的仲裁员，这些仲裁员需要具备扎实的业务知识和丰富的实践经验，能够独立承担案件仲裁工作，并提供高效的咨询服务。因此，建议加强仲裁员培训，提高业务能力，并建立相应的考核和评估制度，确保仲裁员队伍的高质量和高效率。对知识产权仲裁规则进行完善，包括规定仲裁程序和具体标准等，建立仲裁程序在实践中的标准化和规范化。知识产权仲裁规则的制定应该适应不同的知识产权，如专利、商标、著作权和不正当竞争等领域的仲裁规则应该有所区别，加强仲裁程序的公开和透明度，明确仲裁庭组成和程序、仲裁地点和语言、仲裁结果的执行等事项，并在仲裁开始前告知当事人，适应技术性专利、商业秘密等复杂的知识产权争议处理方式，引入技术评估员等技术人才，为仲裁庭提供专业技术支持，制定独立的证据规则，以尽量减少争议和对证据的解释，并提供适当的证据标准，以确保仲裁庭颁布的裁决合理、有力和可执行。整合仲裁规则与国家法律制度，并采纳国际商会仲裁法如仲裁法与普通法的分离原则等，以保证知识产权仲裁规则的国际化和相容性。同时，也需要加强相关仲裁规则的宣传，向相关方进行普及和推广，提高知识产权仲裁工作的公信力。加强知识产权仲裁机构和组织的建设，在仲裁机构的规范和设施建设等方面进行完善，仲裁机构应当规范化管理，确保仲裁程序的公正、公平、高效，需要建立透明公开的仲裁程序和仲裁结果公示制度，提高仲裁的公信力和法律效力，提高知识产权仲裁机构的服务水平和实战能力。

对于知识产权纠纷的解决，单一的解决途径已经无法满足复杂的需求，需要采取多元化解决机制，这一机制的构建需要全社会的共同努力，包括政府、企业、专业律师和知识产权机构等，通过加强法律规范、推动行政管理和培育良好的市场环境等方面的工作，来保护知识产权并解决纠纷，在这一机制中，政府应该扮演重要的角色，如提供专业服务、监管市场、建立知识产权审判机构等，企业应该注重知识产权管理，以减少或避免侵权行为的发生，并且采取切实有效的措施来维护自身合法权益，专业律师可以提供有力的法律支持和法律服务，帮助企业解决知识产权纠纷问题，知识产权机构应该提供可靠的维权服务和资源共享平台，为知识产权事业的发展提供支持。总之，多元化纠纷解决机制对知识产权保护起到了至关重要的作用，可以为当事人提供更加便捷有效的解决方式，从而更好地保护知识产权。

第五节 打造高精尖知识产权司法保护人才队伍

知识产权人才是国家整个人才体系的有机组成部分，是知识产权事业高质量发展的战略支撑。知识产权的特征之一就是技术性，具有高度的技术需求。高精尖知识产权司法保护人才队伍需要具备专业知识、丰富经验和敏锐判断力，能够更好地了解知识产权保护的法律法规和最新动态，从而更加精准地应对知识产权保护实践中的各种问题，可以在保护知识产权的同时，更好地推进知识产权的创新和发展，促进经济转型和升级，人才队伍在处理知识产权案件的过程中，不仅需注重实际操作，更需注重法理思考。打造保护人才队伍是知识产权保护的必要举措，政府必须加大对人才的培训、引进和激励力度，吸引优秀人才加入知识产权保护事业，并建立起以人才为核心的知识产权保护机制，从而切实提升知识产权保护水平和国际竞争力。

加速组建知识产权技术专家库，在司法机关内部要加强对司法人员的培训，包括知识产权法律理论知识、案例分析、司法实务等，还可以加强知识产权领域的跨学科培训，如技术转化、商业模式、市场竞争等方面的知识。要提高知识产权法官和检察官的工资待遇。要鼓励专家参与知识产权司法保护，特别是对涉及专业领域知识的案件，专家可以提供技术鉴定、证据收集等方面的帮助，提高判决质量。要建立评估机制，对知识产权司法保护人才的工作进行评估，评估结果作为职业晋升、岗位任免的优先考虑因素。

建立科学合理的选拔机制，通过严格的选拔程序来筛选具有专业知识和技能、职业素养高、责任感强、公正无私的人才。建立全面系统的知识产权司法保护人才培训机制，包括对法律与技术交叉知识、国际知识产权制度、司法实务等方面的培训，提升人才的专业素养和综合素质。建立完善的职称晋升机制，根据实际工作表现、年度考核、职业发展计划等因素评定职称，激励人才不断提升业务能力和水平。建立激励机制，通过薪酬、职业发展空间、荣誉等多种方式激励人才，提高人才的士气和工作积极性。与知名高校、科研院所、企业等机构开展联合培养，为司法保护人才提供更广阔的职业兼学习发展空间。与国内外知识产权领域的机构和专业人才开展交流与合作，吸收先进经验，提高人才的国际化视野和综合素质。建立由党委、纪委、组织部门等共同参与的责任追究机制，对违反规定、履职不力、不当行为等进行严肃处理和问责。

第六节　加强知识产权全链条保护

知识产权作为国家发展战略性资源和国家竞争力核心要素，对推动高质量发展具有关键引领作用。检察机关全力推进知识产权刑事、民事、行政、公益诉讼检察"四合一"综合履职。从严格保护、协同保护、特色保护、能动保护上进一步发力，做实快保护，打通全链条，打造知识产权司法保护特色品牌，进一步完善诉前调解和诉讼服务有机衔接的知识产权纠纷化解机制，促进知识产权保护标本兼治，以科技赋能知识产权检察保护工作。

一、积极延伸知识产权司法服务

司法部门要主动履行职务，对外积极进行司法服务，在知识产权保护方面，可以在相关产业园区设立知识产权保护司法工作站，可以为法官、检察官提供更加全面、更及时、更准确的知识产权保护相关信息和案例，可以帮助司法部门更好地应对复杂的知识产权案件，提升知识产权司法保护水平。知识产权保护法官工作站不仅提供丰富的案例和知识库，还可以提供培训、研究等方面的支持，帮助法官深入了解知识产权保护的最新发展趋势和相关政策，提高法官的专业素养和能力；知识产权保护司法工作站可以促进司法部门之间的交流和互动，建立良好的学习和研究氛围，促进法官、检察官之间的经验和知识的分享，提升知识产权保护水平；知识产权保护司法工作站可以促进知识产权保护的创新发展，为知识产权创造更好的保护环境，提升知识产权的价值和影响力，促进知识产权的创造和分享。建立知识产权保护司法工作站对推动知识产权保护创新发展、提高司法部门人员专业素养和能力、加强司法人员交流和互动等方面都具有非常重要的意义。

产业聚集区是知识产权纠纷容易发生的地方，建立知识产权保护司法服务工作站可以提供有效的法律支持和保护，有助于减少知识产权侵权行为。建立知识产权保护司法服务工作站加强与地方政府、产业协会、企业等相关方面的联系，对促进产业区的发展与稳定起到积极的作用。在产业区建立知识产权保护司法服务工作站，有助于推动法律服务机构的转型升级，加强服务质量和效率，更好地满足产业区的法律需求和服务要求。总之，建立知识产权保护司法服务工作站对促进产业区的发展和稳定、保护知识产权、提高知识产权保护水平等方面都具有重要的意义。

知识产权保护司法服务工作站要明确自身职能和责任，为产业区内的企业提供专业的知识产权保护咨询和服务，并协助企业解决涉及知识产权纠纷的问题，工作站应该选派经验丰富的知识产权法官作为主要负责人员，以确保提供正确的法律意见和咨询服务，同时建立知识产权保护的信息化平台，以便企业能够及时向工作站报告涉及知识产权侵权的问题，并方便工作站及时调查和解决。产业区应该加强宣传，让企业了解工作站的作用和服务，鼓励企业及时向工作站报告知识产权侵权和争议问题。为确保工作站能够顺利运作，产业区应该投入足够的资金用于法官培训和信息化平台建设等方面，以及对企业提供免费的服务。工作站应该与产业区管理机构和其他法律服务机构加强协调，形成合力，以更好地维护知识产权的权益。

二、发挥典型案例的警示教育示范作用

司法典型案例的作用主要体现在三个方面：教育作用、警示作用、示范作用。知识产权典型案例是一种经验总结和教育借鉴的有效方式，可以借鉴案例的经验教训，帮助企业和个人更好地保护知识产权，防范知识产权纠纷，也可以通过展示知识产权典型案例的方式对欲侵权或不知行为是否侵权的行为人起到警醒作用，尽可能将侵权人的侵权意识遏制在萌芽中，知识产权典型案例可以为企业和个人提供案例示范，使其更好地了解知识产权的相关法律法规和知识产权保护的基本方法和技巧，为企业和个人提供业务决策上的参考，避免犯同样的错误，提高效率和降低成本，提高知识产权保护的法律意识，促进法律的贯彻和实施。司法典型案例的公布

也为其他法官裁判提供借鉴，对其他法官处理案件起到指导作用。因为典型案例具有普遍性、典型性和指导性，可以为法官提供有益的判断标准、精神准备和判决依据，帮助法官更好地审判案件，典型案例的推广和应用可以提高司法效率，避免重复审理同类型的案件，减轻法官的工作压力，提高司法质量和效率，还可以帮助法官了解和认识更多的法律知识和经验，拓宽法律思维和视野，提高司法水平和专业能力。典型案例的推广和应用可以提高法院的声誉和公信力，为法官执法提供更好的环境和舞台，增强法官的权威和公信力。总之，典型案例在司法实践中的作用是十分重要的，不仅有利于遵循司法准则和发挥司法权威，也有利于推进司法改革和提高司法质量。

三、公益诉讼检察为知识产权保驾护航

公益诉讼检察在保护知识产权方面发挥着不可替代的作用，通过依法办案、提供维权途径和加强社会监督等方式，为知识产权保驾护航，维护良好的市场竞争环境和法治秩序。公益诉讼检察能够积极发现和处理涉及知识产权的违法犯罪行为，通过监督办案来依法惩治相关犯罪。公益诉讼检察为受损害的当事人提供了维权途径，特别是对于一些实力较弱或信息不畅的个体，当事人能够及时得到法律援助和救济。公益诉讼检察还能够通过监督行政执法，推动相关政府部门在知识产权保护方面更加有效地履行职责，有助于加强社会公众对知识产权重要性的认识，提升全社会的知识产权保护意识。通过公开透明的办案过程，公益诉讼检察能够向公众传递知识产权保护的重要性和紧迫性，引导公众自觉遵守知识产权法律法规，共同维护知识产权秩序。

"检察护企"提升知识产权检察服务企业发展创新水平，促进公益诉讼检察能动履职能力。挂牌"知识产权检察保护联络点"护航品牌发展，知识产权宣传防范法律风险，引导企业防范知识产权法律风险，切实提升企业维权能力和水平。凝聚保护合力，检察院与市场监督管理局等打破信息壁垒，拓展知识产权公益保护线索，构建知识产权全方位保护协作机制。聚焦地理标志、注册商标、公用品牌等重点领域以及网络营销、直播带货等新业态和新领域，进一步提升知识产权检察办案质效，打造具有特色的知识产权检察保护品牌，持续优化创新环境和营商环境，助推新质生产力发展。自治区人民检察院发布了"2023年度内蒙古知识产权检察保护典型案例"，包括"托县辣椒"地理标志保护行政公益诉讼案和"毕克齐大葱"地理标志产品种植环境保护刑事附带民事公益诉讼案等。

（一）"托县辣椒"地理标志保护行政公益诉讼案

呼和浩特托克托县"灯笼红"辣椒色鲜、肉厚，且果实富含丰富的维生素A和维生素C，逐步形成托克托县一张特色农产品名片。2008年，托克托县辣椒协会正式成立。2010年，"托县辣椒"申请注册为国家地理标志证明商标。托克托县人民检察院经调查发现，作为地方特色品牌的"托县辣椒"存在地理标志使用混乱、管理不到位、品牌建设滞后等问题。市场上存在大量假冒"托县辣椒"产品，不仅挤占地理标志产品市场份额，而且侵犯相关产业链涉企权益。同时，由于"托县辣椒"品牌在周边地区市场关注度高，假冒产品侵害消费者合法权益，致使社会公共利益受到侵害。

2023年9月，托县检察院主动走访托克托县辣椒协会，通过召开座谈会，了解"托县辣椒"地理标志保护现状，发现"托县辣椒"地理标志市场乱象，相关行政监管机关存在怠于履职情形。2023年10月31日，托县检察院对本案以行政公益诉讼立案。2023年11月14日，托县检察院向托县市场监管局制发行政公益诉讼诉前检察建议，建议该机关依法全面履职，对假冒地理标志产品、冒用地理标志专用标志、侵犯商标权行为加强监督检查，引导"托县辣椒"地理标志规范使用，切实加强对"托县辣椒"地理标志综合保护。收到检察建议后，托县市场监管局高度重视，及时履行监管职责，认真整改：一是对县域内辣椒商户进行全面检查，扣押各类侵权辣椒产品共154瓶（袋）；二是加强宣传，规范"托县辣椒"经营销售行为；三是制定完善制度，做好国家地理标志证明商标及相关产品的商标权保护工作。此外，托县检察院与托克托县公安局、托县市场监管局会签了《知识产权检察保护协作机制实施意见》，为促进县域经济健康良性发展贡献法治力量。

内蒙古正某谷物食品有限公司（以下简称正某公司）是"托县辣椒"地理标志证明商标被许可使用人，是"托县辣椒"生产的重点企业。市场上存在部分商户擅自贴牌冒用正某公司的"正某谷物"商标销售辣椒产品，正某公司虽处于破产重整阶段，但仍对侵权商户提起民事侵权诉讼，同时向检察机关提出支持起诉请求。托县检察院了解到正某公司存在维权困难，于2023年12月14日决定支持起诉。2024年3月19日，商标权利人正某公司与侵权人在法院主持下达成了调解协议。

检察机关积极履职，依法保护地理标志产品。地方特色农副产品，蕴含着区域特有的自然生态环境和历史人文因素，地理标志证明商标有利于保障地方特色农副产品质量和信誉，有助于提高产品的市场竞争力。检察机关督促行政机关加强行政执法，有力规范市场主体诚信经营，加强地方特色品牌建设和助推区域特色经济发展。运用支持起诉职能，开展检察护企工作。深化知识产权检察综合履职，在办理行政公益诉讼案件中发现商标侵权线索，对知识产权保护意识薄弱、诉讼能力不足的企业，探索运用民事支持起诉方式支持权利人维护合法权益，守护公平竞争的市场秩序。

（二）"毕克齐大葱"地理标志保护产品种植环境保护刑事附带民事公益诉讼案

呼和浩特土默特左旗毕克齐镇地处呼和浩特市大青山南麓的土默川平原，土壤富含多种矿物质，造就了得天独厚的大葱生长环境。"毕克齐大葱"生产历史至今已有400余年，以其独特的品质和口感闻名。2018年7月，"毕克齐大葱"获批国家地理标志保护产品，保护范围为土默特左旗毕克齐镇现辖行政区域。2009年于某宽承包土默特左旗毕克齐镇大里堡村村西土地，之后于某宽在承包土地上大肆挖取砂石料转售牟利。经勘查，于某宽非法占用农用地面积23.4亩，被破坏地块位于"毕克齐大葱"地理标志产品种植区域内。经鉴定，于某宽挖取砂石料采挖深度一米以上，已造成耕地种植大葱条件被严重破坏，并严重毁坏了周边的种植环境。

2023年3月，土默特左旗人民检察院在办理于某宽非法占用农用地刑事案件时，发现破坏地理标志产品种植环境保护公益诉讼线索。经审查，土左旗检察院认为本案符合公益诉讼立案条件，以刑事附带民事公益诉讼立案并履行公告程序。2023年7月4日，土默特左旗人民法院以被告人于某宽非法占用农用地罪判处其有期徒刑六个月，缓刑一年，并处罚金5000元。同时，判令于某宽承担停止侵害，修复生态环境民事法律责任。于某宽缴纳了生态环境修复费用577 276元，生态修复部门利用修复费用对遭受破坏土地进行了专业修复。

同时，检察机关针对"毕克齐大葱"地理标志产品种植环境屡遭破坏的情形，向土默特左旗自然资源局制发行政公益诉讼诉前检察建议，督促该局加强监督、积极整改。收到检察建议后，该局对全旗符合"毕克齐大葱"种植条件的土地进行全面排查，并与毕克齐镇政府多次协商加强土地保护，针对遭受破坏的土地积极制定复垦方案，加强全旗"毕克齐大葱"种植环境的恢复和保护。

检察机关聚焦地理标志保护源头，助力乡村振兴发展。地理标志产品种植生态环境是地理标志农产品品质的保证。检察机关通过提起刑事附带民事公益诉讼确保遭受破坏的生态环境得到有效修复，推进农产品地理标志产业发展，助力乡村振兴。推动一案双查、综合履职，实现地理标志双重保护。本案对破坏地理标志产品种植环境违法行为提起刑事附带民事公益诉讼，同时对怠于监管的相关行政机关制发行政公益诉讼检察建议，积极探索知识产权检察综合履职。检察机关通过"一案双查",不仅修复了遭受破坏的地理标志产品种植环境,而且督促行政机关积极履职,推动地理标志产品种植环境的全域保护。

四、加强知识产权司法保护宣传力度

提高公众的法律意识,公众缺乏对知识产权保护的认识,宣传可以帮助了解知识产权的含义和重要性,知识产权的保护需要依赖于法律的支持和监管,通过宣传可以让公众了解知识产权法律的存在和意义,引导他们依法行使权利,知识产权宣传不仅可以帮助公众了解权利义务,也能提醒人们不要有侵犯他人知识产权的行为,从而摆脱不必要的法律纠纷和损失;可以激发创新热情,知识产权保护是创新的重要保障,而宣传对帮助人们了解创新的价值和利益,激发创新热情,制止侵权行为,都有非常明显的积极作用。

加强知识产权司法宣传力度,需要建立良好的宣传机制,加大知识产权司法宣传的力度,需要建立一套完整的宣传机制,包括规范的宣传流程、宣传渠道、宣传内容等;提高宣传质量,在宣传中,应选取精准、有针对性的案例,将重点放在具有代表性、引发公众关注的知识产权案件上,以此提高宣传的质量和效果;利用新媒体,以扩大知识产权司法宣传的影响力;通过主题活动的方式,让公众更加深入地了解知识产权司法宣传,如举办知识产权法律咨询活动、知识产权保护讲座、知识产权案例分享等;知识产权司法宣传需要多部门联动,如与教育、新闻传媒、文化等部门合作,共建知识产权保护体系,从而形成合力,提高知识产权司法宣传的效果。

第七节 典型案例:呼包鄂乌知识产权司法协同保护

呼包鄂乌作为内蒙古重点开发区域和经济发展核心区,在高质量发展大局和全方位融入国内国际大市场中具有举足轻重的战略地位。知识产权司法保护高效能动协作,以审判工作现代化助力呼包鄂乌成为中国式现代化建设的一体化发展先行区、示范区,服务保障知识产权强国建设战略实施。目前呼包鄂乌知识产权司法保护存在并没有完全形成合力,导致跨区域知识产权司法保护能力无法发挥最大价值。因此,基于呼包鄂乌知识产权民事、刑事和行政保护现状,通过分析呼包鄂乌司法保护存在的问题,探索呼包鄂乌知识产权司法保护的协作路径。在完善呼包鄂

乌知识产权数字检察的基础上，推动知识产权大数据法律监督模型的构建，以数据赋能知识产权案件监督，提升司法保护工作质效，研究将为呼包鄂乌跨区域知识产权司法保护协作提供理论支撑和决策参考。

《中华人民共和国国民经济和社会发展第十四个五年规划和2035年远景目标纲要》指出，健全知识产权保护运用体制，实施知识产权强国战略。进入新时代，国家对做好知识产权检察综合履职工作、加强知识产权综合保护提出了更高要求。一方面，知识产权屡屡成为国际竞争的重点和焦点；另一方面，中国正在从知识产权大国向知识产权强国转变，亟须推动高质量发展。知识产权司法保护对经济发展和科技创新具有重要促进作用，但具体到司法保护制度上仍然存在问题。目前，知识产权保护领域存在司法保护协作不足、高质量知识产权专业审判人才缺乏、知识产权数字检察应用不充分、对知识产权案件源头缺乏监督等现象，因此全面推进呼包鄂乌知识产权综合司法保护，加强司法与行政保护"双轨制"的衔接，建立健全知识产权专业司法人才培养，完善数字检察的监督路径，以及构建知识产权大数据监督模型具有重要意义。

一、呼包鄂乌知识产权司法保护现状

知识产权司法保护是由拥有知识产权的权利人向司法机关起诉侵权人，要求侵权人进行赔偿，对侵权人进行法律上的追究，从而切实保障其合法权益。与各类诉讼法相对应，中国的知识产权司法保护包括民事司法保护、刑事司法保护和行政司法保护三大职能。呼包鄂乌知识产权检察工作亟待从做优知识产权刑事检察、增强知识产权民事、行政诉讼监督影响力，稳步探索知识产权领域公益诉讼，科学看待知识产权检察综合履职适用率等方面，不断提升知识产权检察办案质效，推动知识产权"四大检察"充分履职、融合发展。

（一）知识产权民事司法保护情况

在知识产权三大保护职能中，民事司法保护堪称该体系的基石。在对呼包鄂乌知识产权民事诉讼案件进行监督中，知识产权侵权案件类型较为集中，主要涉及著作权、商标权领域，通过司法途径保护知识产权已经成为创新者最重要和主动的选择，尤其是植物新品种、集成电路布图设计等一审知识产权民事案件数量逐年增多。案件类型与呼包鄂乌地区的科技创新水平和文化产业发展状况相适应，全面涵盖了权属纠纷、侵权纠纷、不正当竞争纠纷等多种类型；案件涉及行业分布广泛，包括服务业、批发和零售业、制造业等多个领域。根据《呼和浩特市中级人民法院知识产权司法保护状况白皮书》数据统计，呼和浩特市中级人民法院在2017—2021年审理知识产权民事案件2847件，著作权纠纷案件和商标权纠纷案件占受理知识产权民事案件总数的85%（图6-1）。2020年1月至2023年9月，包头市两级法院共审理知识产权案件917件，上诉到最高人民法院知识产权法庭的技术类案件无发回和改判情况。坚持快慢分道提效率，实行知识产权繁案简案分离"双轨制"，将涉KTV播放歌曲、网络传播图片等简案交由速裁团队，实现"简案快审、繁案精审"。2018年1月至2023年9月，鄂尔多斯市法院共受理各类知识产权案件603件，不断健全"速裁+调解""诉前调解+司法确认"等快速解纷机制，2022年民事诉讼法修订后，鄂尔多斯市中级人民法院作出内蒙古自治区首份知识产权"诉前调确"司法确认书。2020年1月至2023年9月，乌兰察布市法院共受理并审结知识产权民事案件172件，在乌兰察布市中级人民法院承办的一起侵权纠纷系列案中，原告在自治区多个地区同时提起诉讼，通过对原告的诉讼主体资格、知识产权代理公司责任承担的基础上细致审查，率先对如何确定侵害著作权的赔偿数额等问题精准研判并依法作出判决，为自治区同类型案件的审理提供了裁判思路，起到了参考借鉴作用。呼包鄂乌四地方法院都在全面发挥民事审判的职能功效，严格遵照法律规定第一时间受理有关知识产权的种种诉求，以法律为准绳，采取一系列有效的诉讼措施，加大此领域的司法保护力度。

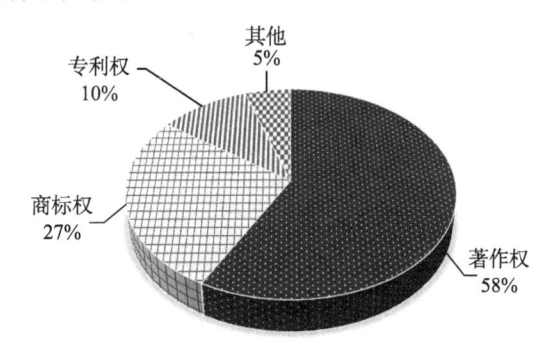

图6-1 呼和浩特市2017—2021年知识产权民事案件占比

（二）知识产权刑事司法保护情况

知识产权刑事司法保护即借助刑事法律来保护知识产权。简言之就是采取刑罚手段依照刑事流程让侵权人承担相应的刑事责任，为知识产权提供保护，以免相关利益人的权利受损或国家对此管理失去秩序。呼和浩特市法院积极推动自2009年开展"三合一"知识产权审判模式试点以来，多次与公安机关、检察机关召开协调会，统一证据标准，协同开展打击侵犯知识产权和制售假冒伪劣产品专项行动，已妥善审理56件知识产权刑事案件，有效遏制了知识产权刑事犯罪。包头市法院进一步构建知识产权大保护格局，在知识产权刑事案件审理中，建立完善法院与知识产权局、公安局、检察院等机关信息共享、案情通报和案件移动等工作机制，形成了良好的互动局面。鄂尔多斯市法院联合检察院强化知识产权协同保护的合作机制，全面整合知识产权司法资源，强化对商标权、著作权等协同保护力度。乌兰察布市中级人民法院与市人民检察院在定期互通信息的基础上，设立知识产权恶意诉讼数据共享研判制度和线索通报制度，设立知识产权违法犯罪举报通道，提升了相关案件法律监督效果。

在呼包鄂乌知识产权案件中，知识产权刑事案件数量呈上升趋势。新类型犯罪渐增；发案地域集中，其他地区案件数量增幅不大；链条化群体性特征突出，犯罪手段日趋网络化；刑事案件类型涉及较多。增长案件主要以商标类犯罪为主，包括假冒注册商标罪、销售假冒注册商标的商品罪等。呼包鄂乌各级检察院依法打击各类知识产权严重违法犯罪行为，加大了对重点行业、重点领域的打击力度。根据《内蒙古自治区知识产权检察工作白皮书》统计，2018—2022年内蒙古自治区检察机关办理的侵犯知识产权犯罪审查起诉案件260件（图6-2），其中有关侵犯商标权犯罪案件占比高达90.4%。在这类侵犯商标权类犯罪案件中，以侵犯中华、玉溪、茅台、五粮液、剑南春知名烟酒品牌为主，原因是上述知名烟酒品牌具有较高市场价值和附加值，假冒伪造的成本低而利润高。

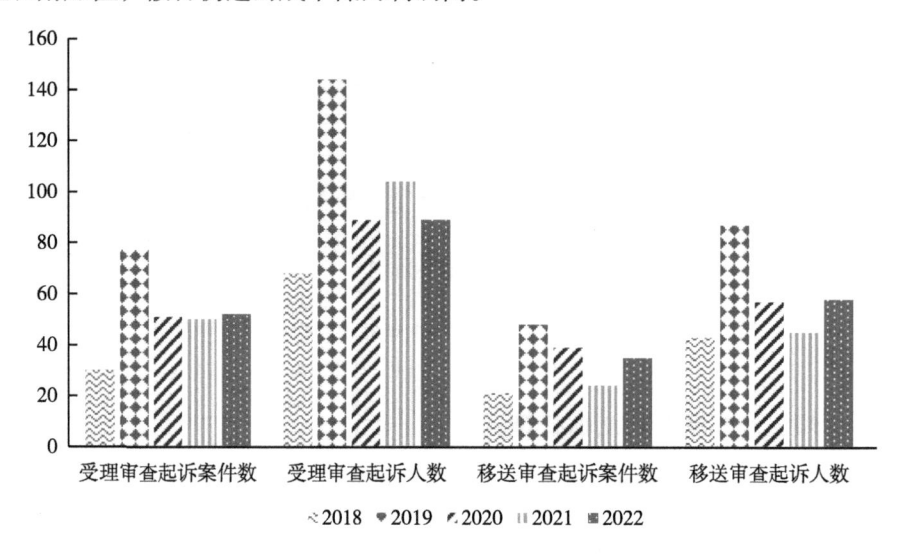

图6-2 内蒙古自治区2018—2022年审查起诉案件数量图

（三）知识产权行政司法保护情况

呼包鄂乌知识产权部门基本形成知识产权行政保护和司法保护"双轨制"的制度。对于知识产权的行政保护，根据法律规定就有关知识产权的行政行为实施司法复审，纠正违法者。行政诉讼是一种对行政主体权利进行监督的重要方式，它既是一种对诉讼主体权利的实现方式，又是一种对行政行为进行有效监督的方式。知识产权行政诉讼往往与知识产权的民事司法保护案例相伴而生。呼和浩特市法院与市场监督管理局等多家行政部门联合建立知识产权纠纷多元化解机制，在内蒙古自治区知识产权保护中心成立知识产权诉源治理工作站和知识产权保护联络点，从源头化解知识产权矛盾纠纷。包头市人民法院与市场监督管理局成立"包头市知识产权民事纠纷诉调工作室"，为当事人提供更多快速、便捷的纠纷解决渠道。鄂尔多斯市法院积极与司法局、市场监督管理局、工商联合会等建立知识产权纠纷多元化调解工作机制，不断满足市场主体纠纷解决方式多样化、解决技能专业化、解决渠道多元化需求。乌兰察布市法院依托多元化纠纷化解机制，根据辖区知识产权案件数量小、标的小、案情相对简单的特点，充分发挥"诉前人民调解中心""诉前律师调解中心"的职能作用，从源头化解纠纷。

在呼包鄂乌行政司法保护中，随着互联网技术的快速普及，知识产权案件中涉及网络侵权的案件明显增多。部分著作权案件的审理涉及了"ICP备案制度""经营性网站许可制度""备案IP地址""服务器IP地址"等内容的审查。新技术的不断采用，必然会带来知识产权保护的新问题，此类案件今后会有显著增长。知识产权行政保护合作围绕专利预审、维权援助、专利侵权判定咨询、数据资源共享、业务培训等加强协调联动，重点围绕有效推动地理标志运用促进工程开展知识产权协同保护工作，有效助推知识产权保护工作提质增效，为内蒙古自治区新时代绿色发展知识产权强区建设和高质量发展贡献力量。

二、呼包鄂乌知识产权司法保护协作困境解析

（一）知识产权司法保护能力亟待提升

呼包鄂乌四地法院管辖的知识产权案件数量近年来呈现出逐年增加的趋势。民事检察案件数量提升，行政检察尚属空白，公益诉讼立案较少，重点领域尚未突破。从整体情况来看，案件审理的质量和效率并未得到显著提升。为推进多元纠纷解决机制，积极探索矛盾化解和司法服务新路径，包头市法院曾开展知识产权恳谈会6场次，鄂尔多斯市法院深入各旗区开展巡回审判，但知识产权案件公开听证制

度也没有形成常态化①。司法机关对案件的具体情况和刑罚判决未能深入分析，这导致在处理类似案件时，难以形成统一的法律适用标准。

呼包鄂乌知识产权司法保护机制建设尚未成熟，知识产权案件的源头治理效果还不够显著。一方面是由于知识产权案件数量持续增长，知识产权案件类型日趋多样化，涉及的权利主体和利益关系更为复杂。另一方面，当前知识产权司法保护机制在实践中仍存在不足。因此，需要在上级法院的监督指导、各地法院的大力支持和积极配合以及社会各界的广泛参与下，加强知识产权诉讼诚信体系建设。同时完善的业务考评机制也尚未建立，这在一定程度上影响了知识产权审判工作的质量和效率。建立科学合理的业务考评机制，引导和激励司法人员依法公正办理知识产权刑事案件，为知识产权保护提供有力司法保障。这一举措将有助于遏制滥用权利和恶意诉讼等不良行为，确保知识产权得到有效保护。

（二）知识产权司法保护和行政保护衔接不畅通

呼包鄂乌知识产权行政保护采用多个独立部门管理的模式，知识产权司法保护和行政保护衔接并不通畅。这样的模式常常会造成条块分割的情况，人力、物力无法集中，难以形成一个有效的整体。知识产权种类包括专利、商标、著作权、商业秘密、植物新品种、集成电路布图设计等，分别由不同部门对各种类型的知识产权进行分类管理，并实行单独的行政保护，这使得知识产权管理方面面临着诸多挑战②。鄂尔多斯市法院组织音像著作权集体管理协会与商户代表召开知识产权案件协调会，引导双方签订许可协议，及时纠正市场主体的违法违规行为，同类案件同比下降26.5%。但该案件不仅需要引导音像著作权集体管理协会与商户协调，还需要联动鄂尔多斯市文旅局、市委宣传部门等机关，且该案仅仅涉及侵害作品放映权系列纠纷，其他不同类型的知识产权工作分散在各个独立的部门之间，四个地区经济发展差异也会导致在面对同类纠纷时，存在裁判尺度无法统一的问题，呼包鄂乌知识产权司法保护并没有一个统一的法律制度③。除此之外，知识产权行政执法仍然存在透明度低的情况，因此应当加强知识产权行政执法合作，畅通司法保护和行政保护渠道。正确处理各地区、各部门之间的利益冲突。

以知识产权法律法规为依据和准绳，从呼包鄂乌经济发展的大局着眼，树立知识产权保护的全局意识。只有建立健康良好的知识产权保护大环境，才能为呼包鄂

---

① 李林启，王雅斌.大数据时代数据产权保护制度研究[J].合肥工业大学学报（社会科学版），2023，37（5）：34-41，82.

② 习祎静.知识产权行政执法与刑事司法衔接机制的完善[D].西安：西北大学，2021.

③ 刘丹.知识产权"两法"衔接机制的法律问题思考[D].武汉：中南财经政法大学，2021.

乌经济发展带来长久和持续的推动作用。在执法的各个环节相互支持协作、共同查处，着力构建完善的知识产权跨地区执法协作机制。行政与刑事司法之间的联系不畅需要进一步推动知识产权协同保护常态化、制度化、规范化，构建知识产权协同保护工作格局，从共享数据信息、线索移送、业务协作、交流培训、宣传合作等方面，进一步打通知识产权的全链条保护。推进知识产权领域"蓝天"专项整治，强化知识产权领域信用监管，强化知识产权纠纷调解和行政裁决，完善知识产权纠纷多元化解机制，持续推进行政调解司法确认工作，不断提升知识产权纠纷行政调解和专利侵权纠纷行政裁决能力。加强知识产权涉外风险防控，建立海外知识产权纠纷处理机制，制定海外知识产权风险预警工作指引，为企业创新发展和"走出去"提供有力保障。

（三）司法部门知识产权专业高质量人才缺乏

知识产权司法保护要求优化审判资源配置，全面提升知识产权审判质效。现如今知识产权纠纷案件日益增多，呼包鄂乌各地在办理复杂的疑难案件方面仍有较大的差距，知识产权专业的复合型法官、检察官数量较少，对知识产权法律保护专业的人才提出了新的量和质双重需求，人才储备和梯队建设亟待加强。由于知识产权专业技术性强，加之民事、行政和刑事三类案件在诉讼过程中存在着很大的差别，应当建立专门的机构来处理知识产权纠纷。跨区域、跨行业、检校联动、行政司法全覆盖的理论与实务论坛为业务专家学者、执法司法业务骨干搭建高质量的交流平台，为知识产权综合履职提供更多思路，为服务好自治区经济高质量发展，提供全链条的知识产权保护服务贡献更多法治智慧、法治力量。

目前呼包鄂乌知识产权纠纷案件日益增多，知识产权司法民事、刑事、行政保护在各类案件采证标准上并不一致，导致了数据容易集成受阻。由于司法部门知识产权专业高质量人才严重缺乏，解决措施是设立专门的辅助人员协助办案，并对知识产权案件建立完善的专家咨询制度和专家辅助人参加办案制度。当前，各类知识产权新型案件越来越多，在办案过程中会出现新的技术和新情况，这就要求具有理工科和法学双重背景的复合型知识产权司法保护专业人才在知识产权方面进行更多的研究，同时还要在实际工作中积累经验。知识产权案件专业性强，往往还涉及较为复杂的技术问题，需要查明疑难技术事实，办案中既要把握法律规定的理解适用，也要对技术问题进行识别判断，是知识产权检察工作面临的重大挑战。推进知识产权服务业高质量发展。探索推进知识产权公共服务体系化市场化协同发展，围绕重点产业、大型园区、小微企业建立供需匹配的分层精准服务机制，为各类经营主体服务。动员高校、科研机构、行业组织等社会力量参与公共服务，形成知识产权公共服务叠加效应。

（四）数字检察技术在知识产权司法实践中应用偏少

党的二十大报告指出，为加快构建新发展格局，着力推动高质量发展，要加快建设"数字中国"。数字检察是在"数字中国"建设过程中检察系统探索创新的具体体现，进行数字检察改革，能有效提高中国数字法治水平，为"数字中国"建设提供法治保障①。乌兰察布市法院与检察机关协同开展专项例会等业务技能提升工作，建立了知识产权恶意诉讼数据共享研判制度和线索通报制度，设立了知识产权违法举报通道，但是随着互联网技术的快速普及，呼包鄂乌四地与对于数字技术应用以及加强数字检察对知识产权案件的监督并不广泛。呼包鄂乌的知识产权案件中涉及网络侵权的案件明显增多，如网络购进假冒注册商标的商品又销售该商品②，微信公众号转载文字作品可能侵害著作权，互联网发布广告可能侵害美术作品著作权，在互联网提供歌曲、电影等作品的播放、下载等服务可能侵害作品信息网络传播权，在电商平台销售商品可能侵害商标权纠纷。通过大数据赋能法律监督，数字检察监督效能得到有效彰显。因此加强呼包鄂乌地区对数字检察技术的发展和应用，充分利用大数据整合知识产权司法保护各环节、各部门的数据资源，实现流程的可回溯、查询，加强监督的合法性和完整性，为提升司法人员办案质效提供新路径。

三、完善呼包鄂乌知识产权司法保护的协作路径

加强知识产权检察综合履职，推动完善知识产权保护体系。坚持以办案为中心，延伸办案效果，积极与相关执法部门协作，与呼包鄂乌知识产权保护相关司法部门在案件办理、线索移送、理论研讨、优秀法律文书互鉴等方面加强交流，努力构建优势互补、资源共享的工作格局，健全完善工作机制，创新宣传方式，引导推动知识产权检察工作实效。针对知识产权案件高专业性、高技术性的特点，加强刑事、民事、行政、公益诉讼交叉案件研究，共同协作解决办案难题，为企事业单位排查知识产权保护漏洞，定制"检察方案"防范化解风险。

---

① 陈勇.直辖市"检察一体化"建设研究[J].政治与法律，2023（12）：2-15.
② 于仲君，李卫东，高智恒.高质效基层刑事检察分案机制的构建[J].中国检察官，2023（21）：43-46.

（一）全面推进知识产权综合司法保护

知识产权日益成为经济发展、科技创新和文化繁荣的重要支柱，加强呼包鄂乌知识产权审判协作工作，服务保障知识产权强区建设。因此，需要积极构建常态化的司法协作机制，以形成紧密的合作关系，共同打击跨区域、链条式、产业化的侵犯知识产权犯罪，从根本上解决知识产权问题。建立知识产权协作审判模式不仅可以提高办案效率，还可以增强公众对知识产权保护的信心，为创新创造提供更加稳定和可靠的环境。

（二）加强知识产权司法和行政保护同频共振

呼包鄂乌知识产权司法保护和行政保护应当保持同频共振的模式，推动知识产权两大保护在司法实践中衔接顺畅。立足于各辖区知识产权保护实际，加强与辖区公安机关、检察机关和知识产权保护行政机关的协调联动和密切配合，充分发挥市场监督管理行政执法机关的专业优势和业务能力，在取证、鉴定、判决、执行、监管等方面提供技术支持。充分利用互联网的便捷性、大数据技术的强大分析能力，以及跨区域协作的优势，建立起法院与知识产权局、公安机关、检察院等机关重大知识产权案件信息相互通报机制。这一机制不仅可以实现案件数据的及时移送，还可以让各区域之间实时了解重大案件的办理进度、处理结果等信息[①]。信息共享机制可以加强各地区之间的合作，提高案件处理的效率和效果。

（三）建立健全知识产权专业司法人才体系

呼包鄂乌司法部门解决知识产权纠纷，既要有专业队伍，又要有高质量专业人才。知识产权案件涉及的范围很广，办案难度较大，需要知识产权司法工作人员具备很高的专业技能和综合素质。因此需要将知识产权司法保护方面的专家引进来，充实司法团队，加强对业务培训，同时也要加强专业化能力，创造一个公平、公正的司法环境。知识产权案件往往涉及非常专业的技术领域，需要具备深厚的技术背景和专业知识的人才才能更好地处理，保证为此类案件的侦查工作提供更为专业、精准的技术支撑，从而提升案件的质量与效率。不断优化配置司法力量，加强对知识产权司法队伍的培养与引导，共同开展专业训练，促进资源共享和精品课程的共建共享，并探索实行互派人才交流与学习的机制，促进经验交流，共同提高。在此基础上，加强对知识产权领域的专业人才的培训，能够更好地解决日益增多的知识

---

① 商劲阑.知识产权行政执法与刑事司法衔接问题研究[D].厦门：厦门大学，2019.

产权纠纷和缺乏专业人才之间的矛盾。

（四）完善呼包鄂乌数字检察引领下的类案监督路径

推动呼包鄂乌知识产权数字检察改革的前提是从理念上对传统法律监督的变革。加强检察机关信息化、智能化建设，运用大数据实现案件数据和办案信息的高效运转[①]。推动知识产权数字检察改革的关键就是不断推动检查技术信息化发展，建立健全案件线索信息共享、案件协同合作的办案机制，以数据分析为核心加强推动大数据的运用，做好案件数据整理工作，发挥数据筛选功能形成检察大数据库，从而为类案监督提供数据信息服务。除此以外，还需要加强和其他部门的联合协作能力，一方面要实现与法院之间的数据库互联互通，更新和开发检察信息系统。另一方面也要提高和知识产权行政机关之间的信息互联体系，实现案件信息同步共享，不断提升检察监督水平和能力。通过完善呼包鄂乌数字检察在知识产权领域的类案监督，能够保障司法的公正性，从消费大众权益和环境保护领域发挥检察作用，能够有效监督相关知识产权行政机关依法履职尽责。

检察机关的法律监督属性决定了检察工作比其他司法工作具有更多的主动性和能动性。数字检察作为当今创新法律监督的手段，能够大幅提高法律监督的效率。不断完善数字检查在知识产权司法保护中的应用，能够提高围绕需求导向，助推全面数字检察应用体系的建设，最大化发挥数据价值以保障检察工作高质量发展。

四、知识产权大数据法律监督模型的构建

（一）知识产权大数据法律监督模型构建的价值

数字检察是检察工作现代化的重要依托，大数据法律监督模型赋能知识产权保护，助力传统工作提质增效。目前检察机关作为中国法律监督的主力军，对知识产权案件的监督依然存在着审查形式化、调查表面化、侦查简单化等问题。数字技术依靠数字化流动特性，能够快速挖掘出隐藏在案件中有价值的线索和问题。随着数字技术的不断完善，数字排查和数字监督技术进一步在案件审理中得到应用。利用数字技术，可以对检察案件的线索进行整合，对人员进行整合，打通内设部门之间的业务屏障，使数字流通的活动更加活跃，促进大数据的融通。

知识产权大数据法律监督模型的构建还可以促进检察机关与法院之间的协作配合。通过大数据的实时监测，可以快速准确地获取案件线索，为执法司法机关提供

---

① 谭玉姣. 知识产权检察机构研究[D]. 湘潭：湘潭大学，2018.

更加全面、准确的信息支持和线索引导。推动大数据法律监督模型构建，本着通过应用模型来推进数据赋能，以数据赋能监督，监督促进治理[①]。以呼包鄂乌知识产权大数据为样本，结合知识产权案件集中管辖的工作要求，从专业化办案向多元化服务延伸，推动知识产权大数据法律监督模型构建的完善，全面提升知识产权司法保护工作质效。因此在知识产权司法工作中落实数字司法战略，通过大数据赋能推进法律监督提质增效，是深化知识产权综合履职的重要路径，具有必要性和可行性。

（二）知识产权大数据法律监督模型构建的目标

加大知识产权司法保护大数据监督力度，持续关注企业发展，扩宽检企沟通渠道，推动形成知识产权合力，营造优质的法治化营商环境。充分利用好大数据提升法律监督质效，将数字化能力融入并落实到具体的知识产权法律监督工作中。传统的案件受理和审查模式，仅能从个别信息点中找到个别的法律监督线索，难以发现其中的深层问题。围绕内蒙古自治区的"五大任务"，重点围绕乳业、草种业、新能源等企业，建立知识产权检察保护联系点。通过大数据的筛选、比对和碰撞，可以使原本互不相关的信息点产生交叉和联系，使知识产权犯罪的线索能够清楚地呈现出来，从而有效地发现更深层的监督线索。同时努力建设建模工具平台、数据集纳平台、完善数据元标准建设，循序渐进地在实际工作开展中，从小数据监督逐渐走向大数据监督，从客观实际角度引进技术，推动知识产权法律监督工作的开展。强化知识产权监督为主线，进一步深化呼包鄂乌知识产权大数据智能化建设和应用，推动执法司法质量和效率不断提升，为建设更高水平的呼包鄂乌知识产权保护提供坚实科技支撑。

（三）知识产权大数据法律监督模型构建的内容

在数字化时代背景下，检察监督办案要深入推进检察大数据战略，推动办案模式从"个案为主、数量驱动"向"类案为主、数据赋能"转变，通过数据分析、数据碰撞、数据挖掘发现治理漏洞或者监督线索，依法能动履行行政检察监督职责。

首先，根据呼包鄂乌司法机关以往对知识产权的办案经验进行思路梳理，找出相关的监督点、模型规则和法律依据等，针对知识产权案件，通过内蒙古知识产权大数据监测平台，及时收集和更新辖区内地理标志、版权、商标、植物新品种和集成电路等有关知识产权公共数据资源信息的整理。同时完善知识产权数据进行处理

[①] 焦石逸.中国知识产权刑事保护中加强检察监督职能的司法衔接[D].上海：上海交通大学，2012.

的能力，并增添能够自主地为其提供服务的功能，提高文本解析、实体识别、图文识别等数据智能化处理的方式，从而能够对不同种类的数据进行处理。

其次，利用数字检察建模工具，根据不同类型的知识产权案件进行数据的分类。这一步骤的目的是将具有相似特征的案件归为一类，以便于后续的综合分析和处理。分类的过程中，依据案件类型、涉案知识产权性质、当事人身份等多种因素来进行划分。其中包括对知识产权纠纷案件进行数据信息的综合分析，可以采用数据挖掘、统计分析等方法，对案件数据进行深入研究。目的是深入挖掘案件中的关键信息和潜在规律，在综合分析的基础上，根据数据的重要性、关联性以及案件特点筛选出知识产权案件的关键数据形成数据包。同时也要确保数据包的完整性和准确性，以保证数字检察模型的有效性和可靠性。

最后，使用工具内的可视化规则引擎完成模型规则配置后，工具自动将关键数据与模型规则进行对比和碰撞，发现知识产权案件判决错误的有效监督线索。通过数据比对、数据碰撞等方法，推动对信息的高效筛选与分层，达到智能研判、精准推送的目的。在此基础上，对网络中的元素抽取、全文检索、关联检索、开放式抽取和关系挖掘等进行同步优化，从而在预先设定的数据规则基础上完成对对象的挖掘。通过对数据的研判，可以有效地从海量数据中挖掘出隐含的关联信息。在此基础上，建立包含数据挖掘、分析、探察、筛选等功能的自服务数据分析工具集，协助执法机关开展关联检索、数据比对、高级查询等工作，促进知识产权大数据支持下的法律监督实现由个案监督向类案监督转变。

综上所述，呼包鄂乌地区知识产权司法保护致力于融合履职、模式创新和社会综合治理、协同治理等协作方向。知识产权监督成效不应止步于监督线索发现和案件办理，而是要将办案成效向纵深推进，就知识产权保护中的难点痛点推动社会各方协同共治，融入、服务知识产权保护大局，注重发挥"数字检察"对推进检察工作现代化的重要引擎作用，发掘培养法律加技术复合型人才，推动实现大数据赋能、诉源治理，合作共建新时代绿色发展知识产权强区。

第七章

强化行政执法和刑事司法有效衔接

第一节 优化知识产权行政执法服务

一、加强知识产权管理体制建设

建立统一、规范的知识产权管理体制和标准化、高效的内部管理机制，促进行政执法与民事诉讼、刑事打击等形式相互衔接，实现全面协同治理。完善法律法规，知识产权行政执法要依据相关的法律法规进行，因此需要政府部门加强知识产权保护法律法规的完善，明确权利人的权利、侵权行为的认定以及法律责任等相关规定。政府应该加大培训和引进力度，加强信息资源管理，提高执法效率和质量，便于各个执法部门之间的信息共享和协作。增强行政执法依据的科学性，行政执法依据要有科学、客观、可靠的依据，政府部门应该加强对知识产权侵权行为的调查研究，及时补充执法依据和证明材料。加强知识产权行政执法协调管理，知识产权行政执法工作需要各个部门之间进行协调管理，各个执法部门需要加强行业之间、地区之间、国内外之间的协调与配合，共同推进知识产权保护工作。

二、加强知识产权行政执法人员培训

政府应该加大培训和引进力度，强化基础知识培训，针对刚入行或经验较少的知识产权行政执法人员，可以加强基础知识的培训，如知识产权法律制度、行政执法程序等；加强实战培训，对已经具备一定基础知识的执法人员，可以通过案例分析、模拟执法等方式进行实战培训，加强执法能力和应对实际执法难题的能力；进行知识更新培训，随着知识产权法的不断发展和变化，知识产权行政执法人员需要及时更新知识和了解最新的法律政策，因此可以开展相关的知识更新培训；采取多元化培训方式，可以采用多种形式的培训，如线上培训、现场授课、研讨会等，满足不同人员的学习需求；加强交流与合作，以便获取最新的信息和经验，并且可以开展跨国培训和执法行动，提高执法效率和质量。

三、加强知识产权技术手段应用

加大技术手段的应用力度，建立健全便捷高效的信息平台，推动互联网、大数据、人工智能等技术与知识产权执法的深度融合，提高执法效率和质量。引入高

科技手段，如使用电子取证设备、开展数字取证技术应用、使用人工智能等高科技手段，提升知识产权案件的办案效率和质量。加强数据共享，通过与专业的技术机构和知识产权行政执法机构建立信息共享平台，通过信息化平台、信息互联互通等技术手段实现数据共享。需要建立信息审核机制，确保共享的信息符合法律法规要求，并且经过合法授权和认证。同时，建立信息查询和访问日志，对非法查询和访问行为进行监控和处罚。该技术手段需要确保信息的安全和保密性，避免数据泄露和滥用，共享知识产权领域的技术及相关标准，保护知识产权方面的案例和经验。提高司法人员的技能和水平，针对不同类型的知识产权案件，开设不同类型的专业知识培训，提高司法人员的技能和水平，使其能够更好地应对技术性和复杂的案件。建立与专业技术机构的合作机制，司法机关要积极与各省市知识产权技术服务中心、相关领域的专业技术机构、大学和科研机构建立合作机制，共同推进知识产权技术手段的应用。实行海量数据的接入，建设专业领域的知识产权数据平台，整合知识产权信息资源，提供便捷的数据查询和处理服务，有效地提高了司法机关的数据管理和利用水平。

四、强化知识产权行政保护的职能配置和机构设置

行政执法职能配置和机构设置上仍然存在问题，存在知识产权部门分散、职能重叠的情况，主要由市场监管、公安、海关、税务、知识产权局等多个部门分别承担，导致部门分散、职能重叠，难以形成有效协作，影响了行政执法效果；执法力量不足、执法标准不一，行政执法机构缺乏足够的执法力量和专业知识，无法有效打击知识产权侵权行为。不同执法机构的执法标准和执法惯例也存在不一致的情况，导致执行难度大，执法效果不佳；缺少有效的协调机制，现行的知识产权保护行政执法机构之间缺少有效的协调机制，无法形成有效合作和信息共享，导致行政执法力度不够，侵权行为难以得到有效遏制。

要解决以上存在的问题，降低重复建设和资源浪费，明确知识产权行政执法机构的职责和权限，政府应当明确知识产权行政执法机构的职责和权限，明确执法职责和执法方式，避免执法失范和超范围执法的问题，同时，要建立健全知识产权行政执法工作的内部机制。增强执法力量和专业水平，应该增加执法人员数量。加强协调和信息共享，应该建立和完善信息共享机制和协调机制，促进各执法机构之间合作，形成联合打击知识产权侵权行为的合力。完善法律法规制度，应该完善知识产权保护相关法律法规制度，规范知识产权侵权行为的认定标准、执法程序以及处罚力度等，提高执法的可预测性和可操作性。加大对知识产权行政执法工作的投

入：政府应当适当增加对知识产权行政执法的投入，包括增加执法人员数量和执法经费，提高执法人员的待遇和培训水平，加强执法设备的更新和维护等。只有这样才能够提高行政执法的效率和质量。加强执法监管，对于侵犯知识产权的行为，要严格执法监管，加大执法力度，加强对违法行为的打击和惩罚，维护知识产权的合法权益。促进调解和仲裁机制的建立，除了采取行政保护措施外，还应该加强知识产权的调解和仲裁机制，通过诉调合一的方式解决知识产权纠纷，提高知识产权保护的效率和质量，为企业和社会提供更好的知识产权保护服务。

五、加强公众参与和监督

建立完善知识产权行政执法公众参与和监督机制，民间组织、企业、专业领域人士等可积极参与行政执法。加强信息公开，知识产权执法部门应该加强信息公开，扩大公开的范围和内容，使公众更清晰地了解知识产权执法的实际情况。举办培训和宣传活动，知识产权执法部门可以通过举办培训和宣传活动。接受公众投诉和建议，知识产权执法部门应该设立公众投诉和建议渠道，及时接受公众的投诉和建议，及时给予回应并积极采纳合理的建议。引导公众参与执法，知识产权执法部门应该加强与公众的沟通和互动，引导公众参与执法行动，共同维护知识产权的合法权益。建立监督机制，知识产权执法部门应该建立严格的监督机制，加强对执法人员的监督，确保执法行动的公正和透明。

第二节　强化知识产权行政执法与司法协同保护

一、强化知识产权行政执法与司法协同保护的重要性

知识产权行政执法与司法保护是对知识产权保护的两个主要手段，在保护知识产权的过程中协同配合非常重要，强化行政执法与司法协同保护可以形成相互补充、相互促进的保护机制，并能够更全面地监督和打击知识产权侵权行为，提高整体保护水平。知识产权的侵权行为可能发生在各种场合和环节，在维权过程中，行政执法和司法保护可以根据不同情况和需要挑选最合适的方式进行维权，更好地达到权利人的维权目的。相比较，行政执法和司法保护在解决知识产权侵权纠纷的方式有所不同。行政执法是一种管理性的解决方式，具有快速处理的特点，司法保护

则相对较慢，但具有法律效力的特点。因此，强化知识产权行政执法与司法间协同保护可以快速处理一些简单的侵权行为，减轻法院的压力，同时采取司法保护的方式解决纷争复杂的案件。行政执法和司法保护在实践中不断发现和解决知识产权保护机制方面的问题，为知识产权保护机制的完善提供了实践经验和法律依据。总而言之，通过建立信息共享机制、加强沟通协调、完善法律法规、强化培训宣传等方法，可以维护知识产权权益，推动协同保护工作的深入开展，为知识产权保护事业健康发展提供有力保障。

二、构建案件协调联动和线上线下快速协查工作格局

建立线上线下快速协查工作机制，建立由国家知识产权局、公安机关、检察机关、司法机关等部门组成的快速协查工作机制，协力打击网络侵权行为，加强各方之间的协作和信息共享，提高行动迅速、打击准确的效率。同时，加强执法力量的建设，配备更多的专业技能和知识产权保护意识的执法人员，提高行政执法和司法保护的效率和水平。加强信息化建设，通过信息化手段建立知识产权保护的监管平台，实现线上线下的快速协查。建立精准定位的技术体系，对侵权行为的具体情况进行监测和定位，以便于准确抓捕侵权人员。同时，建立一套完整的知识产权保护信息管理系统，精细发现、严厉打击各种知识产权侵权行为，让违法者无处藏身。及时发现和解决知识产权保护中的问题。同时，合理规定行政执法与司法保护的职责和权限，形成彼此之间相互补充、相互促进的保护机制，提高整体保护水平。加强专业人才建设，通过培训和考核等方式，提高执法人员和法官的专业技能，完善专业执法队伍和司法工作人员的职业培训和日常工作。总之，构建知识产权案件协调联动和线上线下快速协查工作格局是当前知识产权保护的必要要求。必须坚持知识产权保护的工作机制创新，优化知识产权保护的组织结构，加强知识产权保护的技术手段和执法与司法力量的建设，从而打造一个更加完善和协同的知识产权保护体系。

三、建立行政执法与司法审判信息共享机制

要想充分发挥行政执法与司法之间的协同保护，就要建立良好完善的信息共享机制实现信息共享，可以使行政执法和司法审判之间相互了解对方的工作情况，共同协作，互相支持，从而完善知识产权保护机制。当权利人发现知识产权被侵犯后，可以通过行政执法和司法审判两个渠道同时保护权利，使维权效率和成本得到提高，可以让双方共享侵权案件的信息、证据和判决结果，减少重复劳动和浪费司法资源，同时提高对案件的质量判断和裁决水平，更好地保护权利人的知识产权，

可以让行政执法与司法审判在维权过程中相互协同，从而减轻因为寻求司法维权而产生的成本，可以让相关部门和机构对知识产权保护和维权的顺利开展提高防范意识。通过建立在线系统、共享数据库等形式建立信息共享平台，实现知识产权行政执法机关、司法审判机关之间信息共享的目的，以提高执法效率和司法精度；为了方便信息共享，需要推动数据标准化，对涉及知识产权行政执法和司法审判的各项数据进行规范和标准化，确保数据的互通性和适配性，降低数据共享的门槛和成本；建立信息共享机制，需要制定详细的共享流程和标准，包括信息收集、处理、分析、传输、使用等方面，优化信息共享流程以确保信息共享的系统化、规范化和安全性；在知识产权行政执法和司法审判方面的法律法规中，应增加对信息共享机制的要求和规范，明确知识产权行政执法机关和司法审判机关在信息共享过程中的职责和权限；行政执法机关和司法审判机关应加强信息技术处理能力的提升，进一步深化数字化转型，紧跟信息化发展的步伐，提高信息共享的效率和质量。

四、明确行政执法和司法保护的职责和权限

要想强化行政执法与司法保护之间的协同就要加强两者间的衔接与配合，合理规定行政执法与司法保护的职责和权限。通过法律、行政法规或其他规定，明确行政执法机构和司法机关在知识产权保护中的职责和权限，从而实现行政执法和司法保护之间的有效配合，加强司法人员的专业能力培养。通过执法、司法人员培训、教育和实践活动等方式，加强行政执法和司法保护人员对知识产权保护的知识和法规的学习和了解，提高行政执法和司法保护人员的专业素质和能力。建立知识产权审判案件协作机制，加强跨行政区域或行政执法机构和司法机关之间的合作，共同解决落实知识产权保护中的问题和难点，针对不同的知识产权侵权行为，采取最合适的方式进行维权，强化行政执法和司法保护之间的协同作用。

五、促进行政保护与司法保护侵权判定标准科学协调

对于知识产权行政执法与司法保护的侵权判定标准要进行科学协调，因为知识产权侵权带来的损害后果各不相同，有些案件不能通过司法途径解决或者司法救济不足，所以就通过行政手段予以保护，对其侵权判定标准，要科学划分，不同程度的侵权行为划归不同的惩治手段。中国已加入《世界知识产权组织公约》等与知识产权保护相关的国际公约，可以吸收先进的国际标准，借鉴国际上的《TRIPS协定》等知识产权保护标准，建立本国的知识产权保护侵权判定标准。侵权判断应当遵循法律原则，如优先原则、实质原则和公正原则等，不断强化司法保护的公正性，避

免因行政执法和司法保护之间的差异而造成侵权判断的失衡。行政执法和司法保护在侵权判断中需借助证据,因此需要注重完善和规范证据收集、保存和使用的体系,确保证据的充分性、合法性和可信度,可以共建证据共享平台。在侵权判断中,行政执法和司法保护可以借助专业评估机构的意见,提高侵权判断的科学性和准确性,从而更好地科学协调知识产权行政执法与司法保护的侵权判定标准。

六、强化知识产权行政执法力量

增加知识产权行政执法和司法保护的执法人员数量,完善其专业技能和知识产权保护意识,建立专业的知识产权行政执法部门,招聘专业的执法人员,加强知识产权保护法律知识的培训和学习,提高执法部门的专业性和技术水平,提高行政执法和司法协同保护的效率和水平。随着知识产权侵权行为的不断变换和升级,执法部门也需要不断创新执法方式和方法,提高对新型侵权手段的识别能力和打击能力,执法部门是最容易接触的部门,其与大众的衔接度最高,所以自身也要不断学习以应对新型情况的出现,通过自身的监管和检测手段也能够更快地发现侵权情形,对侵权行为迅速给予打击,同时将属于司法保护的案件及时转交移送,强化知识产权行政执法队伍与司法机关之间的沟通和配合,更有效地保护知识产权。

第三节 知识产权侵权纠纷的司法审判与行政处理有机衔接

一、知识产权侵权纠纷的司法审判与行政处理有机衔接的重要性

知识产权侵权纠纷不仅依靠司法审判解决,也依赖于行政执法手段,司法审判与行政处理之间存在的缺乏协调与有机衔接会导致知识产权保护的不完善,对权利人的维权产生负面影响,可能给权利人带来巨大的经济损失,而司法审判和行政处理的不协调和不及时会导致权利人的损失被无法及时赔偿或追回,从而导致权利人的合法权益得不到充分保护,行政执法和司法审判之间的协调和有机衔接,可以最大限度地发挥作用,对于知识产权侵权行为起到威慑、惩戒和保护权利人的作用,对于一些比较简单的侵权行为,采用行政处罚的方式可以快速地解决,而一些侵权纠纷可能较为复杂,需要通过司法审判加以解决。两者相互衔接,可以在保护知识

产权的过程中有效提高保护效率，行政执法和司法审判在实践中不断发现和解决知识产权保护机制方面的问题，加强两者之间的衔接，对知识产权保护事业具有重要意义。总之，实现知识产权侵权纠纷的司法审判与行政处理有机衔接的重要性体现在提高知识产权保护的效率，必须强化司法审判与行政处理的衔接，形成有机衔接、协同推进的知识产权保护体系。

二、加强知识产权侵权纠纷的司法审判与行政处理有机衔接

建立知识产权保护监管和协作机制，包括信息共享平台、制定执法指南、建立执法联合工作等，密切关注知识产权侵权行为的动态，加大对违法侵权行为的查处和打击力度，保障知识产权的合法权益。优化知识产权管理体系，增强知识产权的登记和管理工作的互联互通。

推进电子化和信息化。利用物联网、大数据、区块链等现代技术，建立完善的知识产权保护体系和数字信息授权体系，促进行政执法和司法保护的更高效、更科学和更智能化，针对不同的知识产权侵权案件，建立统一的信息管理系统，通过信息共享和信息整合，提高案件处理的效率，加强对侵权行为的检测和打击，加强电子证据采集和保全，采用先进的电子证据采集和保全技术，建立可追溯可证明的电子证据链，使法律证据更具有可靠性和有效性，有助于证据在不同部门间的转交。加强对侵权行为的监管和打击。建立知识产权侵权行为的智能检测系统，对网络、市场、生产、出口等方面进行监控和巡查，及时发现和打击侵权行为。

完善知识产权法律制度，加强知识产权法律制度和实践中的衔接，提高行政执法和司法保护之间的各项制度的协调性，有效发挥两者作用，保护知识产权，明确司法与行政执法的职责边界，政府可以通过发布相关的指导性和规范性文件，对此加以明确，制定明确的惩罚措施。执法机关应建立更加紧密的合作机制，促进执法机关之间合作、协调，强化司法效应，提高司法有效性，坚决维护知识产权的合法权益。

内蒙古对于农畜产品品牌知识产权行政保护的法规规章仍有待完善，如没有制定针对名优产品的专门保护法规或规章，而是仅依据国家《商标法》等法律法规进行保护，还需要加强相关法律法规的制定和完善。对于内蒙古农畜产品品牌的保护力度还有待加强，虽然对于农畜产品品牌在本地区的保护已经有一定的重视和处理，但在制定具体措施方面还有差距。目前内蒙古管辖下的市场监管机构在知识产权行政保护工作中还需要加强，以提高实际执法和监管能力。内蒙古对于农畜产品品牌知识产权的行政保护在社会宣传和意识提升方面还有不足，需要加强对名优产品知识产权保护重要性的普及，提高消费者和企业的知识产权意识，树立完善的知

识产权保护理念。内蒙古可以参照其他地区的经验，研究制定针对农畜产品品牌知识产权保护的专门规章或法规，明确农畜产品品牌知识产权的保护范围和保护措施，对内蒙古农畜产品品牌的数量、品质、保护现状、市场占有情况等进行综合调查和分析，找出存在的问题和障碍，明确农畜产品品牌保护的宗旨和目标，如维护农畜产品品牌权益、促进农畜产品品牌与经济发展的紧密联系、提高农畜产品品牌知名度和信誉度等，制定保护农畜产品品牌的原则，包括保护权益、公平公正、依法治理、宣传推介等，明确制定保护农畜产品品牌条例的主要内容，比如针对农畜产品品牌，制定特别保护措施和政策，如优惠税收、金融扶持等，有关农畜产品品牌商标权的保护，明确农畜产品品牌保护的措施和程序，如举报方式、责任追究等，建立农畜产品品牌保护的监督机制和管理系统，加强对农畜产品品牌的监管和维护。保护条例需经过内部审批程序，并具有法律效力，能够依法惩处侵权行为，保护农畜产品品牌的合法权益。同时需要加强对条例的宣传推广和监督管理，确保其有效实施。建设以加强农畜产品品牌保护为目标的农畜产品品牌知识产权保护中心，为品牌的产业化和知识产权的保护提供支持，设立内蒙古自治区名优产品评审认定委员会，加强对内蒙古自治区农畜产品品牌的评审认定。除了依靠政府的行政手段对农畜产品品牌知识产权实施行政保护外，企业和行业协会应当加强行业自律，加强对自身品牌知识产权的保护，通过公共教育等方式加强对农畜产品品牌知识产权保护的意识和培养，制定属于自身的行业规则，当然仍然需要行政手段对其不足进行整改，对其进行方向性引导。

检察院在司法与行政衔接中属于重要主体，检察院可以依法监督行政执法机关，对其依法行使职权的情况进行检查，特别是对知识产权侵权的行政执法行为进行监督，确保行政执法的合法、公正、有效。对于知识产权侵权案件，检察院可以依法介入诉讼，维护社会公共利益，保障知识产权的合法权益，帮助司法机关更加全面、客观地审理案件。对于知识产权案件中的相关法律问题，检察院可以提供法律意见和咨询，协助权利人和行政执法机关理顺办案思路，确保案件依法受理和处理。检察院可以通过开展知识产权检察工作，及时发现和预防知识产权侵犯行为。总之，检察院通过监督行政执法、介入诉讼、提供法律咨询和开展知识产权检察工作等手段，在知识产权司法保护与行政执法衔接方面发挥了重要的作用。

依法履行职能，严惩侵犯知识产权犯罪，维护公平正义，保护创新者的权益。审判机关需要认真审核注册商标申请，确保授予商标注册人的商标符合注册条件和法律规定。同时，如果商标专用权被侵权，审判机关需要及时受理维权诉讼，例如商标的盗用、仿冒、伪造等行为，审判机关需要审理和解决商标权纠纷、商标侵权案件，采取适当的法律措施，如承认商标侵权行为、判处侵权人停止侵权行为并给予赔偿等，保护农畜产品品牌的商业利益和形象，也需要保护未注册商标的品牌权益。例如，通过侵权行为在消费者心目中建立了一定的知名度和商誉的品牌可以得到无形资产的保护，同时也可以通过不正当竞争保护法保护商誉权益。对于情节严重的达到知识产权犯罪程度的要严厉打击，加大惩处力度，审判机关可以依据《刑法》《商标法》《反不正当竞争法》等法律规定，对侵犯农畜产品品牌知识产权犯罪加以惩处，包括对侵权人员进行刑事处罚，比如有期徒刑、罚金等，对单位进行行政处罚，比如罚款、没收违法所得等。审判机关可以根据知识产权法相关法律规定，对侵权行为造成的经济损失进行赔偿。同时，还可以酌情处罚损害赔偿金，强化侵权人员侵权违法成本意识，进一步减少侵权行为发生。为了保护农畜产品品牌知识产权人的合法权益，审判机关可以相应地减轻证明责任，当农畜产品品牌知识产权人对侵权事实形成相当的证明证据时，审判机关可以认定农畜产品品牌知识产权人所主张的侵权行为事实确认。审判机关可以协助行政执法部门加大执法力度，配合行政部门进行查处，同时，也可以向社会公开侵权案件的判决结果和罚款处理情况，形成对侵权行为的震慑作用。总之，审判机关对于侵犯农畜产品品牌知识产权犯罪的打击需要依法依规、全方位进行，提高赔偿标准、减轻证明责任、强化执法力度等手段可以有效控制和打击侵权行为，保护农畜产品品牌及其知识产权。

司法行政机关在知识产权司法保护与行政执法衔接方面，发挥着关键的作用，加强行政、司法与社会各方面之间的协作，推进知识产权保护工作的有效开展。司法行政机关通过知识产权司法保护与行政执法衔接平台为社会提供知识产权司法保护与行政执法相关咨询服务，帮助公众及业界更好地了解相关政策法律，司法行政机关在知识产权司法保护与行政执法的衔接领域中，通过数据共享机制，及时传输涉案信息，减少处理案件的时间。司法行政机关在行政机关侵权管辖权方面起到审查、协调与指导作用，并就管辖权范围问题提出内部复查，确保行政机关依法行使知识产权行政执法职权。在行政执法与司法保护之间出现矛盾或不一致的情况下，司法行政机关依法协调，保障知识产权案件的依法合理处理。在此过程中，司法行政机关会与行政机关及司法机关进行磋商或调解以达成最优解决方案。司法行政机关在知识产权司法保护与行政执法之间衔接领域中，加强与各相关机构之间的沟通与协调，确保相关工作的质量与效率。同时，司法行政机关还会及时吸纳社会各方面的反馈与建议，推动相关工作的不断优化。

知识产权行政执法机关在对知识产权司法保护与行政执法的衔接方面发挥了重要作用，同时也为后续的司法保护提供了基础依据，促进了知识产权的有效保护。

知识产权行政执法机关通过执法检查、巡查和投诉举报等方式，发现和打击知识产权侵权行为，起到了及时制止知识产权侵权行为的作用。知识产权行政执法机关在行政执法过程中，可以收集有关知识产权侵权行为的证据，并开展调查取证工作，可以向权利人提供知识产权侵权行为的证据，帮助权利人加强维权，可以依法对知识产权侵权行为做出行政处罚决定，起到震慑侵权者的作用。知识产权行政执法机关发现涉嫌犯罪或者情节严重的知识产权侵权行为，可以向司法机关移送案件，为后续的司法保护提供依据。

明晰自身的职责、建立完善的信息数据共享平台、各部门积极交接案件，部门间明晰各自的职责可以防止部门间面对案件互相推诿或重复性处理案件，减轻了案件处理的压力和工作量，同时也可以发挥部分部门的监管职能，让各部门间积极履行职责，减轻"挂案"的情况。信息数据共享平台可以让案件有关的多方机关单位便于履行自身的职责，行政机关与司法机关之间共享知识产权信息数据可以避免信息的重复性采集，提高信息采集效率，有效地传递和共享信息，加强信息的对接和整合，减少误判和漏判的情况，以提高知识产权保护的水平，更加全面、准确、及时地把握市场和产业的动态，降低行政和司法成本。积极交接案件可以使案件及时得到有效的解决，检察院的主要职能就是对行政机关处理的案件中属于司法手段予以解决的摘出，让行政机关积极移交案件及案件材料，及时维护权益人的利益，充分发挥检察机关在维权护优中的作用。

第四节　共建知识产权综合保护体系

一、落实知识产权司法保护责任

知识产权行政执法与司法之间的有机衔接不可避免地会涉及大量的部门机构，各个行政部门与司法部门之间人员和工作都需要进行协调，使其拧成一股绳，这就需要有领头人担负起统筹协调知识产权保护的责任，国家机关中负责协调管理国家法律事务的专门部门，需要全面考虑各方利益，推动相关各方协同配合，有效地协调、管理和监督知识产权保护工作。通过加强制度建设，扩大知识产权法律保护范围，实现知识产权的更好保护，进一步增强国家的知识产权保护力度，政法委定期对知识产权保护情况进行监控、评估和调查，对发现的问题和不当行为及时进行指导和监督，以确保知识产权保护工作的有效开展。

建立健全工作机制，对知识产权保护工作进行政策研究和指导，研究制定相应的政策措施，加强知识产权司法保护的政策、法规、规章和标准等，确保知识产权司法保护工作在法律框架内开展，解决实际问题，促进知识产权保护工作更加规范有序，与相关部门建立联系机制，做好协调配合工作，及时解决知识产权保护中的相关问题。政法委还可以建立知识产权协调小组，并加强与司法机关的信息互通，实现行政执法与司法保护的有机协调，积极推动知识产权立法工作，强化各部门的知识产权保护水平和意识，督促各部门工作的积极推进。推动知识产权司法保护的改革，包括改善司法环境、加强司法人员队伍建设、改进司法审判流程等，提高知识产权司法保护的效率和质量。通过组织领导、政策指导、协调配合、推动立法和开展宣传教育等措施，统筹协调知识产权保护工作。

细化统筹协调知识产权保护的工作，设立专门组织或机构成立知识产权保护工作领导小组，由专门的人负责具体工作的协调和统筹，确保知识产权保护在政法委系统内得到重视和推进各部门之间积极沟通，及时协调工作，共同制定和实施知识产权保护的政策和措施，避免工作重心分散、工作任务重叠，需要根据各自的职责和工作特点制定明确的责任分工方案，明确各自的工作任务和工作重点，确保工作的高效运行，各部门之间需要加强信息共享和人才交流，组织开展内部培训和交流活动，提高知识产权保护工作的质量和效率，定期开展知识产权综合司法保护工作评估和总结，总结工作经验和不足，及时调整工作策略，推动知识产权保护工作的健康发展，通过以上措施，政法委可以更好地细化有关知识产权保护工作的统筹协调，推进知识产权保护工作的全面开展。

二、面对侵权行为公安机关应及时立案

知识产权侵权涉及的技术领域广，在进行侵权案件的调查方面，知识产权违法犯罪常具有易隐藏、技术含量高等特点，使得侵权行为调查难度较大，对于不同性质的知识产权侵权行为，公安机关在依法定罪量刑方面存在疑虑，公安机关会因为技术存在复杂性以及取证的难度大而发生"挂案"的现象，公安机关"挂案"后可能很长时间不能受理案件或长时间审理案件，导致案件不能得到及时的处理，这对知识产权权利人的权益是有损害的，而且公安机关"挂案"后会提高办案成本，耗费更多的资源和人力，增加了办案的成本和复杂度，同时会对社会产生不良影响，一旦面对知识产权侵权，"挂案"习惯就会破坏行业市场的稳定性，所以对于此种现象必须进行规制。

有效解决知识产权侵权的挂案行为，首先，公安机关内部应该自查，不能遇到

不好处理的、复杂的案件就使其处于悬而未决的状态，若公安机关内部确实缺乏相关经验以及专业型人才，可以针对知识产权引入相关人才或定期聘请知识产权领域专家进行交流合作，不能再以案件复杂、证据难以采集等为借口而"挂案"。其次，公安机关应该建立信息技术资料库，建立国家级信息技术资料库，加强相关技术和信息系统的互通共享，提高侵权行为或犯罪线索的获取渠道，建立联合打假机制，公安机关与行业协会、品牌方等单位建立联合打假机制，形成知识产权保护合作共同体，与其被动面临难以处理的情形，不如主动出击，增强打假力度，减小调查难度，建立知识产权专家咨询小组，为公安机关技术治安部门提供充分全面的法律和技术咨询，提高对专业的判断能力，在知识产权案件的定性与定罪中发挥重要作用，公安机关与司法机关密切配合，及时推动审判标准化。再次，检察机关应该发挥其检察作用，对于发现的公安机关"挂案"现象适当提出建议，督促其依法立案或撤销案件，尤其是知识产权相关案件有很大的变化性，尤其是证据的采集方面，如果没有得到及时的处理，案件可能会越发地难以解决，证据也会更难采集，实际上是加大办案难度的，特别是有些知识产权案件可能会涉及公益诉讼，所以检察机关要及时对公安机关的"挂案"现象进行监督。最后，知识产权权利人可以对公安机关的立案进行监督，如果发现公安机关对其案件进行了"挂案"处理，那就要及时采取救济手段解决。公安机关在处理知识产权案件时需要根据实际情况及相关法律，采取有效的措施，加大对知识产权犯罪的打击力度和依法治理力度，为知识产权保护提供有力支持。

三、加强行政管理和监督执法协同

切实加强知识产权执法保护措施，健全了侵权假冒商品溯源机制，并推出一系列遏制生产、销售侵犯商标权、专利权商品和假冒伪劣商品的措施，依法查处并侦破了很多大案要案和典型案件，依法查办一批重大案件、典型案例，对盗版、假冒伪劣行为进行了有力的打击。需要有力地打击各种形式的侵权，为市场的公平竞争、消费的安全创造条件。强化特殊措施的运用。加大对展会和电子商务等方面知识产权保护的执法力度。充分发挥司法保障的主体作用，要健全行政执法和司法保障相互补充和有机衔接的机制。要根据区域特色和知识产权案件的多少，健全知识产权法庭的运行机制，坚持"三位一体"的理念，对于恶意侵权要依法惩处。向侵犯知识产权的人索赔。加强网络监管，加大对网络侵权和盗版的力度。完善知识产权侵权风险预警和预防机制。协助企业开展知识产权违法犯罪活动，并将相关企业和个人信息录入"信用内蒙古"的基础金融资料库。加大对专业市场的监管力度，对重点专业市场设立专项执法队伍，开展常态化执法检查。对正在兴起的行业和领域的创新，加大对知识产权的保护力度。建立健全植物新品种、生物遗传资源、传统知识与数据库等法律法规体系。做好地理标志的定量分析工作，构建地理标志的管理体系。建立知识产权保护法律实施的协助制度和申诉制度。对志愿者进行培训，建立网络平台对重点行业等的知识产权保护进行服务，支持并引导律师事务所、公证处等对知识产权保护工作进行全面指导。总之，需要各个部门和机构共同努力，加强协作和沟通，不断探索和总结经验，共同推进法治建设与实践创新。

四、健全知识产权协调工作机制

建立政府主导、多部门参与的综合协调机制，涉及知识产权保护的立法、执法、司法等方面，需要政府主导并多部门参与协调，建立起综合的协调机制，形成各部门的合力，落实知识产权保护的政府主导责任，该机制应当具备高层领导关注、部门协同配合的特点。完善行业协调机制，建立行政机关、行业协会、专业服务机构等共同参与的知识产权行业协调机制，制定行业标准和规范，行业协会依托行业优势和专业知识，可以为知识产权保护提供很多支持和帮助。政府可以对行业协会参与知识产权保护工作进行引导和支持，建立协同机制，共同推进知识产权保护工作。加强司法与非司法机构的协调，建立起知识产权行政执法司法机构、仲裁机构和民间组织等之间的协调机制，形成相互支持、协调配合的知识产权保护体系，并提高效率和效果。完善知识产权权利人参与机制，知识产权权利人是知识产权保护工作的最重要的参与方，应当建立知识产权权利人参与机制，让权利人可以及时、有效地通报涉案的情况，以便政府及时采取措施，保护权利人的合法权益。建立知识产权保护信息库，为协调工作提供信息支持，可以建立知识产权保护信息库，收集和汇总知识产权保护的相关信息，包括侵权信息、维权信息和行政执法信息等，为工作的决策和制定提供准确全面的支持，建立起知识产权保护的信息化平台，提高知识产权保护的透明度和效率，包括公开信息、依法授权、数据统计等。

建立定期沟通联络制度，畅通信息共享渠道，这是加强知识产权保护的重要举措，了解企业对知识产权保护的需求，确定建立知识产权定期沟通制度的目标和宗旨，并建立制度文件，明确制度的内容、参与人员、沟通方式和时间等细节内容，制定制度需要得到企业高层支持和重视，通常定期沟通涉及部门较多，需要各个部门的积极配合，不仅是企业，定期沟通联络制度也适用于各个行政部门、司法部门之间，收集关于知识产权的相关信息和数据，并按照主题做好分类，并了解各部门今后的创新计划和知识产权保护需求，以及当前存在的问题和挑战，为制订沟通计划做好准备。依据企业与政府各部门的实际情况,制订知识产权沟通计划,建立信息交流、技能培训、资源共享、合作合同签订等多种渠道的常态沟通机制,及时关注存在的问题和困难,各单位可以指定专人或委员会负责监督制度执行情况,同时还可以对知识产权相关内容和进展情况以及成果做好记录,从而方便各单位更好地评估并优化沟通计划,以提高创新和知识产权保护水平,选择可靠的信息共享渠道,在企业和单位内部可以采用内部邮件、内部网络等工具,跨企业与部门之间可以采用会议、联合研发等方式,保证信息的安全性和及时性,为了确保信息的保密性、完整性和可靠性,需要建立信息的管理机制,明确信息的来源、流转和消费者,设立信息监管岗位,加强信息管理的质量控制。总之,建立知识产权定期沟通制度,畅通信息共享渠道需要充分考虑内外部环境和相关利益主体的需求,制定明确的沟通内容和目标,并建立信息管理机制,积极推进知识产权的应用等,从而实现知识产权的保护与利用的有机结合。

建立行政执法与公检法司证据标准联席会议制度要确定联席会议的组织机构、职责、会议程序、决策方式以及会议涉及的具体问题等内容,联席会议应该由各方代表组成,包括行政执法部门、公安机关、检察机关、法院、知识产权行政执法部门等相关部门的代表,以及专家学者等知识产权领域内的专业人士,在确定联席会议的议程时,可以考虑将知识产权保护的热点问题和重点问题作为会议的重要议题,确定联席会议的工作方式,联席会议可以采取定期召开会议、发出联合公告、配合联合执法等方式进行工作。加强法律、法规和标准的制定和修订,联席会议可以通过对中央有关部门已发布的法律法规和标准的制定及修订工作进行加强,制定出更全面、更贴近实际的标准,以更好地保护知识产权。会议的职责是制定和统一证据标准和案件处理流程,目的是加强协调和合作,保证案件处理的公正性和合法性。要制定证据标准和案件处理流程,联席会议制定证据标准和案件处理流程应该明确合法证据的认定标准,统一移交案件的程序和标准,根据不同的案件类型和证据来源,制定不同的认定标准和流程,保证案件移交的公正性和有效性。实施联席会议制度应该实行长效机制,在工作中不断总结经验和改进措施。加强信息共享和沟通协调,共同推动证据标准和案件处理流程的不断完善。

建立行政执法与公检法司证据标准联席会议制度,需要着眼于实现证据标准和案件处理流程的统一,及时提供相关信息,保证证据和信息的准确性和全面性,减少因证据和信息不统一而引起的移交和处理延误。确定立案标准和证据认定标准的标准化制度,根据不同的案件类型和证据来源,综合各方意见,制定一套适应不同案件和证据的标准体系,确保证据认定的公正性和客观性。加强实践和法律研究,在工作中探索和总结证据认定标准和法规适用等方面的经验，不断完善统一证据标准和案件处理流程。完善相关法律制度和机制，建立相应的问责机制，对于违反证据标准和案件处理流程的人员严肃处理，加强内部管理和教育培训。

第五节　典型案例：内蒙古农畜产品品牌知识产权纠纷

一、通辽市扎鲁特旗市场监管局查处侵犯"蒙牛"注册商标专用权案

"蒙牛"是内蒙古知名品牌之一，具有专业的打假专员，企业应具备知识产权维护体系，才能有效防止侵权行为的发生。2022年5月，通辽市扎鲁特旗市场监督管理局依法对扎鲁特旗鲁北镇某批发部进行检查，发现当事人从沈阳蒙牛事业部常温成品库购进1000箱"现代牧业"纯牛奶，同时自行印制2000个带有"蒙牛"商标标识的纸箱，然后将"现代牧业"纯牛奶分装在印有"蒙牛"商标标识包装箱内进行销售。至案发时，当事人共分装1147箱，并以每箱34元价格销售793箱。现库存"蒙牛"商标标识包装箱纯牛奶354箱，"现代牧业"商标标识纯牛奶522箱。之后当事人主动收回市场上带有"蒙牛"商标标识包装箱的纯牛奶261箱。通辽市扎鲁特旗市场监督管理局认定当事人行为构成商标侵权行为。2022年7月11日，该局依据《商标法》作出行政处罚，没收615个印有"蒙牛"商标标识的包装箱，罚款8万元。在处理侵犯商标权案件中，可以不通过诉讼程序解决，由市场监督管理局等行政机构进行行政处罚，也能达到处罚、警示以及教育作用，节约诉讼成本。

二、内蒙古某商贸有限公司侵害贵州某酒业股份公司商标权案

内蒙古某商贸公司未经贵州某酒业公司许可，在其店招门头及店内装修装潢突出使用了第284519号"茅台"商标及第3159143号图形商标及"茅台体验馆"字样。商贸公司的经营范围包括酒类的销售，且酒类包含在涉案上述注册商标的核定使用商品之内，商贸公司的行为客观上容易引起相关公众误认为其本身或者其经销的产品与酒业公司或其关联公司之间存在特定的联系。酒业公司认为商贸公司侵犯了其商标权，遂在呼和浩特市中级人民法院起诉。商贸公司辩称，对于原告主张其在门头上使用了"茅台"标识无异议。但原告请求的赔偿数额过高。被告已经更换了门头，且由于门前修路，被告店面平时都是关门状态，一个星期只有一天开门。

最终法院认为，商贸公司未经商标专用权人的许可，在其经营的店面门头及室内装潢的显著位置上均突出使用了与涉案第284519号、第3159143号注册商标相同的"茅台"标识。鉴于商贸公司的经营范围包括酒类的销售，且酒类包含在涉案上述注册商标的核定使用商品之内，商贸公司的行为客观上容易引起相关公众误认为其本身或者其经销的产品与酒业公司或其关联公司之间存在特定的联系，依照《中华人民共和国商标法》第五十七条之规定，其行为已构成商标侵权。因商贸公司举证证明其已停止在店招上使用"茅台"标识，但未举证证明其是否停止在室内装潢中突出使用上述标识，故对酒业公司主张商贸公司停止在室内装潢中突出使用"茅台"的请求予以支持。关于商贸公司是否应承担消除影响的侵权责任，无证据表明商贸公司的行为对酒业公司的商誉或正常生产经营造成了不良影响。

该案中被告在店门、装潢及产品上盗用了原告的"茅台"标识，是一个侵犯商标权类案件，在侵犯农畜产品品牌知识产权的案件中，侵犯商标权案件占据了很大的比重。所涉及的贵州茅台是典型的农畜产品品牌，在全国范围内都有很大的影响力及知名度，因此该案具有侵犯农畜产品品牌商标权的典型意义。该案例中被告商贸公司盗用"茅台"标识所生产的产品是酒类，与酒业公司生产产品类别相同，故构成侵犯注册商标专用权。

三、贵州安顺某雪糕公司假冒注册商标案

"绿色心情"是内蒙古某乳业公司（以下简称乳业公司）于2004年注册的商标，注册号为第3568582号，该商标核定使用的商品范围为第30类：冰激凌、冰棍、冻酸奶（冰冻甜点）。"绿色心情"商标自2004年注册至今已近20年，乳业公司生产的绿色心情雪糕自上市以来，销量一直在全国遥遥领先。2017年12月，安顺某雪糕公司开始生产"绿色好心情"雪糕，其生产的"绿色好心情"雪糕与乳业公司"绿色心情"雪糕在包装袋外观视觉上基本无差别，足以对公众产生误导。

2018年1月至2020年6月，安顺某雪糕公司将其生产的"绿色好心情"雪糕销往贵州、四川等地，销售金额为65.19余万元。乳业公司的打假专员发现安顺某公司销售上述雪糕的情况后，便向公安机关报案。案发后，公安机关查获安顺某公司尚未销售的假冒雪糕。中级人民法院作出一审判决，以假冒注册商标罪判处被告单位罚金。检察机关在办理侵犯注册商标类案件时，能促进刑事追诉与民事赔偿融合履职，在追诉被告人刑事责任的同时，积极推动被告人与权利人达成民事侵权赔偿和解协议，及时挽回权利人遭受的经济损失，推动侵权纠纷实质性化解。

第八章
知识产权助力农畜产品品牌高质量发展

祖国正北方的内蒙古，有着得天独厚的自然资源禀赋和区位优势，为深入贯彻落实习近平总书记考察内蒙古的重要指示批示精神和交给内蒙古的"五大任务"，自治区以区域品牌为带动，以企业品牌为主体，以产品品牌为基础，以"蒙"字标认证为牵引，努力打造"蒙"字标品牌。目前"蒙"字标已经成为具有鲜明内蒙古特色的区域品牌，受到社会各界和广大消费者的关注和认可，品牌辨识度、美誉度和影响力不断提升，获证企业经济社会效益显著增长，区域品牌价值不断增强，其品牌带动能力、品牌溢价能力、品牌辐射能力成效明显。内蒙古特色区域品牌取得阶段性成效，知识产权助力农畜产品品牌高质量发展。

第一节　构建内蒙古地区知识产权协同保护体系

构建具有"大协同效应"的知识产权保护系统。牢固树立保护知识产权就是保护创新的理念，构建并完善知识产权"严保护、大保护、快保护、同保护"的政策体系。要加强对知识产权的整体管理，要进一步完善知识产权的法律制度。全面贯彻落实双方合作会商议定事项。充分利用厅际联席会议制度，综合运用多种手段，发挥多主体作用，积极探索知识产权纠纷解决多元化渠道和能力建设，积极推进知识产权纠纷解决机制的合理化，设立一系列的知识产权执行和支援工作场所，设立快速执行中心。积极参与知识产权争议的解决，加强知识产权信用监管和惩戒力度。推动建立知识产权保护数据交换机制，对重复侵权、在国家企业信用信息公示系统（内蒙古）中对企业的恶意违法行为及其他严重失信行为进行收集并依法予以公开。对于在企业征信过程中出现的侵权、不诚信等问题，依法采取司法程序、行政裁决、行政处罚、抽查检查、联合惩戒等方式。要对企业的知识产权侵权情况进行整理，并将其公布在国家企业信用信息公示系统（内蒙古）中，将可能受到的行政处罚或刑事责任的知识产权侵权情况，及时告知社会。内蒙古自治区在促进区域经济社会发展中，积极探索建立区域协调发展新格局的实践经验，是值得肯定和借鉴的。在对知识产权进行保护和运用的过程中，不能只把重点放在区域协同上，更要把重点放在产业技术攻关，产业集群发展，上下游产业链的深度协同，金融、法律等协同与交流上，从而提升知识产权的竞争能力，将知识产权的基础打牢，打造一个知识产权强国。要提高知识产权与区域发展的联动效应，就必须对区域内有比较优势的行业进行战略定位。强化知识产权的顶层设计，健全知识产权的保护机制，激发产业的动能，凸显创新的特点，形成发展的合力，推动知识产权的保护和运用与区域的产业现代化、创新和创业的良性互动。

内蒙古地区部分城市具有一定工业基础且富有自身特色，通过企业的注册与规划指导，有效地促进该地区的传统制造业向高新技术、智能制造的转变，提升该地区的核心竞争力，使知识产权的发展效率得到最大限度的发挥。知识产权是一种激励和保障创新的机制，它能够充分调动市场主体的活力，增强产业的竞争力，增强社会的创造力。强化对知识产权的保护与使用，要将其作为最终目的，以达到真正的效果，巩固基础，扬长补短，促进创新链、产业链与价值链的深度融合。在强力推进自主创新、加快节流任务的过程中，在战略层面对重点领域和科技前沿的知识产权动态进行系统的分析和挖掘，应用层面把知识产权作为突破关键技术的武器，要形成以知识产权为武器，对关键技术进行突破的合力。要把知识产权作为支撑，形成全产业和全产业链的合力，推动关键技术突破。将知识产权的保护和实施与金融、法律等专业服务协同进行，汇集知识产权保护的所有利益相关者，创新方法和手段，构建多方参与的知识产权"大保护体系"。将知识产权的创造、转化、运用、管理和维护等各个环节贯穿其中，通过知识产权抵押贷款和证券化等方式，将金融资源引入知识产权的有效运用中，从而构建起知识产权的高效使用机制，推动基于知识产权的农牧业发展。

通过制定和完善知识产权保护政策，为知识产权的创造、运用、管理和保护提供法律保障和政策支持。通过制定和执行严格的知识产权法律法规，加大侵权行为的惩罚力度，提高违法成本，降低维权成本。建立健全知识产权服务体系，包括知识产权咨询、评估、交易、维权等环节，为企业提供全方位的知识产权服务。同时，推动知识产权服务机构的发展，提高服务质量，降低服务成本，为企业提供更加便捷、高效的知识产权服务。鼓励企业进行技术创新，提高自主创新能力，增加自主知识产权的数量和质量。通过加大研发投入，推动产学研合作，促进技术创新成果的转化和应用，为知识产权保护提供坚实的技术支撑。加强产业链上下游企业之间的协同合作，共同打造知识产权保护的良好生态。推动知识产权的共享和转化，促进产业链的优化升级，提高整个产业的竞争力。加强与国际知识产权组织的合作，积极参与国际知识产权规则的制定和修订，推动国际知识产权保护的完善和发展。同时，加强与其他国家和地区的交流合作，共同打击跨国侵权行为，维护国际公平竞争秩序，为企业创新发展和国家的经济发展提供有力保障。

第二节　创新内蒙古地区知识产权运用

创新内蒙古地区农畜产品品牌知识产权运用是一个重要而紧迫的任务，对于推动内蒙古的经济社会发展具有重要意义。完善知识产权政策体系，制定和完善与内蒙古地区经济社会发展相适应的知识产权政策，包括专利、商标、著作权等方面的政策，为创新活动提供有力的政策保障。加强知识产权培训和宣传，通过各种渠道和方式，加强知识产权培训和宣传，提高内蒙古地区企业和个人的知识产权意识和保护能力。推动知识产权转化运用，鼓励和支持内蒙古地区的企业、高校、科研机构等加强知识产权的转化运用，推动创新成果的市场化、产业化，实现知识产权的价值最大化。加强知识产权保护和执法，加大对侵犯知识产权行为的打击力度，加强知识产权保护和执法，维护创新者的合法权益，为创新活动提供有力的法治保障。推动知识产权国际合作，积极参与国际知识产权合作和交流，学习借鉴先进的知识产权管理和保护经验，推动内蒙古地区的知识产权创新运用与国际接轨。建立知识产权创新运用平台，为创新者提供知识产权交易、融资、评估、咨询等一站式服务，促进知识产权的流通和利用。加强知识产权人才培养，重视知识产权人才的培养和引进，加强知识产权相关专业和领域的教育和培训，为内蒙古地区的知识产权创新运用提供人才支持。

一、加大知识产权运用促进体系建设

随着知识产权在内蒙古经济社会发展中的重要性日益突出，加强内蒙古知识产权保护运用体系建设，对于促进创新创造、优化营商环境、推动经济高质量发展具有重要意义。鼓励在呼和浩特市、包头市、鄂尔多斯市等开展知识产权一体化管理的试点工作。加快发展知识产权服务产业，加大市场开放力度，实施"增加知识产权服务点"计划，设立并发展各类知识产权服务点，设立并发展商标代理点、商标律师事务所。扩大服务范围，构建"互联网+知识产权"的新型服务系统。鼓励在科技开发区、经济技术开发区、海外留学生创业园、众创空间建立知识产权信息咨询服务组织。建设军民共享的知识产权应用服务系统。优化知识产权审查流程，提高审查效率和质量。加强审查人员的培训和管理，提高审查工作的专业性和准确性。推动知识产权审查工作的信息化、智能化发展，提高审查工作的效率和质量。

建立健全知识产权保护管理机制，完善知识产权登记、审查、维护、管理等环节的工作。加强知识产权管理机构的建设和管理，提高知识产权管理的专业性和科

学性。推动知识产权管理与科技创新、成果转化等工作的深度融合，提高知识产权的转化运用效益。积极参与国际知识产权规则制定和修改工作，提高内蒙古在国际知识产权事务中的话语权和影响力。推动内蒙古与其他国家和地区的知识产权交流与合作，共同打击跨国知识产权侵权行为。加大知识产权保护宣传力度，提高全社会对知识产权重要性的认识和尊重。加强知识产权培训工作，提高企业和个人的知识产权保护意识和能力。推动知识产权保护知识纳入国民教育体系，培养全社会尊重和保护知识产权的良好风尚。通过加强知识产权保护运用体系建设，为创新创造活动提供有力保障。建立健全创新激励机制，激发企业和个人的创新创造活力。加大对创新成果的保护力度，为创新成果的转化运用提供有力支撑。加强知识产权的转化运用工作，推动知识产权与产业、金融、科技等领域的深度融合。建立健全知识产权交易平台和服务机构，促进知识产权的转让、许可、质押等交易活动。推动知识产权与科技项目、人才培养等的有机结合，提高知识产权的转化运用效益。

综上所述，加大内蒙古知识产权保护运用体系建设是一项长期而艰巨的任务。需要政府、企业、社会各界共同努力，形成全社会共同参与、齐抓共管的良好局面。通过不断完善法律法规体系、强化执法监督力度、提升审查授权效率、健全保护管理机制、深化国际合作交流、加强宣传培训力度、激发创新创造活力、促进知识产权转化等措施的实施，推动内蒙古知识产权保护运用体系不断完善和发展，为内蒙古经济社会发展提供有力支撑。

二、开展点对点精准对企服务

根据内蒙古企业专利公开总量、高价值专利申请量数据及区域产业特色，面向战略新兴产业、自治区重点产业、专精特新、小巨人企业、生物和新材料产业领域企业等方面企业筛选单位，制定《点对点精准对企服务方案》，通过现场调查深入企业，对知识产权发展状况和需要进行全面的了解，从而帮助公司明确知识产权工作思路和发展方向，找到一条与自己需要相适应的维权途径。随着知识产权在企业发展中的重要性日益凸显，为企业提供点对点的知识产权精准服务已成为推动创新发展的关键一环。通过深入了解企业的技术研发、产品创新、市场竞争等情况，评估企业的知识产权现状、潜在价值及风险，为企业制定合理的知识产权管理策略提供科学依据。在评估基础上，为企业提供专利申请的专业指导。根据企业的技术创新成果，制定申请策略，协助企业撰写高质量的专利申请文件，提高专利授权的成功率，有效保护企业的创新成果。根据企业的技术发展方向和市场需求，合理规划专利布局，构建完善的知识产权保护网，确保企业的核心技术和创新成果得到有效保护。为防范潜在的知识产权侵权风险，通过定期监测市场动态、分析竞争对手的专利布局和侵权行为，及时发现潜在的侵权风险，为企业制定应对策略提供有力支持。一旦发生知识产权纠纷，为企业提供法律维权支持。通过专业的法律团队，为企业提供法律咨询、诉讼代理等全方位的法律服务，维护企业的合法权益，保障企业的正常运营和发展。通过搭建技术转移平台，促进企业与其他机构之间的技术合作与成果转化，推动企业的技术升级和产业升级。为提高企业员工的知识产权意识和保护能力，通过邀请专业讲师授课，提升企业员工对知识产权的认知和理解，培养企业自身的知识产权管理团队。随着国家对知识产权保护的重视，各类知识产权政策不断涌现，为企业提供政策解读与咨询服务，及时解读国家相关政策法规，指导企业合理利用政策资源，享受政策优惠，为企业的发展创造有利条件。综上所述，开展知识产权点对点精准服务企业，旨在为企业提供全方位、个性化的知识产权服务，帮助企业更好地管理和保护创新成果，推动企业的持续创新和健康发展。以专业的服务团队和丰富的行业经验，为企业提供最优质的服务和支持。

三、提升农牧企业专利申请质量与效率

在当今的知识经济时代，专利申请不仅是保护技术创新的重要手段，更是企业核心竞争力的体现。对于农牧企业而言，提升专利申请的质量与效率，不仅能够促进企业的技术创新，还有助于形成品牌效应，提升市场竞争力。农牧企业应当积极营造创新氛围，鼓励员工提出创新意见和建议。通过定期举办创新培训、设立创新奖励机制等方式，激发员工的创新热情，培养创新意识。企业应建立完善的专利管理制度，包括专利申报、审查、维护、维权等各个环节的规范流程。明确各部门职责，确保专利管理工作的高效运转。农牧企业应与高校、科研机构等建立紧密的研发合作关系，共同开展技术研究和创新。通过资源共享、优势互补，提升企业技术研发的整体水平。企业应结合自身的技术优势和市场需求，制定合理的专利布局策略。既要注重核心技术的保护，也要关注外围技术的布局，形成完善的专利保护网。实施专利导航工程，专利导航指的是对产业发展结构和技术创新方向进行分析，明确产业发展和技术研发的轨迹，在科技研发、产业规划、专利利用等活动中，利用专利信息等信息资源，从而提升决策的科学性。运用专利资讯作为科技研究与开发、产业规划与专利使用等资讯来源，以提升科技发展与产业发展的科学性。加强专利预警分析，通过对市场、技术动态进行定期分析，发现潜在的专利风险。企业应加强专利预警分析，提前制定应对策略，避免陷入专利纠纷。提升专利申请撰写水平，企业应重视专利申请文件的撰写质量，加强专利申请人员的培训和

指导。通过提升专利申请撰写水平，提高专利授权的成功率。加快专利审查流程，企业应积极与专利审查机构沟通合作，了解审查流程和标准。通过合理规划申请时机、补充完善申请材料等方式，加快专利审查流程，提高专利授权效率。强化专利维权保护，企业应建立健全的专利维权机制，加强对专利权的保护。对于侵权行为，企业应积极采取法律手段进行维权，维护企业的合法权益。综上所述，提升农牧企业专利申请质量与效率是一项系统工程，需要企业从多个方面入手，持续推动技术创新和专利管理工作的发展。只有这样，农牧企业才能在激烈的市场竞争中立于不败之地。

四、重视农畜产品地理标志和地理标志商标申报工作

"十三五"时期，内蒙古自治区地理标志商标排名全国第12，5件地理标志产品率先加入中欧地理标志保护协定，国务院将内蒙古依托地理标志推动特色经济发展作为成功案例在全国推广。农畜类地理标志在省域内具有比较优势。通过推动品牌战略的实施，以及区域公用品牌的建立，为创造品牌的企业提供知识产权方面的服务。了解有关盟市地理标志优势产业，借助行业协会的力量，用商标品牌富农、地理标志兴农的方式，对地理标志进行挖掘、培育、保护，以此来提升内蒙古的区域品牌定位。

农畜产品地理标志和地理标志商标不仅是农畜产品品质和特色的象征，更是地域文化和传统工艺的传承。加强农畜产品地理标志和地理标志商标的申报工作，对促进农业和畜牧业的发展，提升农产品的市场竞争力，保护地方特色文化和传统工艺具有重要意义。地理标志和商标能够为农畜产品提供独特的标识，帮助消费者识别和购买到具有特定地域特色和品质的农产品，从而增加农产品的市场竞争力。农畜产品地理标志和商标往往与地域文化和传统工艺紧密相连，加强申报工作有助于保护和传承这些宝贵的文化遗产。地理标志和商标的申报能够带动农业和畜牧业的标准化、规模化和品牌化，促进农业和畜牧业的持续健康发展。

通过制定和完善与农畜产品地理标志和商标申报相关的法律法规，为申报工作提供有力的法律保障。建立专门的申报机制，明确申报流程、标准和要求，确保申报工作的规范性和有效性。通过各种渠道和方式加强农畜产品地理标志和商标申报的宣传和培训，提高农民和企业的申报意识和能力。加强对农畜产品地理标志和商标的监管和保护，打击侵权行为，维护消费者的合法权益。只有不断完善法律法规、建立申报机制、加强宣传培训和强化监管保护等多方面的努力，才能推动农畜产品地理标志和商标申报工作的健康发展，为农业和畜牧业的持续健康发展注入新

的动力。通过加强内蒙古地区农畜产品品牌知识产权创新运用，推动创新成果的市场化、产业化，为内蒙古的经济社会发展注入新的动力。同时，也可以提高内蒙古地区企业和个人的知识产权意识和保护能力，营造良好的创新氛围。

第三节　加强内蒙古知识产权保护人才队伍建设

一、内蒙古知识产权人才队伍建设重点任务

第一，完善知识产权专业人才培训制度。对企业的知识产权人才培训工作，制定年度计划，并监督执行。要采取多种措施，重点是加强知识产权保护、知识产权代理和咨询服务。每年对在内蒙古工作的专利代理人开展一次集中的岗位培训，并与获得执业资格的专利代理人及代理机构对接，为其安排工作岗位，促进其在内蒙古工作，丰富内蒙古地区的专利代理人队伍。

第二，打造可信赖的知识产权人才培养体系。目前，内蒙古已建有专门的知识产权教育培训基地。内蒙古工业大学成立的知识产权培训基地时间较长，结合学校自身的特点，进行知识产权教育。内蒙古财经大学成立的知识产权培训基地，充分发挥其在知识产权方面的专业优势，充分利用学校现有的教学资源，将其与民族医药保护、地理标志保护、民族传统产业开发相结合，构建出一套有特色、有针对性的知识产权培训中心。内蒙古科技大学知识产权培训中心，拥有1500平方米的办公场所，可以为政府机关、行业协会、企业等单位提供知识产权方面的培训、交流等服务。此外成立"知识产权教育中心""创新创造及专利实务"等，以培养同学的创新思维，掌握专利的基本原理、保护方法和申请方法。同时，依托工程类高校的优势，以其多年的教学经验和教师队伍为依托，积极与国内外相关高校进行知识产权方面的交流与合作。

第三，加强内蒙古地区知识产权司法人才的培养是提升知识产权保护和执法水平的重要举措。建立健全内蒙古地区的知识产权司法人才培训机制，包括开展专门的培训课程、研讨会和研究活动等。这些培训活动可以涵盖知识产权法律、案例分析、执法技巧等方面的内容，提高司法人才的专业素养和实践能力，不断加强培训，把发展列入年度考核，并不断地组织交流培训和庭审。加强师资队伍建设，为司法人才提供专业指导和培训。同时，与高校、研究机构等合作，开展知识产权领

域的教育和研究，培养更多的专业人才。

第四，加强实践经验积累，为知识产权司法人才提供更多的实践机会，例如参与实际案件的审理和调解，积累实际操作经验。同时，加强与知识产权行政执法机关、企业等的合作，推动知识产权案件的快速解决，提高司法人才的案件处理能力。与其他国家和地区的知识产权相关机构、律师事务所等建立合作关系，学习借鉴其先进经验和做法，拓宽视野，提升司法人才的国际化水平，为知识产权司法人才的培养提供社会支持和合作环境。

第五，搭建知识产权公共教育服务平台，为知识产权人才与用人单位之间搭建起一座桥梁。并为企业和企业之间的合作搭建桥梁。加大与中国知识产权培训中心的合作力度，为党政机关、企事业单位、科研院所、大专院校、知识产权服务组织等提供实时网络授课服务，加强知识产权人才交流培养。

进一步加强和北京、上海、广州、江苏等地区的协作，并在这方面建立起一套多边协作机制。加强知识产权方面的合作和人才的交流。国家知识产权管理机构可以每年向当地政府推荐有才能的人员，为当地政府提供知识产权咨询服务，以促进当地经济的发展。为国内及海外的杰出人才提供知识产权方面的培训。通过对国内外优秀人才的培训与教育，加强企业同公共管理部门与法律保护部门之间的沟通，从而共同提升对知识产权的保护与应用。与国内及海外的有关知识产权方面的研究单位进行交流，并定期举行各种有关知识产权方面的专题讨论会。

二、加强知识产权专业技术人员培养

加强知识产权人才工作，营造尊重知识、尊重人才的浓厚氛围。一是要强化组织领导，提高工作质量。在内蒙古自治区级联合办公体系下，贯彻落实《知识产权强国建设纲要（2021—2035年）》，组建专责办公室，形成地区协作体系，将各地区的职责、人员、资源等进行整合，并由内蒙古专责办公室具体负责组织实施。建立季报制度，每季度召开一次知识产权人才建设协调会议，每个部门根据各自的工作职责，将工作成果记录在案并写出工作总结，提出下一步的工作方案，为内蒙古的知识产权人才建设作出贡献。二是加大经费投入。财政部门要按照内蒙古自治区知识产权专业技术人员的构成情况，拨出专门的资金，同时鼓励企事业单位、科研院所、大专院校、职业技术学院每年拨出一定比例的专项资金，用于知识产权人才的培训和推广工作。支持企事业单位、科研院所积极开展国家有关部门的人才培养计划和科研项目。三是加大宣传力度。内蒙古地区知识产权人才发展缓慢，其根本原因在于广大群众对知识产权的认识不足。知识产权局与人才局要充分利用日常的工作机会，加强对知识产权局人才的宣传，让全社会的人认识并积极参加。同时，借助"4·26世界知识产权日""中国专利周"等活动，对内蒙古地区的知识产权人才进行宣传，对知识产权人才进行表彰和激励，形成尊重知识、尊重人才的良好氛围，为内蒙古的知识产权人才提供有力的支持。

第四节 推动内蒙古农畜产品品牌高质量发展

"蒙"字标引领内蒙古生态优质农畜产品高质量发展。内蒙古，作为中国的重要农畜产品生产基地，其独特的地理环境和气候条件赋予了这片土地丰富的生态资源和优质的农畜产品。为了进一步推动这些生态优质农畜产品走向全国、走向世界，内蒙古探索出一条以"蒙"字标认证打造"蒙"字标品牌的新路子。"蒙"字标认证不仅是一个品牌标识，更是内蒙古农畜产品高质量发展的重要保障。它以区域品牌为带动，以企业品牌为主体，以产品品牌为基础，通过更大的公信力平台，推动本地品牌崛起。这种认证体系不仅体现了内蒙古的地理特色、资源优势、生态优势，还体现了内蒙古农畜产品的品质和文化内涵。目前，"蒙"字标已经建立起完整的标准体系，这些标准的制定和实施，为内蒙古农畜产品的品质提供了有力保障，也为消费者提供了更加安全、健康、美味的食品选择。强化品牌执法保护，为内蒙古农畜产品的高质量发展提供有力保障。总的来说，"蒙"字标认证已经成为内蒙古生态优质农畜产品高质量发展的重要支撑。随着这一认证体系的不断完善和推广，内蒙古的农畜产品将更好地走向全国、走向世界，为全球的消费者带来更多的健康与美味。

一、推进知识产权强国建设试点示范工作

知识产权是促进知识产权创新和增强实体经济核心竞争力的关键。内蒙古在推进知识产权强国建设试点示范工作方面，坚持以习近平新时代中国特色社会主义思想为指导，以及中央和国务院关于知识产权工作的决策部署。内蒙古注重知识产权保护工作，确保对侵权行为的快速、有效处理。内蒙古还致力于完善知识产权创造、运用、保护、管理和服务体系，以推动知识产权工作整体提升，为内蒙古的经济社会发展提供有力支撑。

内蒙古在推进知识产权强国建设试点示范工作方面取得了显著的进展，部分城

市和旗县已入选国家知识产权试点示范名单，如包头市被确定为国家知识产权强市建设试点城市，鄂尔多斯市鄂托克旗和兴安盟突泉县被确定为国家知识产权强县建设试点县。这些地区的入选体现了内蒙古在知识产权保护和运用方面的积极努力。

一系列措施包括出台知识产权助力科技"突围"的政策，加快推进《内蒙古自治区地理标志促进和保护条例》立法工作等。在知识产权公共服务方面，内蒙古也取得了重要突破。例如，中国（内蒙古）知识产权保护中心的成立，为内蒙古的知识产权保护提供了重要的平台。同时，内蒙古还建立了"1+N"模式的知识产权公共服务（保护）平台，并加快完善内蒙古知识产权公共服务（保护）平台及其站点建设，为创新主体提供了便捷的知识产权服务。总的来说，内蒙古在推进知识产权强国建设试点示范工作方面取得了积极的进展和成果，为知识产权强区建设提供了有力支撑。内蒙古将继续加大知识产权保护和运用力度，为经济高质量发展作出新贡献。

二、提升品牌建设保障力度

开展"蒙"字标认证，形成"蒙"字标产品标准体系。制定《农畜产品区域公用品牌建设要求（地方标准）》《农牧业品牌评价规范（农畜产品区域公用品牌、企业品牌、产品品牌）》团体标准。发布《内蒙古区域公用品牌影响力报告（2023）》《内蒙古农牧业品牌价值评价信息宣介》，健全品牌指标体系和重点职业目录指引。推进专业化服务平台建设，建成"内蒙古优质绿色农畜产品展销中心"。组建"内蒙古农牧业精品品牌培育专家组"和"内蒙古农牧业品牌建设"教授工作站，扩充主席质量奖评审专家数量。产品精深加工能力弱、产品附加值低、消费者辨识度低、差异化特征不足成为长期困扰当地品牌发展的突出问题。对此，需要组织专家力量充分研判，抓住"蒙"字标认证的"保障品质、传递信任"的核心价值这个牛鼻子，强化"蒙"字标认证依法传递信任的价值理念。通过认证传递品牌信任和价值，为内蒙古好产品"正名、清源、树榜"。通过研制发布"蒙"字标认证团体标准，涉及羊肉、牛肉、牛奶、玉米、大豆、马铃薯等优势特色产业，打造具有创新意义的高标准体系和认证体系，建立起符合自身发展特点的"蒙"字标联盟认证体系，从运行机制层面上保证认证工作制度化、常态化可持续发展，推动形成"蒙"字标优势特色产业集群，发挥引领示范作用，奠定高标准产业基础。

三、扩展品牌推介宣传多样性

为解决内蒙古自治区农畜产品品牌"养在深闺人未识"的堵点，精心分析研究破解问题的思路和举措，探索出一条"以'蒙'字标认证打造'蒙'字标品牌"，让内蒙古"闺中宝"以"蒙"字标"身份证"走出大草原的新路子。为了推进国家重要农畜产品生产基地建设，加大内蒙古优质农畜产品宣传推介力度，举办"内蒙古农推官"选拔大赛，在全球范围内招募、选拔、培养、认证一批内蒙古农畜产品推广专业人才，形成合力推介家乡好产品的态势，组织获聘"农推官"开展宣传推介活动。力争每个旗县都能够评选产生"内蒙古农推官"并颁发聘书，农推官将个人风采与家乡丰富的农牧资源相结合，为家乡代言、为家乡好物开拓销路。通过拍摄录制大赛宣传短片，制作大赛海报，在视频号、微博、抖音、快手开通大赛活动话题，在国家级、自治区级以及商业平台等媒体平台进行宣传发布，提高选拔大赛活动知晓度。参赛选手以"农畜产品"、"和美乡村"、家乡特色"农牧产业"等为主题制作推荐视频，介绍家乡优质特色农畜产品、宜居宜业和美乡村（家乡），在视频号发布参赛视频，深入农村牧区开展"我为家乡代言"等宣传活动。通过招募、选拔、培养一批优质农畜产品推广代言人，形成宣介家乡好产品的矩阵和热潮，推动"直播+电商""电商+产业"等新模式向农牧业延伸、往农村牧区覆盖，实现品牌和营销的双赢、一二三产融合发展，更有力地促进农牧民增收致富。

邀请品牌建设领域有实操经验的专家举办培训班。结合区产业特点为企业提供品牌建设思路，面对面开展诊断解决企业品牌发展中遇到的实际困难，组织品牌会客厅请成功企业家为同类型企业传授品牌建设成功经验，举办设计大赛，集思广益，为企业提供更多更优品牌设计方面的思路。从"中国产品"到"中国品牌"，内蒙古地理标志品牌如何高质量发展，需要积极参加中国品牌日活动（图8-1），推动内蒙古知名品牌走向世界舞台。截至2023年，累计有2800余家企业参展，历届中国品牌日活动期间，线上线下参观超670万人次。推进"深化品牌创建"系列宣传报道，介绍各地持续推进品牌建设的主要做法和成功经验，讲述内蒙古全面推动品牌高质量发展的生动实践，以"蒙"字标认证打造品牌，让"闺中宝"走出大草原。

通过参加"中国品牌日"活动，充分挖掘"蒙"字标优品的品牌价值，讲好内蒙古农牧业品牌故事，推动形成一批影响力大、带动性强的优质品牌，做优做强农牧业品牌，助力国家重要农畜产品生产基地建设。截至2023年，建成自治区农畜产品展销中心、乌梁素海分中心，授权挂牌山东、江苏、辽宁、浙江4个省级营销中心和79个门店，组织开展22场"内蒙古 草原情"直播助农专场活动，直播销售近7亿元，京蒙协作六个"倍增计划"有力推进，"京蒙百企情"带动近150亿元的京资入蒙，"绿品出塞"推动消费帮扶208亿元。

图8-1 中国品牌日标志

2023年，《质量强国建设纲要》（以下简称《纲要》）正式出台，《纲要》38次提及品牌，对品牌建设工作作出重要部署。品牌是质量的体现，质量和品牌犹如一枚硬币的两面，互为依托，交相辉映。《纲要》不仅将"增强企业质量和品牌发展能力"列为八大重点任务之一，还将"中国品牌建设工程"列为7个专项工程之一，充分体现了中国对品牌的高度重视。《纲要》的27项重点任务中，不仅把品牌要素中的"质量"提到了战略高度来打造，还专门提到了"品牌建设"。如今，"中国品牌日"系列活动已经通过线下和线上两种方式常态化开展，活动内容也已经发展为包括论坛、展览等多种形式在内的综合性活动。开启中国品牌建设新征程，促进质量强国建设。

质量建设是品牌建设的一部分，质量发展的成果也能体现在品牌上。《纲要》系统性地从质量基础设施建设、质量治理体系、质量发展目标等方面对质量强国建设提出了相关要求，也为品牌建设指明了目标和方向。《纲要》是中国式现代化建设中十分重要的纲领性文件，其中对品牌建设的擘画高瞻远瞩，意义非凡。没有品牌的强大，就没有中国式现代化。《纲要》实施以来，全国各地区、各部门、各行业全面贯彻落实，推动各项部署落实落地，重大工程扎实有力推进，重点行动取得积极成效，重要工作机制持续优化，质量政策制度不断健全。《纲要》以专栏形式部署的7个重大工程，其中品牌建设工程取得积极进展，培育和打造"吉致吉品""好品山东""湖南名品""江苏精品"等一批区域公用品牌。品牌建设是一项系统工程，需统筹兼顾，形成政府搭台、企业参与、大众受惠的可持续品牌培育机制。新时代中国品牌建设的新征程上，必须把每一天都当作"中国品牌日"，持之以恒抓质量、创品牌，坚定不移建设质量强国、品牌强国。

依据《纲要》《国家发展改革委等部门关于新时代推进品牌建设的指导意见》等，举办质量品牌故事大赛，引导企业加强品牌管理体系建设，为增强企业国际竞争力和塑造良好品质形象提供展示平台，提高自治区质量品牌管理水平，推动经济高质量发展。内容涉及质量品牌故事演讲、征文、微电影、短视频。价值力：品牌知名度、客户满意度、美誉度在行业内领先；充分体现品牌价值，巧妙传播品牌理念；紧密融合时代特征，有效传递正能量。内容性：有鲜明的主题和清晰完整的情节脉络；内容逻辑严密，有效输出信息且紧扣主题；不同场景间连贯，节奏恰到好处，过渡设计巧妙；品牌在故事中发挥关键作用，品牌扮演的角色推动故事发展。感染力：故事主题或场景设计引人入胜，作品语言生动，有力吸引观众注意力；故事的情感真实细腻，能够被充分理解并产生强烈共鸣，并引发观众深度思考个性指标。艺术性：视频中的画面美感强烈，音乐与剧情完美融合，服化道精美，艺术精湛。创新力：背景音乐画面具有美感，构图技巧性强；视频剪辑具有较高的技术性及艺术性。表达力：语句流畅，词语生动，句式灵活，文句有意蕴，且结构严谨，条理清晰；内容翔实且有深度，能够以小见大，感情表达充沛，意境深远。表现力：服化道精巧，与故事主题或背景高度契合；普通话标准，自信从容，感情充沛，无停顿及失误。

四、培育区域特色品牌

坚持"一个区域公用品牌、一套管理制度、一套标准体系、多个经营主体和产品"的品牌管理思路，产业兴则区域兴，产业强则区域强。立足资源禀赋，做强"优特精"，打造特色农畜产品加工"高地"。锡林郭勒羊肉、兴安盟大米、赤峰小米等特色农产品区域公用品牌入选"中国农业品牌目录"。科尔沁牛、乌兰察布马铃薯等区域品牌被列为农业农村部精品培育品牌。要想让产品走出大草原，走向全中国，关键在于品牌的质量，通过开展品牌打造行动，积极申报加入农牧业品牌目录，组建品牌建设专家团队加强评价指导。内蒙古农牧业品牌目录收集登录，是经旗区、盟市农牧局筛选、审核，内蒙古农牧业品牌目录评审工作委员会综合评审，自治区农牧厅复核确定的。为了鉴定品牌质量，采取"以认证选真品"的方式，围绕自治区优势特色农畜产品，让好东西变成好产品，让好产品的真实品质看得见、认得清、能享用，以"蒙"字标认证产品的形式，展现在全国消费者面前，把"奶罐"里的奶倒进消费者杯子里、把"肉库"里的肉端到消费者餐桌上、把"粮仓"里的米盛到消费者碗里、把"绒都"里的绒穿到消费者身上，让好产品走出去，与消费者零距离。内蒙古通过与深圳"圳品"、上海"放心购"、吉林"吉致吉品"区域品牌合作，"蒙"字标获证企业获得了进入大湾区、长三角、东三省市场的质量信用证和绿色通行证，实现了"大草原"与"大市场"的信任链接和市场对接。此外，通过亮相中国质量大会"质量之光"展览、中国品牌日展（上海）等活动，大力推进"蒙"字标产品展示和体验，目前已经与北京丽都商圈、新发地市场建立联系；与自治区驻京办共同开展"蒙"字标产品进京、进商圈、进市场等。品牌就是信任，"蒙"字标就是内蒙古产品闯市场的"金字招牌"。随着内蒙古优质产品品牌效应深度释放，"蒙"字标产品的价格也得到了提升。经过多年努力，"蒙"字标已成为具有鲜明内蒙古区域特色的认证品牌，受到社会各界和广大消费者的广泛关注。"蒙"字标认证正在向精深加工领域和服务领域拓展，会有更多的"蒙"字标产品走向世界。

为了进一步宣传推广各地供销合作社管理、运营的区域公用品牌，提升系统质量品牌意识，更好发挥供销合作社在服务当地特色产业发展中的作用，中华全国供销合作总社办公厅印发《关于发布全国供销合作社农产品区域公用品牌建设案例名单的通知》。发布的农产品区域公用品牌，如"原味武川"，品牌定位清晰，具有明显的区域产业优势、地域文化特色和辐射带动力，在整合区域内涉农产业资源、提高涉农产业的组织化程度、增强市场竞争力和可持续发展能力、促进区域特色产业提质增效和农民增收致富等方面发挥了积极作用，展现了供销合作社为农服务的形象，提升了公众影响力和社会美誉度，具有积极的借鉴、复制和推广价值。

五、增加名特优新农产品登录数量

为贯彻落实农业农村部一号文件精神，充分挖掘具有地域特色的名特优新农产品，扩大名特优新农产品规模，增加名特优新农产品供给，推动全国名特优新农产品和特质农品高质量发展。近年来在各方支持和共同努力下，全国名特优新农产品和特质农品登录工作取得了显著成效，在推动农牧业高质高效、培育优质特色农产品品牌、更好满足公众对优质特色农产品消费需求方面发挥了重要作用。联动各级工作机构和各营养品质评价鉴定机构，共同推动全国名特优新农产品和特质农品营养品质评价鉴定制度化规范化建设，助力优质农产品品质提升。评审工作要坚持科学规范的原则，严格把关产品外在特征、产地环境及区位优势、独特性营养品质鉴定、品牌创建情况等方面内容，确保推荐的产品能经得起市场的检验。立足本地域独特自然资源禀赋、人文历史和特色农产品区位优势，优化布局，突出特色，着力提升名特优新农产品供给能力。加强规划、政策引领。加强规划布局，密切部门协作，强化示范带动，健全市场优质优价导向机制，调动生产主体参与积极性。

强化全国名特优新农产品自主申报、评价鉴定、收集登录和跟踪评价全过程管理，推进名特优新农产品登录规范化、制度化，提升产品品质，培育精品品牌。根据《全国名特优新农产品名录收集登录规范》要求，2019—2024年，经县级名特优新农产品产业主管部门申请，地市级、省级农业农村部门农产品质量安全（优质农产品开发服务）工作机构审核，中华人民共和国农业农村部农产品质量安全中心组织相关专家进行技术评审确认，截至2024年5月，来自内蒙古自治区的740个产品被收集纳入"全国名特优新农产品"名录，至此内蒙古名特优新农产品总数量居全国首位，涉及畜牧类、种植类、水产类等种类，展现了内蒙古农畜产品种类丰富、品质优良的特点。坚持绿色导向和标准引领，聚力规范登录管理、培育生产主体、优化生产布局、建设特色产业集群。

近年来，内蒙古强化政策保障，多措并举增加名特优新农产品登录数量。投入资金检测农畜产品，有力保障名特优新农产品的快速发展。相关部门指导各盟市全面梳理优势特色农畜产品现状，充分挖掘当地有特色、有品质的农畜产品，建立名特优新农产品登录储备库，优中选优开展名特优新农产品申报。同时，强化宣传推介，多种渠道提升名特优新农畜产品影响力。通过宣传培训，鼓励和引导企业在产品包装上使用名特优新农产品标识，参加全国名特优新农产品产销对接会以及农产品博览会等活动，展示名特优新农产品，不断提高内蒙古名特优新农产品影响力。加强对名特优新农产品的证后跟踪管理，可以及时了解掌握产品的品质稳定性情况，可以督促生产经营单位加强标准化生产，做好全程质量管控，维护名特优新农产品品牌权威性和公信力。加强产销对接，持续加大绿色优质农产品认证的支持力度，指导开展线上线下产销对接活动，扩大品牌影响力。及时总结建设单位推进名特优新农产品整体推进建设的好经验、好做法、好模式，提炼形成一批可复制、易推广的先进典型案例并以适当形式发布。

六、品质评鉴工作解锁农畜产品高品质"美味密码"

为了用数据解锁内蒙古农畜产品"营养好、闻着香、味道美"的奥秘，自2020年起，对生鲜乳、牛羊肉、马铃薯、大米、小米等5大类21个优势特色农畜产品开展品质评鉴。利用科学技术手段解释产品"为什么好，好在哪"的问题，展示产品独特的地域风味和品质特色，为优质产品品牌培育及品质提升提供数据及理论支撑。在检测的农畜产品中，矿物质微量元素丰富，蛋白质和必需氨基酸含量高，风味物质和鲜香物质种类多，从数据层面诠释了内蒙古优势特色农畜产品为何具备高品质。丰富的营养物质让内蒙古农畜产品更加健康营养。生鲜牛乳中含量较高的鲜香物质是鲜味和芳香类氨基酸，羊肉中含量较高的鲜香物质是肌苷酸、鲜味和甜味氨基酸，这些都是农畜产品的"美味密码"。为充分发挥天然无污染生态环境优势，内蒙古率先在全国开展绿色畜牧业标准化基地创建试点。

第五节　尽职调查企业知识产权规避侵权风险

在知识产权保护的过程中，技术尽职调查正越来越受重视。随着内蒙古地区农畜产品品牌的发展，知识产权保护变得尤为重要。技术尽职调查作为一种有效的风险管理工具，可以帮助企业识别潜在的知识产权风险，为品牌的长远发展提供保障。《专利法》《商标法》《著作权法》等法律法规为农畜产品品牌的知识产权保护提供了有力的法律保障。内蒙古地区在执法监督方面表现出较强的力度，严厉打击侵犯知识产权的违法行为。市场监督管理局等执法机构积极履行职责，对侵权行为进行快速、有效的处理。知识产权审查授权效率较高，企业和个人可以较快地获得知识产权的授权。这有助于推动农畜产品品牌的创新和发展。在知识产权保护管理方面建立了较为完善的管理机制，包括知识产权登记、审查、维护、管理等环节。这些机制为农畜产品品牌的知识产权保护提供了有力支持。

内蒙古部分农牧企业和个人对知识产权的重视程度不够，缺乏主动保护知识产权的意识和行动。尽管执法力度较强，但侵权行为仍时有发生。一些不法分子利用法律漏洞和监管空白进行侵权活动，给农畜产品品牌的知识产权保护带来了挑战。由于审查标准的不统一，不同企业和个人在申请知识产权时可能面临不同的审查结果。这可能导致一些优秀的农畜产品品牌无法获得应有的知识产权保护。

针对企业和个人开展知识产权培训活动，有利于提高其对知识产权保护的认识和重视程度。进一步完善知识产权保护的法律法规体系，填补法律漏洞和监管空白，为农畜产品品牌的知识产权保护提供更为全面的法律保障。继续加大执法监督力度，严厉打击侵犯知识产权的违法行为。同时，提高执法人员的专业素质和执法能力，确保对侵权行为的快速、有效处理。建立统一的知识产权审查授权标准，确保不同企业和个人在申请知识产权时能够面临相同的审查要求。这有助于提高审查授权的公正性和透明度，保护优秀的农畜产品品牌的知识产权。通过加强知识产权培训、完善法律法规体系、强化执法监督力度以及统一审查授权标准等措施的实施，可以进一步提升内蒙古地区农畜产品品牌的知识产权保护水平，为品牌的长远发展提供有力保障。

第六节　建立农畜产品品牌检察保护工作站

建议内蒙古地区广泛设立知识产权保护工作站，尤其是农畜产品品牌，充分发挥其检察功能，做好"品牌创新"的创建工作，承担起政治责任、法律责任和检察责任，建立健全知识产权保护制度，为促进内蒙古区域经济社会的健康发展增添检察力量。

为深入贯彻党的二十大精神和党中央、国务院关于强化知识产权保护的决策部署，加强知识产权检察保护，在第24个世界知识产权日到来之际，内蒙古自治区人民检察院、呼和浩特市人民检察院以及土默特左旗检察院在国家乳业技术创新中心共同举行知识产权检察工作站揭牌仪式。在国家乳业技术创新中心建立知识产权检察工作站，让企业享受到家门口的检察服务，更好地助力企业创新发展。检察机关在"检察护企"专项行动中，通过发挥知识产权检察职能，助力企业创新发展。土默特左旗人民检察院以"检察护企""知产护企"为抓手，立足知识产权检察工作站，加强与国家乳业技术创新中心的互动联系，共同推动乳业产业创新发展。

和林格尔县人民检察院与蒙牛公司积极对接，并在蒙牛公司成立了知识产权检察保护联络点。这个联络点以办公室、联络点为抓手形成联络机制，共同探讨保护知识产权、维护企业合法权益的方法、措施。其主要职责包括但不限于：加强与蒙牛公司的沟通联系，及时了解企业在知识产权保护方面的需求和困难。对蒙牛公司涉及的知识产权案件进行监督和指导，提供法律咨询和帮助。积极参与蒙牛公司的知识产权保护培训和宣传活动，提高企业员工的法律意识和保护意识。对涉及蒙牛公司的知识产权违法犯罪行为进行调查和打击，维护企业的合法权益。通过这个联络点，和林格尔县人民检察院与蒙牛公司能够更加紧密地合作，共同推动知识产权保护工作的开展，为企业健康发展保驾护航。

总之，知识产权保护工作站的建设不仅有利于新时代知识产权保护，也有利于优化营商环境。同时，该院在和林格尔乳业开发区管委会设立知识产权检察保护中心，通过乳业开发区管委会等行政单位，积极收集农畜产品企业及个人相关法律问题，指派不同领域专业水平较高的检察官提供法律服务和支持，统筹推进涉知识产权检察职能集中统一履行，为农畜产品知识产权保护提供更加优质的检察服务。

第九章

"蒙"字标下农畜产品品牌建设实证分析

品牌化是农牧业现代化的核心标志，是助力农村牧区产业振兴的关键举措。内蒙古这个横跨东北、华北、西北的自治区，因其独特的地理环境，孕育出了一批生态优质的农畜产品，如兴安盟大米、赤峰小米、锡林郭勒盟羊肉、呼伦贝尔牛肉、大兴安岭黑木耳、乌兰察布马铃薯等，不仅在当地享有盛名，也逐渐在全国范围内乃至全球市场上占据了一席之地。为了推动这些产品更好地走向全国、走向世界，以品牌建设赋能乡村振兴。内蒙古自治区采取了一系列措施，其中最为显著的就是以"蒙"字标认证打造"蒙"字标品牌，让内蒙古的"闺中宝"以"蒙"字标身份证走出大草原。内蒙古作为中国重要的商品粮基地和草原畜牧业大区，被列为全国玉米、小麦、大豆、牛羊肉、奶类及毛绒类产品的优势区域。这些农畜产品的品质得益于内蒙古光照充足、空气清新、土地肥沃的自然条件。自治区知识产权局实施"兴安盟大米""商都西芹"等22个国家和自治区地理标志运用促进工程，"太和小米""阿拉善肉苁蓉""敖汉小米""鄂托克前旗羊肉""五原向日葵"等8件地理标志被列入国家地理标志运用促进重点联系指导名录。截至2023年底，内蒙古拥有驰名商标牌84件；自治区地理标志商标186件，列全国第12位；地理标志保护产品42件，为商标品牌和地理标志助力高质量发展奠定了基础。发挥商标增强品牌竞争力、地理标志激活区域新动力的作用，继续推进商标品牌价值提升行动和地理标志运用促进工程的实施，为知识产权助力高质量发展作出更大贡献。

经过多年的发展，内蒙古的农畜产品品牌已经形成了良好的发展态势，不仅品牌数量逐年增加，品牌知名度和美誉度也在不断提升。内蒙古农畜产品品牌的发展对其他同类型品牌具有很强的借鉴性。"内蒙古味道"作为内蒙古区域公用品牌，在发展过程中充分发挥内蒙古绿色农畜产品资源优势，深入挖掘内蒙古饮食文化内涵，不断扩大文化旅游融合效应，收到了良好成效。首先，其他地区可以借鉴内蒙古的自然资源优势，因地制宜地发展当地的农畜产品品牌。其次，其他地区可以学习内蒙古的政策支持措施，通过制定相关政策，推动当地农畜产品品牌的发展。最后，内蒙古的品牌营销和科技创新经验也值得其他地区学习和借鉴。总之，内蒙古农畜产品品牌的发展取得了显著成效，其成功经验对其他同类型品牌具有很强的借鉴性。其他地区可以结合自身实际情况，学习内蒙古的经验做法，推动当地农畜产品品牌的发展。

第一节　阿拉善盟区域公用品牌——苍天般的阿拉善

一、阿拉善盟区域公用品牌

阿拉善盟以实施商标品牌战略为目标导向，统筹"区域公用品牌+企业品牌+产品品牌"一体化推进，积极打造"苍天般的阿拉善"等区域公用品牌，进一步提升品牌的公信力、认知度，助推乡村振兴。改变"多、小、散"的农牧业现状，创建覆盖全区域、全品类、全产业的综合性品牌，围绕天境神韵、驼乡的礼物、苍天般的阿拉善、阿拉善英雄会等品牌优势，提炼当地地理特征，成为具有无形价值的区域公用品牌，获得市场认可的产品溢价；以品牌兴农、品牌助农的实践，让区域内种养业、加工业的农业主体都能受惠，形成独特的核心竞争力；按照"综合品牌+产业品牌+主体品牌"模式推出打响阿拉善区域公用品牌，让阿拉善的好东西卖上好价钱。做强特色农畜产品商标品牌，以驼产业、特色沙产业为重点，实施地理标志运用促进工程，鼓励支持当地依托肉苁蓉产业申报国家地理标志产品保护示范区，推动地理标志与特色产业发展、生态文明建设、发展传承传统品牌和老字号以及乡村振兴有机融合，提升地理标志品牌影响力和产品附加值。2020年，"阿拉善白绒山羊""阿拉善双峰驼"2个地理标志产品入选首批中欧地理标志产品互认互保名录。2021—2023年，阿拉善白绒山羊、阿拉善双峰驼产业年产值已突破7.9亿元，阿拉善盟农牧民相关产业从业人员超过2500人，注册商标168件，成长起嘉利、驼中王、莱芙尔、沙漠之神、天驼等一批具有品牌规模效益的企业。2023年，在中国品牌建设促进会发布的地理标志区域品牌中，"阿拉善白绒山羊""阿拉善双峰驼"的品牌价值分别为25.97亿元和0.84亿元。

二、阿拉善白绒山羊地理标志产品

通过实施"质量+品牌+效益"发展战略，白绒山羊产业形成三位一体现代特色农牧业，阿拉善盟强龙头提品质，推进品牌引领。阿拉善白绒山羊保护区共7.4万平方千米，14.5微米以下细度核心群120个、标准化示范养殖区11个、人工授精站点30个、家庭牧场2000多个、加工企业品牌专属牧场2个、试点种业基地40处，为推进绒山羊饲养可追溯和羊绒原料交易集约化，推动羊绒制品的高端化、品牌化发展奠定坚实基础。

三、阿拉善双峰驼地理标志产品

通过"公司+科研+基地+合作社+牧户"模式，阿拉善盟解难题求突破，强化技术引领。阿拉善双峰驼产业围绕产品深加工开发出了骆驼液态奶、奶粉、奶片、户外高能量驼肉罐头、有机精品驼肉、多口味驼肉干、驼血多肽、驼皮阿胶、驼峰化妆品、驼胎盘保健品等一批新型产品，产品附加值得到极大提升。此外，作为国内首家以驼乳、驼脂为主要原料生产系列化妆品的企业，内蒙古天驼生物科技公司与内蒙古骆驼研究院深化产学研合作，就地转化14项驼乳、驼脂化妆品研发专利，建成2条生产线，已累计生产柔肤水、驼脂霜、唇膏、面膜等14种化妆品2万余瓶，实现专利成果转化。

阿拉善盟通过树形象、亮品牌、赢口碑，构建起"政府部门搭台、农畜企业唱戏、农牧民群众受益"的发展格局，进一步推动产品营销迈上新台阶，产业帮扶实现新跨越，巩固拓展脱贫攻坚成果同乡村振兴有效衔接取得新成效。对于开拓海外市场的企业，通过引导其开展商标国际注册，以在国内外市场获得必要法律保障。其中，嘉利绒毛"莱芙尔"在英国获得商标注册，驼中王"Camel King"通过马德里体系在西班牙、德国、法国、意大利、英国等国家获得保护。

通过全面推广"苍天般的阿拉善""阿拉善礼物"等区域品牌，提升阿拉善特色产品市场竞争力。借助"内蒙古味道"公用品牌平台，持续加强生产和消费之间的联系，促进消费恢复和升级，助力阿拉善盟优质农畜产品走出区外，在更大范围开拓市场，以品牌建设引领高质量发展。

第二节　乌海市区域公用品牌——乌海葡萄

乌海市立足资源禀赋，以"乌海葡萄"区域公用品牌建设为重点，培育以地理标志、地理标志证明商标、地理标志保护产品及享有一定影响力的集体商标、证明商标为核心的优质特色瓜果区域公用品牌。依据葡萄主导产业，推广葡萄、葡萄酒等特色产品，打造好"葡萄之乡"城市名片，将"乌海葡萄"区域公用品牌培育成区域特色明显、市场知名度高、发展潜力大、带动能力强的农产品，推动农牧业高质量发展。

乌海葡萄，产于内蒙古的乌海地区，因其特有的生态环境和优越的土壤条件，生产出的葡萄口感鲜美、含糖量高，已经在国内市场中获得了良好的声誉。"乌海葡萄"的品牌价值离不开乌海市政府的建设与保护。针对制约乌海葡萄品牌效应发挥等问题，乌海市在加大葡萄产业发展扶持力度，建设适度规模的生态、优质、高效葡萄生产基地的基础上，采取一系列措施增强品牌效应，进一步提升乌海葡萄品牌影响力。但随着品牌的影响力扩大，如何通过知识产权加强对其品牌的发展和保护也是重要的议题。乌海葡萄逐渐为人们所熟知，特别是在北方地区有着较高的市场占有率。乌海葡萄的品牌和部分生产工艺已经完成了专利和商标的注册。但市场上仍然出现一些声称产于乌海但实际不是的仿冒品牌，这给乌海葡萄带来了市场竞争和声誉损失的风险。

乌海葡萄品牌正处于快速发展期，其品牌价值和市场潜力巨大。但要维护这一优势，就必须更加重视知识产权的保护和运用。一是完善公用品牌产品质量标准体系。实施生产标准化行动，围绕葡萄产业，修订完善《乌海葡萄标准化生产、贮运技术规程》，制定《乌海沙漠产区酿酒葡萄产地环境要求》等5个标准，形成乌海沙漠产区酿酒葡萄和葡萄酒高质量标准体系。二是强化公用品牌产品全程质量管控。实施食用农畜产品合格证制度，鼓励支持"乌海葡萄"地理标志授权使用企业、合作社出具合格证，并全部纳入国家农畜产品质量安全信息追溯平台，并实施"红黑名单"制度。三是建立区域公用品牌培育制度。四是加强区域公用品牌使用管理与保护。五是依托产业优势打造区域公用品牌。以自治区现代农业产业园、国家级农业产业强镇等项目为抓手，鼓励企业申请地理标志农产品登记保护，积极开展绿色、有机、名特优新等优质农畜产品认证。六是强化品牌宣传推介。充分利用农牧业展会等平台，讲好"乌海葡萄"区域公用品牌和特色品牌农畜产品故事。七是深入挖掘品牌文化内涵。收集品牌故事，征集表达品牌特点的宣传标志符号和标语，打造高质量文旅景区，增加品牌底蕴厚度，提高品牌传播力和影响力。八是加强人才培育。通过院校、社会培训机构和本土电商平台，培养品牌建设、管理与运营专业人才，建立农畜产品区域公用品牌管理人才数据库。

第三节 巴彦淖尔市区域公用品牌——天赋河套

一、巴彦淖尔市区域公用品牌

巴彦淖尔是蒙古语，意为"富饶的湖泊"，黄河流经333.5千米。河套大地上的优质农畜产品生产经营传统粗放、品牌知名度和认知度不高，导致农牧民的好产品卖不上好价钱。璞玉藏于深山而人未识。针对这种情况，2018年，巴彦淖尔市委、市政府提出打造全区域、全产业、全品类的"天赋河套"区域公用品牌，是巴彦淖尔创新性践行习近平生态文明思想的生动实践。"天赋河套"品牌带动了巴彦淖尔市优质农畜产品实现优质优价，为建设黄河流域乡村振兴样板区和农牧业高质量发展集聚区贡献了力量。"天赋河套"品牌正在变产地优势为产业优势，把地方特色转化为"城市名片"。截至2023年9月，分产业、分批次，共授权5批次22家企业132款产品使用"天赋河套"品牌。成功注册"天赋河套"系列国内、国际商标152件，其中国内注册41个类别146件商标，国际注册3个类别6件商标，分别位于埃及、英国、日本、欧盟、蒙古国、俄罗斯等。搭建"天赋河套"线上、线下、特渠、集采销售网，全面建成巴彦淖尔、呼和浩特旗舰店、机场店；启动运营京东·天赋河套特产馆线上自营店；与华润万家、盒马鲜生等建立战略合作关系。

"天赋河套"品牌集合了河套地区的七大品类产品，包括粮油、肉乳绒、籽类炒货、瓜果蔬菜、酿造加工和民族特色产品等。其中，面粉、羊肉、瓜子、有机牛肉、有机牛奶等产品都深受消费者喜爱，畅销全国。具体来说，"天赋河套"品牌的产品包括但不限于三胖蛋原味瓜子、兆丰有机雪花粉、恒丰雪花粉、旭一安格斯有机牛肉、圣牧有机牛奶、河套酒业集团河套王酒等。这些产品都代表了河套地区的优质农牧业生产水平，是内蒙古自治区推动农牧业供给侧结构性改革、带动优质农畜产品进入高端市场的重要引擎。"蒙"字标认证团体标准与"天赋河套"团体标准实行互认。"蒙"字标认证标准中，符合巴彦淖尔地域限定及产业特征的，直接纳入"天赋河套"团体标准。"天赋河套"牛肉、羊肉、鲜食玉米、葵花籽、黄柿子、黄柿子汁等团体标准的制定向"蒙"字标认证团体标准转化互认，开启了区域品牌认证标准的新阶段，适用范围可扩大到自治区全域。

"天赋河套"品牌建设具有三把"钥匙"——"上下"同步、"内外"兼修、"点面"结合。"上下"同步，夯实品牌产业基础。为保障河套优质农畜产品品质如一，巴彦淖尔市全力打造"天赋河套"优质产品供应基地，采用"标准＋基地＋控防＋追溯"的发展模式。"标准"，即全过程应用"天赋河套"团体标准。与内蒙古自治区质量和标准化研究院合作，开展羊肉、牛肉、食用葵花籽、鲜食玉米、黄柿子及黄柿子汁等"天赋河套"团体标准制定工作。"基地"，即打造"天赋河套"优质产品供应基地。重点打造四大中外合作农业示范园区，其中包括中以防沙治沙生态产业园、中美金伯利现代农业产业示范园区、中俄标准化蔬菜生产加工输出示范园区、中奥食用番茄产业园区。同时，"天赋河套"授权企业不断推进自有基地的建设工作，目前磴口县王爷地有机中蒙药材、天衡仿野生中蒙药材等种植基地和金草原、旭一、圣牧等有机养殖基地初具规模。"控防"，即全力开展生态治理防控工程。好品质必定源于好产地。"追溯"，即健全农产品质量追溯体系。打造"天赋河套"巴彦淖尔农牧业产业互联网骨干网大数据平台，推动"天赋河套"大数据产业的发展。该平台利用大数据资源，通过收集整理数据掌握真实的市场动态信息，推动大数据在农牧业产前、产中、产后的关联应用。

"内外"兼修，内化于严，着力纵深品牌管理。一是授权准入方面，严控授权准入。二是商标保护方面。做到商标保护"应注尽注、不漏死角"。截至2023年8月，成功注册"天赋河套"系列商标149件。成功注册国内集体商标16个类别109件商标；成功注册国内普通商标26个类别32件商标；成功注册国际商标3个类别6件商标（包括埃及、日本、英国、欧盟、蒙古、俄罗斯）；另外，成功注册中国香港和中国澳门5个类别2件商标。外化于行，全面推介品牌形象。一是做好品牌宣传推广。积极组织参与各类会展推介等，通过国家、自治区农展会、绿博会、农高会等100余场大型活动，拓宽了市场渠道，扩大了品牌知名度。二是与权威媒体、官方媒体保持良好合作关系。经《中国品牌》杂志社专业团队编制形成《"天赋河套"区域公用品牌发展报告》，构建行之有效的传播成果评估体系和反馈机制。并与《人民论坛》杂志社、《小康》杂志社、新华网等媒体开展合作，布局官媒宣传体系，扩大了品牌的影响力、美誉度和知名度。三是通过构建微信、微博、抖音、快手等自媒体宣传矩阵，创新短视频、网红直播等传播、带货形式，多渠道传播品牌。四是强化形象认知。搭建"天赋河套"文创传媒平台，深入挖掘河套农耕文化、阴山文化和蒙元文化，沉积影像资料素材。

"点面"结合，打通品牌市场脉络。着眼于点，深化基础搭建。一是抓好重点项目建设。全力推进"天赋河套"科技创新企业孵化器项目工作，服务各类中小微企业，年进出港快递超过2000万件。提供产品加工、仓储贸易、冷链物流等服务，立足于面，优化渠道布局。二是深挖渠道资源。启动运营的京东·天赋河套特产馆是京东平台全国唯一一家以农产品区域公用品牌命名的特产馆，已上架超100款本地优质农产品。充分利用好与盒马鲜生、每日优鲜、叮咚买菜建立起的合作关系，不断深化与各类新零售市场资源合作。三是积极推动脱贫攻坚成果巩固同乡村振兴发展相结合。组织优质农产品参与京蒙消费扶贫北京集采推介会及重庆消费协作中心产销对接会，充分利用消费帮扶平台打开优质农产品在全国各地市场销路。四是在市委宣传部的支持下，通过浙江卫视品牌高曝光度推介巴彦淖尔优质产品，从而进一步带动本地优质农产品扩大市场影响力。"天赋河套"品牌创建至今，先后荣获中国农业最具影响力品牌、中国农产品百强标志性品牌、中国·区域农业形象品牌影响力指数地市级第一等21项重量级大奖。品牌价值达260.18亿元，品牌强度为800。"天赋河套"品牌着力解决巴彦淖尔农牧业高质量发展难题，解答产业兴旺发展路径问题。立足特色农畜产业，强龙头、补链条、兴业态、树品牌。例如，五原县套海镇贝贝南瓜产业园区，一年两茬的贝贝南瓜在上海、天津甚至广州都有销售。五原县银定图镇紧盯辣椒产业打造了辣椒产业示范园区，由企业进行统一育苗发苗，农产品申请获得国家地理标志认证。巴彦淖尔市乌拉特前旗的自然条件特别适合枸杞生长，内蒙古昌兴达实业优先公司通过深加工，小枸杞变身为干果、枸杞粉、原浆等多个有机系列产品，不仅延长了产业链条，还提升了枸杞附加值。面对内蒙古众多农畜产品，选准产业发展的突破口，谋求差异发展。因此，"小特产"成就"大产业"。

二、五原向日葵

五原县光能丰富、降雨量少而集中，独特的气候特点造就了五原向日葵优秀品质。多年来，五原县因地制宜全力发展壮大向日葵种植产业，促进了农牧业增效和农民增收。"五原葵花籽"2016年申请五原向日葵地理标志证明商标，2020年入选全国名特优新农产品名录库，入选全国百个农产品品牌名录和中国区域农产品品牌，被列为全国向日葵产业示范基地。2021年8月27日，正式获批筹建五原向日葵国家地理标志产品保护示范区，实现内蒙古自治区地理标志产品保护示范区工作零的突破。

五原县依托丰富的向日葵资源，倾力打造科技研发基地、精品种植基地、购销出口基地、三产融合发展基地、知名品牌基地"五大基地"，形成了集向日葵种子研发、试种培育、推广种植、市场销售、精深加工、外贸出口、旅游观光等于一体的三产深度融合发展链条，壮大特色产业经济优势。近年来，五原县大力实施"品牌兴县"战略，积极建立品牌主导经济的增长模式，引进和培育"三胖蛋""洽洽""心连心""爱在仁间""玉林"等著名品牌企业20余个。一方面组织地理标志产品生产企业参加"合肥坚果炒货会""看禾选种参展平台""中外坚果炒货食品大型采供洽谈会"等高规格展览交易博览会、洽谈会等，宣传五原向日葵地理标志产品，不断提升产品知名度和影响力。另一方面持续落实《五原县现代向日葵产业园区建设暨2024年世界向日葵大会建设方案》，以向日葵为媒，向全世界发出邀请，使五原县成为名副其实的"中国葵都"。

五原县深入挖掘向日葵旅游文化，传承农耕文化，让特色农牧业与旅游业相互融合，着力打造占地超2000亩的全国最大葵花主题公园，每年7—8月葵花盛开的季节，在蓝天白云的映衬下，金色、黄色、橙红的花盘流光溢彩、明亮夺目，引得游人驻足观看，流连忘返。投资1300余万元建成了全国唯一的"葵花主题广场"，并成功申报吉尼斯世界纪录。建成以葵花为主题的博物馆，全方位展示葵花产业的历史、现状和未来。结合黄河至北景观工程建设，打造"母亲河畔万亩葵海"景观，成为五原旅游的"金招牌"，实现了文化搭台、经贸唱戏，为葵花产业的发展注入了浓厚的文化底蕴。

五原县积极构建向日葵产、供、销、农、工、贸一体化全产业链，助力乡村振兴。以"四控"技术为抓手，创新发展模式，大力推行"党支部+企业+农户""百企联百村建百园带万户"工程等模式，吸纳10余家葵花产业链企业开展订单种植。通过国家地理标志产品保护示范区建设，全县种植向日葵面积增长至120万亩，占全县总耕地面积的52%，总产量25万吨，现有炒货企业40多家，年生产能力20万吨，产值20多亿元，直接带动就业9000人，对乡村振兴起到积极推动作用。

五原县人民政府研究制定了《五原县知识产权创新支持奖励办法》《五原县"三品一标"及农畜产品商标品牌发展实施方案》。另外，五原县人民政府出台了《五原向日葵地理标志产品金融服务方案》，五原农商银行通过政策资金支持，为五原向日葵地理标志证明商标授权许可生产企业给予流动资金不高于500万元的贷款。

五原县完善标准体系，完成《五原向日葵地理标志产品标准体系》研究报告。制定待发布《地理标志产品 五原向日葵》《五原向日葵地理标志专用标志申请使用管理规范》团体标准2项。研制完成《五原向日葵地理标志产品检验检测体系（征求意见稿）》研究报告，确保五原向日葵地理标志产品质量，为维护五原向日葵地理标志产品良好声誉打下坚实的基础。

五原县加大知识产权保护力度，市场监督管理局开展地理标志保护专项行动，对五原向日葵产品开展了专项监督抽查，重点查处以假乱真、以次充好、商标侵权、专用标志标识使用不规范、非法印制等违法违规行为，规范市场秩序。确保五原向日葵产品的独特品质和良好声誉。同时，积极发挥市场监管职能优势，实施部门联动，开展向日葵质量安全整治。与农科局、公安局建立长效执法工作机制，加强市场监管、打击侵权假冒行为。

第四节　鄂尔多斯市区域公用品牌——暖城多味

鄂尔多斯高原农牧优品"暖城多味"是鄂尔多斯市委、市政府，倾力打造的市级农畜产品区域公用品牌，覆盖全区域、全品类、全产业链。作为鄂尔多斯市高端生态农畜产品的统称，为优质产品搭建增值服务平台。暖城多味，味在生态绿色。鄂尔多斯地处北纬40°农牧业生产黄金带、黄河"几字弯"腹地，农畜产品根植绿色基因，蕴含生态之灵，得天独厚的环境生长出暖城的绿色与健康。暖城多味，味在自然本色。大河、大漠、大草原滋养万物，产品自然纯真。尝一尝特色产品，品一品生态饮品，每一口都是大自然的味道。暖城多味，味在北疆特色。农耕文明、游牧文明碰撞交融。一米一粟、一肉一菜，烹煮出人间烟火，传续着味觉记忆。暖城多味，味在质量成色。粮、绒、牛、羊、奶产业加速壮大，打造了一批国家级产业集群、农牧业龙头企业、"三品一标"产品。一系列农畜产品生产加工标准，"暖城食安"智慧追溯平台，确保了"舌尖上的安全"。魅力暖城，聚焦"多滋多彩、暖心暖味"主题，突出优质、高端、生态特色，努力打造全国知名的农畜产品品牌矩阵。

一、鄂托克前旗羊肉地理标志证明商标

鄂托克前旗高度重视农牧业品牌建设，依托自身资源优势，制定品牌发展规划，挖掘产品特色，寻找差异化亮点，强化品牌推广运营，不断出台扶持政策，积极实施"二产带动一产、工业反哺农业"，凝聚品牌发展合力，激发品牌效应，初步形成了以"鄂托克前旗羊肉"区域公用品牌推广为引领，绿色、有机和"蒙"字标认证为基础，生产加工企业商标品牌培育为主体的品牌建设机制。"鄂托克前旗羊肉"于2019年注册地理标志证明商标，因其独特的品质、浓郁的口感以及丰富多样的舌尖体验受到广大消费者的青睐，获得中国畜牧地理标志区域公用品牌声誉百强奖和地理标志区域公用品牌保护传播奖两项荣誉。

践行生态优先、绿色发展理念，培育新质生产力，"鄂托克前旗羊肉"入选内蒙古自治区农牧厅授权发布《2024—2026年内蒙古农牧业品牌目录》，授权的恒科、人人益、偶宣三家企业和"乌提"同步入选，进入农牧业精品品牌培育计划新赛道，品牌建设再提速、再升级，代表了鄂托克前旗羊肉品质的至高信誉。经过持续的精心打造，从顶层设计、配套制度、品牌保护、授权使用到质量管控、产品开发、品牌传播、渠道建设，初步形成了一套成熟完善的品牌运营管理体系，品牌效

应逐步扩大，品牌影响力和知名度不断提升，品牌带动能力持续加大，入选国家第二批地理标志助力乡村振兴典型案例，荣膺"全国优质农产品博览会优质奖""2023年中国地理标志区域公用品牌保护传播奖""内蒙古知名区域公用品牌""内蒙古优秀品牌""鄂尔多斯市具有影响力品牌"等，并在中国畜牧地标区域公用品牌声誉评价中位列百强。

打造区域公用品牌需立足于服务地方主导产业发展。聚焦"一产重塑"和农牧业产业化、规模化、品牌化、数字化的发展思路，聚集资源要素，借助新媒体、大型展会、传统媒介等平台，全力构建线上线下一体的宣传推广矩阵；依托"鄂托克前旗羊肉""蒙"字标团体标准，整合羊肉资源，组织企业开展"蒙"字标和绿色有机产品认证，加强高端羊肉品牌培育，促进品质和品牌相互融合；利用互联网、电子商务、新媒体等产品营销手段和渠道，并通过向资金实力和零售渠道开发能力强的企业授权，借助鄂托克前旗甄选农产品旗舰店、前置仓、干线物流、供应链公司和孵化企业的支持，解决品牌产品零售渠道"最后一公里"问题，推动羊肉产品向更广阔的销售途径拓展，实现地理标志产品优质优价。

"溯源中国—可信二维码"由内蒙古农牧厅与内蒙古品牌建设促进会联合发起，旨在建立全面、可靠的商品溯源机制。内蒙古范围内共设有十二个溯源节点，每个盟市均设有一席，其中鄂尔多斯市特别选定鄂托克前旗羊肉作为代表产品纳入该体系。此举不仅标志着鄂托克前旗羊肉正式跻身国家权威机构认证的溯源体系之列，更将显著提升品质保障水平，增强消费者对其的信任度。提升"鄂托克前旗羊肉"品牌价值需要紧密合作，形成品牌建设合力，通过整合资源、共享信息、优化生产流程和优化市场开拓，将"鄂托克前旗羊肉"打造成区内外优质肉品品牌。

二、鄂托克螺旋藻农产品地理标志

鄂托克螺旋藻是内蒙古自治区鄂尔多斯市鄂托克旗特产，全国农产品地理标志。2020年，鄂托克螺旋藻入选中欧地理标志第二批保护名单。鄂托克旗是螺旋藻生产的黄金带，为优质螺旋藻养殖和产品绿色生产奠定了无可比拟的天然基础。然而由于单个企业发展资源有限且分散、抗风险能力和科研力量偏弱，螺旋藻产业整体发展层级不高、产业链条较短、产品附加值较低。通过企业整合改革，推进螺旋藻新型养殖技术创新方面节约资源，提高亩均产值，引导当地螺旋藻产业多元化发展，实现螺旋藻产业链的延伸，助力产业提质增效。借着螺旋藻产业迅猛发展的势头，鄂托克旗鼓励企业搭建自主品牌国际化展销平台，召开专题展览或新闻发布会，通过自有营销渠道扩大国际市场。

2023年，鄂托克旗辖区企业内蒙古再回首生物工程有限公司和鄂尔多斯市加力螺旋藻业有限责任公司申报的"蒙"字标认证成功获批（图9-1），这是鄂尔多斯市首批获批企业，以"蒙"字标认证为指引，努力打造"蒙"字标品牌建设，现在"蒙"字标已经成为具有鲜明内蒙古特色的区域品牌。内蒙古再回首生物工程有限公司是一家集螺旋藻、小球藻养殖，藻粉、片剂、藻蓝蛋白加工销售及研发相结合的农牧业产业化出口型民营科技企业。已经具备了价格和标准的制定权。目前该公司的销售量占到全国总量的20%以上，是中国北方最大的一家螺旋藻养殖加工基地。产品经欧陆、SGS、国家食品质量安全监督检验中心等机构的检验，质量完全符合国家和国际标准。

图9-1 "蒙"字标认证证书

鄂尔多斯市加力螺旋藻业有限责任公司是科技部确定的国家重点研发项目"二氧化碳烟气微藻减排技术"示范单位和"专精特新"企业。该公司目前已实现了养殖、采收、清洗、脱水全封闭自动化生产，主要销售市场为美国、欧盟、东南亚，产品具备良好的国际声誉，已是国际上主要的螺旋藻供应商。2019年，螺旋藻系列产品获得了第二十届中国绿色食品博览会金奖，与国内同行业相比具有较高的技术和管理水平。2家"鄂托克螺旋藻"企业"蒙"字标认证的成功，不仅打破了鄂尔多斯市"蒙"字标零的突破,也是"鄂托克螺旋藻"被更多消费者认可的关键。鄂托克旗将持续引导企业进行"蒙"字标认证,以"蒙"字标为支撑,进一步挖掘特色优势产业以及产品。

三、阿尔巴斯山羊肉地理标志产品与阿尔巴斯山羊绒地理标志证明商标

2020年7月,"鄂托克阿尔巴斯山羊肉"成功入选《中欧地理标志保护与合作协定》的首批地理标志产品。为进一步推动农牧业发展,鄂托克旗将阿尔巴斯山羊肉、鄂托克螺旋藻等名优特农牧产品有效推向全国市场。2021年6月,"名'羊'世界·登峰'藻'极"鄂托克旗首届《中欧地理标志协定》互认产品品牌发布会成功举办,得到社会强烈反响和一致好评。2022年9月,"名'羊'世界·登峰'藻'极"鄂托克旗第二届《中欧地理标志协定》互认产品品牌发布会暨阿尔巴斯山羊肉美食文化节开幕,鄂托克旗继续围绕阿尔巴斯山羊肉等品牌推广、商贸拓展、平台建设精准发力,充分发挥品牌带动效应,走出一条鄂托克旗特色农牧品牌高质量发展之路。2024年,国家知识产权局正式公告核准注册了"阿尔巴斯山羊绒"地理标志证明商标,标志着鄂托克旗迎来了其首个地理标志证明商标,进一步凸显了"阿尔巴斯山羊"品牌的市场影响力和国际竞争力。这一重要进展不仅巩固了"阿尔巴斯山羊"在地理标志领域的重要地位,还为鄂托克旗推进"阿尔巴斯山羊"产业品牌的高质量发展注入了新的动力。

第五节 包头市区域公用品牌——包头农品

一、包头市区域公用品牌

包头市在区域公用品牌的打造上,坚持梯次推进、循序渐进的原则,以"包头农品"市级区域公用品牌为龙头,达茂草原羊、固阳黄芪等县级区域公用品牌为补充的品牌发展格局,以"包字号"为引领,打造高端农畜产品区域公用品牌。结合粮食生产功能区、重要农畜产品生产保护区和现代农牧业产业园、特色农畜产品优势区建设,打造农畜产品区域公用品牌。积极指导集体商标、地理标志证明商标注册,申请地理标志农产品登记保护,鼓励开展绿色、有机、地理标志农产品认证。

包头市培育形成达茂草原羊、固阳黄芪、固阳杂粮、土默特羊肉、老海岱大蒜、黑柳子瓜等区域公用品牌8个；培育形成小尾羊、鹿王、北辰、田丰、金骆驼等市级以上龙头企业200家；培育形成铁木真民族食品、一号牧场牛肉干、鹿王羊绒、田丰马铃薯、二子无抗猪肉、问香草原羊、三主粮燕麦等知名产品品牌100多个。达茂草原羊入选国家优质农畜产品品牌目录，固阳黄芪入选自治区优质农畜产品品牌目录，获评"中国牛羊肉美食之都""中国固阳正北黄芪之乡"区域性农畜产品荣誉称号。

二、固阳黄芪地理标志证明商标

固阳县立足固阳资源优势先后成功注册固阳黄芪、固阳莜麦、固阳莜面、固阳荞麦、固阳荞面、固阳红皮小麦面、固阳菜籽油、固阳胡麻油八件国家地理标志证明商标。固阳县以此为依托全力打造"41°固阳县"区域公用品牌，进而"固阳八宝"（八件地标）迅速走遍大江南北。固阳黄芪、固阳燕麦、固阳马铃薯、固阳羊肉等获得农业农村部农产品地理标志认证和"全国名特优新农产品"称号。固阳县制定下发《固阳县商标品牌发展战略实施意见》，组建固阳县知识产权局全面负责商标品牌工作、注册包头市固阳县土特产行业协会辅助实施商标品牌工作。

以"固阳黄芪"为例，固阳县当地农民从二十世纪五六十年代就开始种植黄芪，2017年被中国中药协会授予"中国固阳正北黄芪之乡"称号，"固阳黄芪"成功注册为中国地理标志证明商标，并被国家相关部门指定为内蒙古首批黄芪药食同源试点地区。近年来，固阳县围绕黄芪产业，在出台优惠政策、推广标准化技术，实施三产融合等方面做了大量工作。位于北纬41°黄金生态圈，土壤质地独特，海拔1300～1700米，十年九旱，适合黄芪种植，也符合黄芪"冷凉少雨怕涝"的特性，为黄芪种植提供了得天独厚的天然生长环境。固阳黄芪具有色正、味甘、质密、糖分多、粉性足、质量优等特点。

包头市固阳县以"芪"为业，有力创建黄芪综合性示范园区。2023年，固阳县黄芪正式纳入国家"药食同源"名录，黄芪也成为固阳引以为傲的一张农牧业名片，实现"一芪富民"的愿景。2024年，固阳县黄芪园区建设被纳入自治区"百园百企百店"创建行动名单，重点围绕"大园区"理念，努力创建黄芪"三田两区四支撑"的"九有"综合性示范园区。以政府为主导，推进园区建设。坚持规划引领，明确产业定位。固阳县县长亲自在央视新闻上宣介代言固阳"正北黄芪"，固阳黄芪的宣传海报在北京天安门、王府井的地标大屏播出。黄芪产业园区建设已纳入固阳县"十四五"发展规划，黄芪产业发展成为固阳县巩固脱贫攻坚、有效衔接乡村振兴的支柱产业。聚力创建"九个有"综合园区，延伸产业发展。截至2024年5月，已开播创建7个绿色高产高效千亩标准化种植示范片和1个500亩良种采种基地，辐射带动3.8万亩标准化种植基地。3000万元投资吸引"黄芪+"相关产业入驻黄芪综合性示范园区，覆盖了研发、检测等的全产业链发展，促进转化增值。坚持科技赋能，实现延链补链。园区内创建科技小院，省级及以上科研单位设立研发平台4家，专业技术团队人员达410人。与中国药科大学签订《固阳正北黄芪大健康产品联合实验室》协议，共同合作在固阳县下湿壕镇后脑包村建成540亩仿野生黄芪种源基地，在银号镇大庙村种植1000亩仿野生黄芪种源基地，同时，也被内蒙古中蒙医药研究院授予"固阳黄芪野生种源基地"称号。固阳县将以"建园区、抓项目、落政策、引人才、强技术"为着力点，全力建设好固阳县黄芪综合性示范园区，探索适合固阳县优质黄芪种植新规程。围绕"九有"园区建设模式，打造黄芪种苗、商品黄芪增产提质、节本增效种植样板，加大招商引资，开展黄芪切片、饮品、分级等黄芪产品生产，促进全县黄芪产业发展。

第六节　呼和浩特市区域公用品牌——敕勒川味道

一、呼和浩特市区域公用品牌

呼和浩特市培育以地理标志证明商标、农产品地理标志、地标保护产品及享有一定影响力的集体商标、证明商标为核心的农畜产品区域公用品牌。"敕勒川味道"是呼和浩特市的农畜产品区域公用品牌，于2020年提出。依托奶产业、猪牛羊肉产业、蔬菜产业、马铃薯产业、玉米及饲草料产业、杂粮产业等优势主导产业，结合打造城市名片有关工作部署，在"一县一品"的品牌建设策略指导下，立足地方资源禀赋，聚焦主导产业，打造具有鲜明地域特色的县域公用品牌，形成"一县一品"的农牧业品牌格局。初步建立起"五彩土默特""源味武川""窑上田""福地玉泉""盛乐味蕾""田园赛罕""托克托味道""青山圣水味美新城""大美乌素图"等区县域公用品牌。各旗县区结合自身实际，挖掘资源优势，造就了一批各具特色的本土物产，形成了以伊利、蒙牛为代表的世界五强和七强牛乳企业；以盛健、蒙羊羊、蒙恩为代表的羊乳企业；以蒙清、燕谷坊为代表的小杂粮产品畅销全国。登上奥运餐桌的国家地标产品毕克齐大葱、武川土豆、鲜美的羊肉、营养丰富的燕麦、仿野生种植的花菇，吸引着广大消费者"走进绿色新乳都，品味风情敕勒川"。让消费者全方位感受"敕勒川味道"的产品魅力、品牌内涵和地域文化，阴山下的"敕勒川味道"，正源源不断走向全国，走向世界。呼和浩特市正加快脚步构建区域公用品牌、企业品牌、产品品牌协同发展、相互促进的农牧业品牌矩阵，逐步形成了规模化生产、集约化经营、多元化营销的品牌发展格局。

二、伊利乳业企业品牌

伊利乳业，作为中国领先的乳品企业，其品牌价值和影响力得益于多年的发展和积累。通过知识产权保护，伊利可以确保其产品公式、生产工艺、包装设计等得到合法保护，这些都构成了伊利产品的独特性。拥有众多的知识产权证书和荣誉可以提高消费者对伊利产品的信心，从而提升品牌的影响力和市场占有率。另外，知识产权保护还能有效避免其他企业对伊利产品的模仿或侵权，确保市场的公平竞争。伊利可以通过知识产权法律手段对仿冒和侵权行为进行打击，保护市场份额和消费者权益。伊利乳业在产品研发上的投入巨大，知识产权保护确保了其研发成果不被非法盗用或泄露。随着伊利乳业的国际化步伐加快，需要在国际市场上进一步强化知识产权布局，保护其在全球的品牌权益。虽然伊利已经建立了相对完善的知识产权管理体系，但在面对复杂的市场环境时，仍需要加强知识产权的管理和维权力度，加强内部员工的知识产权文化教育，确保每一个环节都能得到知识产权的有效保护。伊利乳业通过有效的知识产权策略，确保了其品牌和产品的独特性、提升了市场竞争力。但在全球化的大背景下，伊利仍需针对国际市场的知识产权布局、管理与维权以及内部知识产权文化建设做进一步完善。

三、蒙牛乳业企业品牌

蒙牛作为中国乳制品行业的领军品牌之一，其品牌效应在市场上表现出众。蒙牛的品牌价值居于中国乳制品行业的领先位置。蒙牛的品牌知名度非常高，多数中国消费者熟知蒙牛这个品牌。蒙牛在中国乳制品市场拥有相当大的市场份额，根据不同产品类别可能有所差异，但通常在行业内居于领先地位。蒙牛的品牌效应使得消费者愿意持续购买产品，对其忠诚度较高。蒙牛在社交媒体上的影响力也很大，其在微博、微信等平台上的粉丝数量和互动量都相当可观。可见，蒙牛的品牌影响力极大，在整个乳制品行业遥遥领先。作为中国乳制品行业的领导者，蒙牛以其强大的品牌效应，为知识产权的高质量发展作出了积极的贡献。作为中国最大的乳制品企业之一，蒙牛拥有广泛的市场认可度和品牌影响力。其产品涵盖牛奶、酸奶、乳制品等多个品类，深受消费者的喜爱。蒙牛品牌形象代表了高品质、健康和可靠性，在消费者心中树立了较高的信任和忠诚度。这种品牌效应为蒙牛提供了强大的市场地位和竞争优势。

蒙牛在知识产权保护方面积极投入，不断加强品牌的知识产权保护和管理。首先，蒙牛注重产品创新和研发，不断推出新的产品和技术，通过技术创新保持竞争优势。蒙牛加强对知识产权的保护，积极维护合法权益。同时，蒙牛也鼓励员工加强知识产权意识，保护企业的创新成果。蒙牛的品牌效应直接促进了知识产权的高质量发展。一方面，品牌效应提高了知识产权的价值和吸引力。消费者对蒙牛的品牌认可度和信任度高，愿意购买其产品，并愿意为其品牌付费。这使得蒙牛的知识产权具有更高的商业价值，有利于吸引更多的投资和合作伙伴。另一方面，品牌效应增强了企业的创新动力。首先，蒙牛在市场竞争中保持领先地位，需要不断进行产品创新和技术研发，以保持品牌的竞争力。这促使企业加大对知识产权的保护力度，并积极寻求创新和技术合作，进一步推动知识产权的高质量发展。蒙牛的品牌效应不仅对企业有益，也对社会产生积极影响。其次，蒙牛的品牌形象代表了高品质和健康，推动了整个乳制品行业的发展。通过不断提供高质量的产品和服务，蒙牛树立了良好的行业标杆，引领了行业的发展方向。最后，蒙牛注重并主动承担社会责任，不断推出绿色环保的产品和生产方式，为社会健康和可持续发展作出了贡献。作为中国乳制品行业的领导者，蒙牛品牌效应对知识产权的高质量发展起到了重要的促进作用。蒙牛拥有包括商标、专利和版权等在内的大量知识产权，这些使得其他企业在市场竞争中面临更大的压力。其他企业需要在产品研发、生产工艺和市场推广等方面与蒙牛和伊利竞争，以获取更多的市场份额。蒙牛作为知名品牌，通过知识产权的保护和市场竞争力的提升，可以在市场上实施更有利的定价策略。这可能对其他企业的定价和利润空间产生一定的影响，需要其他企业在竞争中寻找差异化的竞争优势。蒙牛在乳制品行业的创新发展和知识产权保护方面起到了示范作用。其他企业可能会受到蒙牛的创新成果和知识产权保护策略的影响，进而推动整个行业的创新发展。蒙牛的成功经验和知识产权保护策略为其他企业提供了学习和借鉴的机会。其他企业可以通过研究蒙牛的知识产权战略、品牌推广和市场营销等方面的做法，提升自身的知识产权保护能力，提高市场竞争力。需要注意的是，蒙牛的知识产权对其他企业的影响是双向的。一方面，蒙牛的知识产权对其他企业构成竞争压力；另一方面，其他企业的竞争也可能促使蒙牛加强自身的创新和知识产权保护。知识产权的保护和竞争是一个相互影响的过程，有利于整个行业的创新和发展。

作为全球乳业八强之一和中国乳业国家队，蒙牛拥有多个明星品牌，授权诸多具有社会效益与经济效益的知识产权，是蒙牛长足发展的重要无形资产。因此，蒙牛高度重视企业作品的版权保护，多措并举开展版权保护工作，建设版权保护体系，全面提升企业版权保护意识，制定文件《著作权管理制度》，对自身版权管理提出工作原则性和共性要求，形成针对重点版权和重点管控事项的全生命周期保护，为企业关键核心领域的作品创作、重要作品版权成果的转化和运用提供了管理依据。为满足集团版权登记需求，蒙牛严格参照官网登记流程，起草并向全集团发布指引性文件《软件及一般作品著作权申请及维护办法》，围绕企业内部丰富的版权资源，实施"外观设计专利著作权化""包装设计登记"等专项项目，积极开展作品登记工作。截至2023年，依托中国版权保护中心、内蒙古版权保护中心两大版权平台，蒙牛软件版权已登记23件，作品版权已登记730余件，涉及设计图达8000余幅，产品类别达百余种。内蒙古自治区版权局推荐的蒙牛集团荣获"2023年度十大著作权人（美术类）"称号。年度十大著作权人遴选发布是中国版权保护中心牵头开展的一项版权社会宣传活动，在助力优秀作品创作与传播、提升全社会版权保护意识等方面发挥着积极作用。

第七节　乌兰察布市区域公用品牌——原味乌兰察布

一、乌兰察布市区域公用品牌

围绕建设国家重要农畜产品生产基地和首都"大菜篮"基地，深入实施"六大行动"，在高质量发展的浪潮推动下，乌兰察布市经过持续做优以"麦菜薯、牛羊乳"六大产业为重点的现代农牧业，调整优化种养结构，深入推动"种业振兴"，大力发展农畜产品精深加工，全面打响"原味乌兰察布"区域公用品牌（图9-2），彰显乌兰察布农畜产品的丰富营养与本真风味，向外界传达"原滋、原香、原生态"的核心价值。制定了《"原味乌兰察布"区域公用品牌使用管理办法》《关于"原味乌兰察布"授权用标企业支持政策》等制度和措施，进一步夯实品牌发展根基，健全品牌推广使用机制。截至2024年6月，"原味乌兰察布"区域公用品牌已授权企业108家，储备授权企业52家，产品500余种，品牌价值突破200亿元，带动重点农产品溢价25%以上。"原味乌兰察布"集体商标旗下有"乌兰察布马铃薯——好土豆非你莫属""乌兰察布燕麦——阴山下黄金谷物""乌兰察布酸奶——草原额吉的爱"三大单品品牌，以及"乌兰察布冷凉蔬菜——天然的问候、自然的回味""乌兰察布牛肉——尽享草原风情""乌兰察布羊肉——来自天堂草原的清新口感"三大产业产品。乌兰察布市还积极培育了"丰镇月饼——好水出好饼""卓资熏鸡——卓有滋味"等11个"一县一品"区域公用品牌。

图 9-2　"原味乌兰察布"区域公用品牌

乌兰察布市丰富的农畜产品资源，成为农牧业发展的重要支柱。有原滋、原香、原生态的农畜产品，成为首都乃至全国人民餐桌上令人难忘的"乌兰察布味道"，体验乌兰察布原滋、原香、原生态的草原美食，体验"北京向西一步就是乌兰察布"的真实味觉感受。把握京蒙消费帮扶政策机遇，深入贯彻落实自治区京蒙协作"农畜产品销售倍增计划"，紧紧抓住"绿色"优势，精准对接京津冀市场需求，"蒙品进京"旨在全方位展示乌兰察布的特色与魅力。不仅为北京市民提供了一个近距离感受乌兰察布的平台，也促进了区域间的文化交流与经济合作。它将成为连接北京与乌兰察布的重要纽带，让更多人了解和喜爱这片充满魅力的土地。"蒙农优选"将选出好产品、选出信赖、选出美味，通过北京体验店的良好运营，大力推动京蒙协作农畜产品销售倍增计划，丰富北京市民的"菜篮子"，并致力于将内蒙古乌兰察布的绿色品牌在全国范围内打响、擦亮。加强"线上"销售力度，与各大电商平台合作，拓展"直播+短视频+带货"模式，运用"直播经济""网红经济"推出乌兰察布产品，大力拓展线上销售空间，全域构建人才支撑体系。"原味乌兰察布"区域公用品牌正在转化为推动乡村振兴的强大动力，为乌兰察布农牧业发展带来高质量的飞跃，并显著提升农牧民的收入水平，使得广袤草原的绿色有机食品走进千家万户。

二、卓资熏鸡地理标志证明商标

"卓资熏鸡"迄今已有百年历史，食材选自本土鸡种"鸿羽边鸡"，融合多家熏卤技艺，历经几代人的传承发展，形成了色泽红亮、骨肉酥香却不"散架"的独特品质和风味。20世纪50年代伴随着京包铁路绿皮车的穿梭扬名域外。"卓资熏鸡"肉质紧密、味道芳香、含水量低、经贮耐腐，外观精美、色泽红润，口感鲜嫩、烂而连丝，富含质量较高的蛋白质，具有低热量特点和滋补养生作用。乌兰察布市卓资县以"卓资熏鸡"地理标志证明商标、"卓资山珍"地方公用品牌为主，地方商标品牌的影响力和市场占有率日益提高，"商标品牌+"的产业经营模式逐步扩大，全社会重视商标品牌建设的氛围日渐浓厚。"卓资熏鸡"久负盛名，获得多项荣誉称号。2013年，"卓资熏鸡"制作技艺被列入自治区非物质文化遗产名录。2016年顺利注册国家地理标志证明商标，熏鸡制作技艺成功申请自治区非物质文化遗产。2017年，卓资县被内蒙古自治区餐饮协会授予"熏鸡之乡"称号，同年，被中国烹饪协会授予"中国地域十大名小吃"殊荣。

近年来，卓资县以"培育一个品牌、成就一项产业、富裕一方百姓"为目标，依托"卓资熏鸡"地理标志，聚焦"政府主导、提质强基、品牌打造、文旅融合、产业强链"五大核心，深化一二三产业融合发展，推动产业链条不断延伸，全方位助力乡村振兴。一是在固本提质增效上下功夫，推动熏鸡产业高效发展。卓资县委、县政府规划建设了熏卤食品产业园区，着力打造一个集屠宰、加工、销售为一体的现代化生产加工产业链。2021年，"卓资山珍"地方公用品牌的正式亮相及"卓资熏鸡"的系列标准发布标志着卓资县农畜产品在实施品牌战略的道路上迈出了坚实的一步，开启了卓资县农畜产品品牌建设的新篇章。2023年，熏卤食品产业园区建成运营后，熏鸡生产能力提升至1300万只以上，为产业振兴注入强大动力。二是在稳固利益联结上下功夫，形成了生产、加工、销售、转化为一体的全产业链条，促进脱贫人口稳定增收。传承农耕文化，使"金鸡"搭上文化、网络、旅游发展的顺风车。卓资县深入挖掘、整理熏鸡产业发展历程中的历史、民俗、饮食等方面的人文元素，规划建设了卓资熏鸡博物馆。依托卓资熏鸡，利用熏鸡文化美食节、祭敖包、那达慕等各类节会、传统节日，举办美食旅游文化节，开展熏鸡文化参观、美食品尝、加工体验等活动，促进熏鸡产业与传统文化、文创等关联产业相融互促；依托卓资县独特的生态资源，发展民宿体验、特色农业和休闲观光农业，打造包装旅游产品，大力宣传推介卓资熏鸡，使卓资熏鸡成为提升县域知名度的重要文化使者、旅游代言人。

"卓资熏鸡"地理标志作为服务"三农"的重要抓手，已经成为助力卓资乡村振兴的"金钥匙"，为地方经济发展提供了新的增长点。一是产业扩产提质有了新路径。依托熏鸡产业建设的熏卤食品产业园项目即将建成运营，项目达产后，年产值可达 5 亿元以上，赋能"熏鸡之乡"卓资县走向高质量发展的快车道。二是带动群众创收有了新突破。德青源金鸡产业园与熏鸡产业形成完整的产业链条，园区已入驻养鸡企业 8 家，在用工上优先安排当地人口特别是脱贫人口在园内就业，解决了 1000 余个就业岗位，净收益和间接可带动全县 10000 多人长效增收，为推动共同富裕提供重要支撑。三是多产融合发展有了新突破，持续放大"熏鸡之乡"名片效应，依托现有 8 家重点旅游景区、50 余家农家乐、31 家民宿，着力将熏鸡塑造为卓资文化旅游"形象大使"，推动"卓资熏鸡"迈向更广阔的未来。以创新发展模式，卓资县深入贯彻落实乌兰察布市委、市政府关于商标品牌建设的战略部署，深入推进乌兰察布商标品牌战略建设立足特色地域资源优势，实施区域品牌战略。2022 年"卓资熏鸡"入选内蒙古地理标志运用促进工程项目，进一步提高了乌兰察布特色农产品品牌知名度和竞争力。卓资熏鸡高质量标准审定会于 2022 年先后通过了《鸡孵化技术规程》等 7 项团体标准，实现了卓资熏鸡标准化生产经营。

三、察右前旗"前旗优鲜"区域品牌

察右前旗强化创新引领，通过创建京蒙科创产业园、内蒙古职教园区、国家现代农牧业产业园数字中心等科创平台，引进高新技术企业、科研院所近 40 家，吸纳人才和专业团队上百人，形成"企业+市场+产学研"的高效技术创新体系。冷凉蔬菜院士工作站、马铃薯首席专家工作站、乌兰察布肉牛综合试验站等纷纷落户察右前旗。农牧业创新为察右前旗孕育出 40 余项专利，培育出华颂 7 号等马铃薯新品种 31 个。以国家农产品仓储保鲜冷链物流设施建设项目为抓手，察右前旗积极鼓励奶制品加工企业提供第三方冷链物流服务，同时构建果蔬订单式、会员制产销稳定衔接机制，推动乌兰察布市宏福农畜业等龙头企业与多家大型商超签订订单，实现产品直供。主打"前旗优鲜"两大本土品牌，通过设立专营店、专柜等经营主体，进一步抢抓"互联网+"发展机遇。察右前旗聚焦"扩大数量、提高质量、增加产量"，深入推进"六大行动"，持续扩大种养规模，鼓励发展适度规模经营。为打造好服务首都的"中央厨房"，建成 30 万平方米全国单体最大智能温室、70 万吨产能亚洲最大马铃薯深加工园区和乌兰察布屠宰冷链加工中心，做足做精农产品深加工文章。制定印发《察右前旗 2023 年深入实施肉牛扩群倍增行动 11 条政策措施》等文件，切实通过担保、贴息、以奖代补等方式，发挥财政资金杠杆作用，依托"信用乌兰察布"平台，加快推进"信用乡镇、信用户"建设，切实提高涉农主体金融可得性。同时，引导社会资本发展农牧服务业、农产品加工业等现代农牧业重点领域和薄弱环节，围绕"京西模式""宏福模式""凯达模式"等新型利益联结机制，

农畜企业利益联结机制比例、紧密型比例分别达87%和70.5%。察右前旗通过进一步鼓励社会资本参与订单型、股份型、合作型等带动农牧民发展，实现共同富裕。

四、阴山优麦企业品牌

乌兰察布是世界燕麦黄金产区，被誉为"中国燕麦之都"，远离污染，气候适宜，产出的裸燕麦品质极佳，与进口皮燕麦相比，主要营养成分更高、口感更好。依托优势农产品，阴山优麦建强燕麦全产业链，发展优势特色燕麦产业，成为全国领先的国产燕麦（裸燕麦）全产业链公司。为从源头助推国产燕麦产业升级发展，阴山优麦成立了燕麦研究院。2022年3月，公司和政府采取合作共建的模式成功申请并被农业农村部认定为全国唯一的"国家级区域性燕麦良种繁育基地"。2022年12月，阴山优麦被认定为"国家燕麦种植与加工标准化示范区"。作为现代农业全产业链示范典型，阴山优麦秉持科学育种、生态种植的理念，以绿色有机为原则进行规模化燕麦种植，助力乡村振兴。2023年，阴山优麦认证的有机土地达11万余亩。一方面促进了耕地资源保护，另一方面提高产品附加值，为当地提供了走生态农业发展的新思路。阴山优麦立足内蒙古，面向全世界，已完成全国七大区域，涉及26个省，100多个城市的销售市场布局，渠道渗透到全国各KA类大卖场、传统渠道、便利店和加盟店等，并与中国平安集团、中国石油、中国石化、盒马鲜生等企业建立了业务合作伙伴关系。产业兴则农村兴，农村兴则农民富。经过多年深耕，阴山优麦通过燕麦全产业链经营，有效带动了当地燕麦种植面积不断扩大，大大提升了燕麦产业的附加值。阴山优麦打造从田间到餐桌的全产业链，带动燕麦产业规模化、现代化发展；完善企业和种植户利益联结机制，让企业收好粮、农民能增收；充分利用产地优势、品种优势，宣传好燕麦低糖低脂、高膳食纤维的优点，紧盯市场前沿打造品牌、开发产品，为更多消费者带来高品质的燕麦产品，让优质的国产裸燕麦走出内蒙古，走遍全国，走向世界。阴山优麦依托原产地优势，认证有机土地十余万亩，品牌定位"有机""国产""鲜粮"，采用自有工厂生产加工，凭借从种植到加工的全流程严格管理。阴山优麦秉持振兴国产燕麦的初心，通过土地流转、订单收粮、增加就业、农户培训等多种方式，积极带动当地农户扩大燕麦种植面积，帮助农民增产增收，切实提高了当地农民的生产和生活水平，进一步扩大了地方特色产业竞争优势，持续为产业发展、乡村振兴贡献企业力量。

第八节　锡林郭勒盟区域公用品牌——锡林郭勒羊、奶酪

一、锡林郭勒羊区域公用品牌

绿色是锡林郭勒最亮丽的底色，绿色天成的"锡林郭勒羊""锡林郭勒奶酪"是锡林郭勒盟最亮丽的名片。近年来，锡林郭勒盟大力实施品牌战略，以品牌引领农牧业高质量发展，全力推动"五大任务"见行见效，实现牧民增收、牧业增效、草原增绿。锡林郭勒盟通过不断加强品牌使用管理，使锡林郭勒羊区域公用品牌建设跨入了发展的新阶段。锡林郭勒羊是锡林郭勒盟第一个区域单一产品公用品牌。"锡林郭勒羊""锡林郭勒羊肉""锡林郭勒草原羊肉"是国家知识产权局商标局核准注册的用于证明特定品质的地理标志证明商标。"锡林郭勒羊"正处于品牌初创期，需要加强品牌与消费者之间的沟通互动，通过全方位品牌推广、全产业链品质追溯、全流程质量监控，把锡林郭勒羊区域公用品牌建设好、运营好、管理好，打造名副其实的"草原上的领头羊"，建立强大的品牌美誉度，提升品牌溢价能力。在品牌运营管理层面，坚持抓好追溯体系、管理体系、运营体系、管控体系、传播体系、销售体系等建设，不断鼓励更多的市场主体参与品牌建设中，开发更多高附加值品牌产品以及线上、线下新零售渠道，由此提高产品市场份额和溢价能力，为提升锡林郭勒羊区域公用品牌以及锡林郭勒地区在全国乃至国际上的知名度与影响力做出努力。

锡林郭勒羊区域公用品牌创新发展，推动利益联结机制。政府与企业协同共建，实现品牌产品顺价销售，品牌声量日益显现。锡林郭勒羊，是生长在锡林郭勒草原上的察哈尔羊三大优质肉羊品种。2020年，锡林郭勒盟委首批向大庄园肉业、额尔敦羊业、羊羊牧业3家肉食品加工企业授予品牌使用权。锡林郭勒羊区域公用品牌授权，加快塑造现代畜牧业发展新动能、新优势，推动形成锡林郭勒羊品牌优质优价的品牌体系和价值体系，带动畜牧业增效和农牧民增收。"中国羊产业·锡林郭勒指数"成为草原羊产业的"晴雨表"和"风向标"，充分发挥指数功能，培育新质生产力，打造畜牧业高质量发展新优势。品牌自创建以来，从顶层设计、配套制度、品牌保护、授权使用到质量管控、产品开发、品牌传播、渠道建设，经过持续精心打造，已经形成成熟完善的品牌运营管理体系，品牌影响力和知名度不断提升，品牌效应和带动能力稳步持续扩大。2023年，锡林郭勒羊区域公用品牌入选农业农村部农业品牌精品培育计划，并入选国家知识产权局商标品牌建设优秀案例。

品牌建设离不开好的顶层制度设计，锡林郭勒盟通过多位一体的方式，构建起区域公用品牌壁垒。2021年初，盟委、行署结合深化事业单位改革试点工作，在内

蒙古率先组建地市一级的品牌建设管理机构——锡林郭勒盟品牌建设促进中心，专门负责农畜产品区域公用品牌建设和运营管理工作，经过组建专职机构推进品牌建设，已逐步成为连接政府部门与行业协会、授权企业、品牌旗舰店的重要桥梁与纽带。出台保护制度措施完善品牌运营。研究制定《锡林郭勒羊区域公用品牌建设工作三年规划（2021—2023年）》，与授权企业签订品牌使用协议，明确企业作为品牌运营市场主体的工作内容和工作要求，夯实品牌运营基础。建立品控体系保障产品安全。通过挂耳标、建系统、贴标签"三步曲"，建立锡林郭勒羊区域公用品牌产品品控体系。加强对品牌产品边界控制，防止生产端"以次充好"、市场端"仿冒造假"，实现从牧场到餐桌的全程质量可追溯。为每一个品牌产品粘贴追溯防伪标签，实现"一物一码"，通过扫码查询溯源信息，输入验证码查询真伪，让消费者买得放心、吃得舒心。

构建媒体矩阵创新品牌宣传。一是攻占聚点，在机场、城市重点部位设置广告牌，在内蒙古卫视黄金时段播放广告，在主流媒体上宣传报道，形成正向引流；二是打造矩阵，通过原创内容、KOL（关键意见领袖）种草、投放广告、电商宣传等多种形式，在微信、微博、抖音、小红书、京东等新媒体、电商平台上不断推介，扩大品牌声量；三是抢抓热点，策划组织额尔敦锡林郭勒草原羊肉美食节、京东锡林郭勒羊品牌推广节等线上线下活动，以事件营销引爆热点；四是植入形象，将品牌形象植入产品包装、店招店宣、节会现场，制作绣有品牌Logo的沙发靠枕等文创产品；五是海外宣传，新华社海外社交平台推出《锡林郭勒成为中国首个"生态羊都"》，230余家媒体以6种语言在亚太地区和欧美国家广泛传播，自治区宣传部组织海外30多位网红深入锡林郭勒盟采访。

打通销售渠道拓展消费市场。一是指导授权企业开发适销对路的锡林郭勒羊品牌高端化、精细化产品，实施产品包装升级、电商化改造，推动品牌产品通过企业线上、线下零售渠道快速触达全国消费者。二是不断拓展品牌产品官方销售渠道，丰富线上产品种类，继京东后，新开通运营天猫锡林郭勒羊旗舰店。三是创新产供销合作模式，积极促成草之味肉业、盟文旅投公司与杭州聚将公司达成合作，共同开拓锡林郭勒羊品牌产品新零售市场，注册开通抖音店铺，实施产品升级改造，优化产品营销策略，开展店内直播和达人直播，推动销售突围。为进一步拓展产品销售渠道，提升品牌产品溢价，锡林郭勒盟出台了《锡林郭勒羊区域公用品牌零售渠道授权实施细则》，通过向有资金实力和零售渠道开发能力的企业授权，借助前置仓、干线物流、供应链公司的支持，解决品牌产品零售渠道"最后一公里"的问题，推动品牌产品向更广阔的销售途径拓展，实现品牌产品优质优价。销售渠道更加多元，与中国石油、蒙牛集团、云联牧场等大企业、大渠道合作，依托"昆仑好客""冷冰器"等优质渠道，让锡林郭勒"羊"帆远航、"羊"名天下。面向全国乃至全球开展优质渠道招商合作，进一步提高品牌产品精细化水平和市场份额，优化品牌线上线下多元化渠道布局，助力品牌传播声量最大化。在北京举办锡林郭勒羊区域公用品牌授权仪式，是锡林郭勒盟积极推进京蒙协作"农畜产品销售倍增计划"，推动锡林郭勒羊区域公用品牌打开北京市场、丰富北京市民餐桌、提升品牌影响力、助力农牧民增收致富的一项重要举措。锡林郭勒盟将借助京蒙协作重要平台，持续深化与北京有关地区、部门及头部企业的协作机制，加大农畜产品供给、加大宣传推介力度，让锡林郭勒更多优质绿色农畜产品走进首都北京、走向全国各地。

除了优秀的顶层设计外，方法论的因地制宜也是至关重要的。锡林郭勒盟在品牌建设上协同提质增效。以项目为引导、共赢为驱动，助力牧民增收。对授权企业进行政策倾斜，提升企业参与品牌建设积极性；授权企业以高于市场平均收购价1元/公斤的价格与牧户签署订单协议，提升了牧民履约积极性，强化了牧企利益联结，受益牧户累计300余户。以监管为手段，技术为保障，推动品牌产品质量安全。严格落实追溯羊耳标佩戴、提价收购、批次屠宰加工的要求，属地政府与相关部门实地指导检查，严把品牌产品质量关。每件产品均粘贴宣传追溯防伪二维码，保证了授权产品件件有着落，批批可溯源。为保障锡林郭勒羊的品质和信誉，锡林郭勒盟建立了追溯防伪系统，授权企业全部提前锁定、全程追溯、订单收购羊源，订单羊源更有保障，保证每一只羊都是未经杂交、未经育肥、品种纯正、天然饲养的锡林郭勒羊，政府在养殖、出栏、生产各环节进行严格监管，实现从牧场到餐桌全程追溯、全程可控，为品牌品质保驾护航。同时，政府督促授权企业履约践诺，以高于市场价格收购订单锡林郭勒羊，建立企业与牧户稳固的品牌共建、利益共享机制，鼓励牧民精养少养，草原生态科学保护与草原畜牧业健康发展、农牧民持续增收相协调的良好局面正在加速构建。2021—2023年累计加工追溯锡林郭勒羊63.3万只，生产品牌授权产品超8000余吨，产品溢价水平提高到8.7%。传统媒体与新媒体结合，全方位提升品牌声量。在巩固传统媒体的基础上打造新媒体矩阵，持续制作发布图文、软文、短视频等原创内容，充分利用各类媒体平台提高品牌知名度。线上与线下并举，拓展多元销售渠道。一是推动企业产品向高端商超、零售店、餐饮渠道销售。6家授权企业餐饮、零售渠道品牌产品平均溢价5.5%。二是打造官方销售渠道。盟长走进直播间为锡林郭勒羊品牌代言，锡林郭勒羊区域公用品牌官方旗舰店铺影响力持续走高。聚焦微信等新媒体，新媒体宣传矩阵不断扩大。

对于锡林郭勒盟品牌建设，总结与复盘经验助力创新发展。一是政府与企业协同共建是品牌创新发展的基础。区域公用品牌建设要坚持以"政府引导、市场主导、企业主体"的基本原则，强化市场监管方面的作用，创造有利于品牌创新发展的平台和环境；企业作为品牌建设与创新发展的主力军，也要进一步提升自身社会责任感与辐射带动能力，积极参与到品牌建设中。二是销售渠道多元化是品牌创新发展的动力。当前新零售、餐饮等高附加值销售渠道成为农畜产品加工企业新的利润增长点，因此需要引导企业逐步转变经营思路，开拓线上线下新零售渠道，研发生产适销对路的小规格、精包装产品，对接知名餐饮、大型商超企业，推动品牌产品实现更大溢价空间。三是精准的品牌宣传是品牌创新发展的重要途径。加强传统媒体与新媒体的深度融合，在传播资源有限的情况下，根据品牌自身特色，结合市场需求，依托关键性传播媒介进行品牌影响力的提升。充分借助新媒体传播所依据的大数据技术以及目标人群属性定向功能，开展品牌广告定点投放，充分利用网络推广覆盖广、跨区域、传播快的优势，最大限度地提升品牌宣传效果。

以苏尼特羊肉为例，其产自闻名遐迩的苏尼特羊肉主产区。近年来，苏尼特左旗党委和政府高度重视苏尼特羊及其产品的原品种认定和品牌培育工作，具备强化"苏尼特羊肉"地理标志产品保护发展现代畜牧业的有利条件。肉羊产业发展稳中有进。2023年，苏尼特左旗羊存栏量达105万只，增长8.3%，年出栏70万只，精深加工41万只，羊肉产量2.8万吨。培育壮大肉食品龙头企业5家，开发苏尼特羊肉系列产品225种，发展苏尼特羊养殖专业合作经济组织125个、生态家庭牧场数537家。开展品牌建设提升行动，成功培育"草之味""功宽""乔宇"等多个苏尼特羊肉知名商标。苏尼特左旗荣获"中国好食材优质草原羊产供基地"，中央电视台"百名记者走基层"，对苏尼特左旗绿色畜产品精深加工园区进行专题采访报道，《味道》栏目以中国好食材美食专题片进行广泛宣传，苏尼特羊知名度与美誉度不断提高，品牌价值不断提升。

建立全链条"标准化生产体系"建设。通过收集梳理现行国家标准、行业标准、地方标准，建立了覆盖苏尼特羊养殖到苏尼特羊肉产品加工全链条的标准体系，制定了43项苏尼特羊地方标准，组建由内蒙古标准化院、内蒙古农科院、内蒙古农业大学等机构专家以及本土畜牧专业人员组成的"农牧专家""标准化专家"和"地方专业人员"3个技术团队全程指导项目建设，确保了在体系构建和标准制定，宣传贯彻实施方面的技术支撑和科学推进。着力"质量追溯体系"建设，保证产品质量。建成以通用技术标准、育种与繁殖、饲养技术与管理、饲草料种植加工、投入品管理、屠宰、产品收获检验及分级、包装、储存与运输、销售、追溯的标准综合体框架，为苏尼特羊标准化养殖与加工奠定了坚实基础。通过佩戴电子耳标的方式，全方位掌握苏尼特羊饲养、疫病防治、屠宰、加工、物流、销售等各环节流程，构建了产品来源可追溯、去向可查证、责任可追究的完整信息档案。购置各类实验室设备，开展育种研究，切实提高苏尼特羊育种质量；建立标准化培训中心，定期开展农牧业标准专业培训，切实转变企业和牧民群众传统牧业生产观念和思想意识，为苏尼特羊标准化养殖和生产夯实健康发展根基。打造"品牌宣传与保护体系"建设，提升品牌竞争力。充分利用报纸、广播、电视、微信、微博及政府门户网站和展览会、推介会等多种宣传途径强化苏尼特羊肉产品宣传力度。对地理标志使用企业开展全覆盖行政检查指导，向苏尼特羊地理标志用标企业宣传知识产权法律法规及相关法律知识，帮助企业建立完善苏尼特羊地理标志管理和使用各项制度，保护苏尼特羊肉品牌形象和信誉。利用网络平台建立线上线下交易模式，拓宽了溯源羊肉销售渠道，打通了高端市场销售"最后一公里"，为牧民持续增收奠定基础，增强市场竞争力。实行全保护价收购等发展模式，有效抵御市场风险，维护牧民利益，带动牧民持续增收。

二、锡林郭勒奶酪区域公用品牌

锡林郭勒奶酪区域公用品牌是锡林郭勒盟为了推动当地奶酪产业发展而打造的一个重要品牌。该品牌以"中国人自己的奶酪"为口号，旨在提升锡林郭勒奶酪的知名度和美誉度，促进当地经济的发展和农牧民的增收。锡林郭勒盟地处优质黄金奶源带，拥有广阔的天然草场和丰富的牧草、药用植物资源，为奶酪产业的发展提供了得天独厚的条件。为了充分发挥这一优势，锡林郭勒盟推动了锡林郭勒奶酪区域公用品牌的建设，通过整合当地奶酪产业资源，提升产品质量和品牌形象，打造出一个具有地方特色的优质奶酪品牌。品牌的发布不仅有助于提升锡林郭勒奶酪的市场竞争力，也为当地农牧民提供了新的增收途径。通过授权经营主体门店和展销店的销售渠道，锡林郭勒奶酪得以进入更广泛的市场，为消费者提供更多元化、高品质的乳制品选择。同时，品牌的建设也促进了当地奶酪产业的规范化、标准化发展，提高了产品质量和安全水平。

随着锡林郭勒奶酪区域公用品牌的不断推广和深入发展，为当地经济的繁荣和农牧民的增收致富注入新的活力。同时，也期待更多具有地方特色的优质农产品能够走出大山、走向全国、走向世界。锡林郭勒奶酪区域公用品牌已完成普通商标注册和著作权登记保护工作。在品牌宣传层面，锡林郭勒盟把区域公用品牌所蕴含的生态特性、品质特征、产品特色、文化底蕴、品牌故事等作为品牌宣传的着力点，持续加大区域公用品牌宣传力度，积极开展区域公用品牌推介和产品展示展销，引导消费者"识标选羊""识标选奶酪",不仅让品牌宣传有了广度和深度,也让品牌核心价值和卓越品质家喻户晓。随着锡林郭勒奶酪区域公用品牌核心元素普通商标注册与著作权登记保护相继完成,以地理标志证明商标、农产品地理标志、普通商标、著作权登记构成的锡林郭勒羊、锡林郭勒奶酪区域公用品牌知识产权保护体系构建完成,为全面推进品牌建设提质增效提供了坚实的法律保障。

绿色滋养好源奶,产业蓄力促升级。锡林郭勒盟积极引进优质奶业企业,打造提升本土地方特色乳制品企业及小作坊,先后出台《关于促进地方特色乳制品产业高质量发展若干政策措施》《锡林郭勒盟推动乳清加工产业发展壮大若干措施(试行)》等系列扶持政策,从奶源基地建设、标准化改造、产品研发升级、监管体系完善等多个方面发力,推动全盟奶业发展步入快车道。致力于打造中国人自己的奶酪。经过三年多的运营管理,锡林郭勒奶酪品牌基础日渐夯实、制度措施逐步完善、销售渠道稳步拓展、消费群体持续扩大、经营收益显著提高,走出了一条品牌发展、奶业振兴与农牧民增收的多赢之路。

2023年9月,锡林郭勒奶酪区域公用品牌在呼和浩特正式对外发布,69家生产经营主体获得品牌授权,占到全盟地方特色乳制品生产经营主体的十分之一。与此同时,积极建设线上线下官方销售渠道,相继建成4家线下官方门店、9家授权门店、3个线上官方旗舰店。通过与中石油、中国邮政、内蒙古民航机场集团、东方甄选等优质渠道合作,全力提升品牌影响力和市场占有率,授权经营主体累计销售8000余万元。同时,还积极依托官方媒体、主流媒体、传统媒体和新媒体平台构建"天罗地网"宣传格局,"锡林郭勒奶酪·中国人自己的奶酪"的口碑愈加深入人心。借助良好的区位优势、资源优势和产业基础,加强与奶产业龙头企业合作,鼓励更多的生产经营主体参与到锡林郭勒奶酪区域公用品牌共创共建共享中,携手加大品牌建设力度,延伸产业链条,强化质量管控,拓展销售渠道,全力推动优质产品走出草原、走上全国人民的餐桌,助力农牧民增收、畜牧业增效、草原增绿。

第九节 赤峰市区域公用品牌——赤诚峰味

一、赤峰市区域公用品牌

相较于工业生产的快速崛起,农牧业生产力虽是社会生产力中最为传统、最为基础、最为薄弱的部分,但赤峰市始终将品牌建设作为有着广阔前景的农牧业产业前沿深耕细作。赤峰市围绕建设中国北方重要的绿色农畜产品加工输出基地,立足丰富的农牧业资源禀赋,大力实施品牌提升行动,全流程、全周期加强特色农畜产品质量监管,全方位、全地域打造农畜产品品牌,赤峰小米入选"国字号"名录,"赤峰牛肉""赤峰绿豆""赤峰番茄"等一批单产业品牌入选第二批中国特色农产品优势区名单、中国农业品牌名录、全国名特优新农产品名录。2018年,赤峰市构建了以"赤诚峰味"为核心的"1+N+M"品牌建设架构体系。"1"是策划设计完成赤峰市全域区域公用品牌;"N"是围绕杂粮、肉蛋、蔬菜三大品类,重点建设好"赤峰小米""赤峰荞麦""赤峰绿豆"等3个杂粮杂豆产品、"赤峰番茄""赤峰辣椒""赤峰黄瓜"等3个蔬菜产品、"赤峰牛肉""赤峰羊肉""赤峰鸡蛋"等3个畜产品,共9个单产业品牌;"M"是打造县域公用品牌、农畜产品企业品牌、产品品牌。"赤诚心赤峰味"的口号一经推出,便精准传达了赤峰打造优质农畜产品品牌的初心。随着增品种、提品质、创品牌等工作不断深入,越来越多的赤峰农畜好物进入消费者眼帘。两年时间已有97家企业207种产品得到"赤诚峰味"商标使用权。

赤峰市各旗县区因地制宜,充分发挥主导产业优势,加快主导产业品牌化建设步伐,打造具有鲜明地域特色的县域农畜产品品牌。巴林左旗的"契丹牧耕"、克什克腾旗的"昭乌达肉羊"、宁城县的"宁城宁果"、翁牛特旗的"红山稻"、敖汉旗的"敖汉小米"、喀喇沁旗的"喀喇沁旗中药材"等一大批特色县域区域公用品牌先后诞生,引领产业发展功能不断得到强化、提升、增强。2023年底第十届内蒙古品牌大会公布"2023年内蒙古知名区域公用品牌榜",赤峰市区域公用品牌总价值754.5亿元,居自治区首位。其中"敖汉小米"273.2亿元、"赤峰小米"176.4亿元、"赤诚峰味"135.7亿元、"赤峰绿豆"106.9亿元、"赤峰羊绒"62.3亿元。"赤诚峰味""赤峰小米""敖汉小米"位列自治区知名区域公用品牌10强。"东黎""东方万旗""塞飞亚"等9个品牌入选自治区知名品牌价值榜,品牌价值达到119.2亿元。品牌引领,品质赋能。随着赤峰市优质农畜产品在外埠市场不断被认可、各类农畜产品区域公用品牌不断被叫好,赤峰市农牧业品牌建设势必将引领乡村产业走向生机勃发的"春天"。在"2024—2026年内蒙古自治区农牧业品牌"目录中,赤峰市入选品牌总量居内蒙古首位。通过用好用足自治区的相关政策,强化区域公用品牌、企业产品品牌和精品品牌打造,利用"赤峰好物进北京"活动、中国品牌日、农民丰收节、绿博会等大型活动平台,做好优质绿色农畜产品品牌推介和品牌发布活动,持续扩大品牌影响力。

赤峰市以"区域公用品牌+单产业区域公用品牌+企业产品品牌"的品牌战略

为主线，打造标准化体系、信用体系、可追溯体系、金融支持体系、营销宣传体系、信息化体系、科技创新体系"七大体系"，探索出一条差异化、特色化和品质化的发展路径。农牧业发展因品牌而兴，也因品牌而名。赤峰市12个旗县区品种培优、品质提升、品牌打造统筹推进，"1+N+M"品牌建设构架初显，从注册农产品地理标志到培育农畜产品区域公用品牌，从单产业公用品牌到企业品牌，农牧业品牌化联农带农富农作用日渐凸显。好产品铸就好口碑，好品质塑造好形象。赤峰市围绕先进生产力打造农畜产品品牌，抢抓品牌农业发展先机，赋能农畜产品市场核心竞争力，使得农业提质增效、农民增收致富，乡村产业振兴与发展取得了明显成效。

二、敖汉小米地理标志证明商标

敖汉旗作为农牧业大旗，打造品牌始终是其实现农牧业转型升级、提高市场占有率的关键。作为世界旱作农业起源地，类型多样的土壤中含有丰富的铁、磷等矿物质，为谷物生长提供了优质条件，使之颗粒饱满、色泽鲜亮，营养丰富，特别适宜婴幼儿、孕妇和老龄人口等多类人群。通过推动产品产业标准化，壮大特色产业。2012年，敖汉旱作农业系统被联合国粮农组织列为"全球重要农业文化遗产"，并正式命名敖汉旗为"全球重要农业文化遗产保护试点"。2013年敖汉旱作农业系统被国家农业农村部列为第一批中国重要农业文化遗产，经原国家质检总局批准"敖汉小米"被列入地理标志保护产品。2014年，敖汉旗获得"世界小米之乡""中国小米之乡""全国县级最大优质小米生产基地"称号。多年来，敖汉小米产业完成了从种植到加工、从销售到食用、从文化到旅游的一二三产业融合的全产业链发展。2017年"敖汉小米"获批地理标志证明商标，截至2023年底，敖汉旗使用"敖汉小米"地理标志证明商标专用标志的企业34家，不但拓宽了销路，而且带动了周边农户，产品溢价能力提高20%，融合产值达到50亿元。各项标准和规范的出台，为合理利用地理标志资源，实施地理标志"名牌"战略，促进敖汉旗特色优势产业健康发展提供了保障。敖汉小米入选点赞"2023我最喜爱的中国品牌"和全国"农遗良品"优选计划十佳品牌，品牌市场评估值达113亿元。通过传承农耕文化，推动地理标志产品延伸发展。连续十届世界小米大会在敖汉召开以来，敖汉小米及产品的知名度已经提高到前所未有的广度和高度，敖汉小米的价格成为全国小米市场的晴雨表，为敖汉旗农民的增收致富提供了广阔的空间，成为农民收入新的增长点。敖汉旗先后设立了小米院士工作站、博士工作站、小米研究院、内蒙古小米战略联盟等研究机构，组建了敖汉小米产业协会、敖汉小米集团，形成了从研发、管理、追溯到营销的一整套机制。促进产销对接，助力乡村振兴。多年来，敖汉旗小米产业探索"龙头企业+合作社+基地"的方式推动产销对接，在敖汉旗农耕小米产业有限公司作为企业龙头的带动下，敖汉旗基本形成统一地域谷子优良品种选育标准、统一优质谷子种植标准、统一原粮智能化仓储标准、统一小米精深加工标准、统一优质产品流通标准及统一地理标志使用标准，建成了敖汉小米产业大数据中心，通过人工上报数据和智能采集数据的方式依托GIS地图确权，种植地块编码，强化敖汉谷子种植数据挖掘，并为符合标准的农户颁发敖汉小米标准化种植认证证书（敖汉小米身份证），形成敖汉小米从一粒种子到一双筷子全产业链的追溯体系，给敖汉小米颁发"身份证"，让消费者吃上纯正、放心的敖汉小米及深加工产品，保护好敖汉小米品牌，提升其附加值，从而更好地保护敖汉小米地理标志产品。

三、赤峰小米地理标志证明商标

赤峰小米商标注册号为第23769422号。粟之源，世界小米之发端。赤峰小米颗粒圆润、色泽金黄，适口性好，质纯味正，香软可口，营养丰富。中国农业科学院草原研究所经过品质鉴评发现：赤峰小米富含丰富的蛋白质、粗纤维、维生素E、铁等人体所需元素，氨基酸组合比例优良。小米饭金黄馨香，魅力十足，充满诱惑，成为餐桌上最受欢迎的健康食品，小米粥在民间有"代参汤"之称。使用"赤峰小米"地理标志证明商标商品的生产范围位于北纬41°17′10″～45°24′15″、东经116°21′07″～120°58′52″，分布在赤峰市的阿鲁科尔沁旗和翁牛特旗等12个旗县区境内。赤峰地处中国北方农牧交错带的东部，在国家种植业区划中被划定为内蒙古及长城沿线杂粮区。赤峰谷子产业发展中，通过应用以"微沟集雨、黑膜控草、优质品种、精量穴播、水肥一体"为核心的抗旱保苗节水综合配套技术，重点推广的"赤峰小米"谷子栽培技术等规程，基本实现农户每亩较常规种植增产30%以上、减少劳动用工2.5～3个、降低成本300元以上的目标。2019年赤峰市谷子播种面积在300多万亩，面积占比为全国的10%以上，平均单产在250公斤。截至2021年底，赤峰市谷子年播种面积已达到400万亩，约占全国谷子播种面积的四分之一，年均产量70万吨以上。

赤峰市选育出了黄金苗、毛毛谷、红谷、赤谷等多个地方优良品种推广种植。赤峰市具有丰富的历史文化资源和强大的小米产业基地，谷子景观田、小米产业园、小米博物馆、特色村镇、小米饭农家院等文创、非遗产品应运而生。小米精深加工，小米酒、醋、化妆品、茶、休闲食品等产品的开发都走上了发展的快车道，赤峰小米所独有的地域性和文化传承性得到进一步彰显。利用新媒体传播赤峰小米品牌故事，引领小米产业国家化发展。亮相国内国际展览会，多次获得产品金奖，赤峰小米声名鹊起，让"小米味道"香飘万里，走向全国、迈向世界。2023年，"赤峰小米"入选内蒙古知名区域公用品牌。"赤峰小米"品牌价值由2018年2.5亿元，快速增长为2020年61.66亿元，截至2023年达到176.36亿元，品牌价值迅速提升，创造了6年内增长70倍的佳绩。

四、赤峰荞麦地理标志证明商标

赤峰荞麦地理标志证明商标注册号为第23769417号。赤峰荞麦产品具有粒大、皮薄、籽粒均匀、面白、出粉率高、筋大等多种优点。赤峰荞麦富含丰富的微量元素、膳食纤维和维生素B_2、B_6等营养成分。可制作面食等多种食材。在清代荞麦成为赤峰地区的主要农作物之一。当时的农民利用当地的自然条件，采用传统的种植方法，大量种植荞麦，满足了当地居民的粮食需求。20世纪，赤峰地区的荞麦种植进一步发展，成为中国荞麦的主要产区之一。21世纪以来随着现代农牧业科技的进步和荞麦种子品种的优选，赤峰荞麦的产量和质量得到了大幅提高。赤峰市敖汉旗有着"荞麦之乡"的美誉，2023年经专家论证，翁牛特旗被授予"荞麦之都"的称号。使用"赤峰荞麦"地理标志证明商标商品的生产范围位于北纬41°17′10″~45°24′15″、东经116°21′07″~120°58′52″，该区域分布在赤峰市的阿鲁科尔沁旗、翁牛特旗和敖汉旗等12个旗县区境内。2021年发布并实施了T/CFAALE 002—2021《地理标志证明商标产品 赤峰荞麦》团体标准。赤峰市形成了以凯峰商贸、树发食品、明阳农业、北方大地等为代表的荞麦精深加工企业，开发出了荞麦酒、荞麦坐垫、荞麦茶等为主的深加工产品达300余种，成为农民增收的特色产业之一。

赤峰荞麦主产区翁牛特旗，将荞麦产业作为特色富民产业持续加大培育扶持力度。2023年1月以来，凯峰商贸公司先后向25个国家和地区出口荞麦制品共八个品种，目前完成签约2000万美元以上，其中日本占据了出口额的50%，美国、加拿大、俄罗斯、土耳其、以色列和格鲁吉亚等国家采购赤峰荞麦的意向较往年大幅提高。翁牛特旗年种植面积稳定在30万亩以上，年产量3.25万吨，据统计翁牛特旗2023年荞麦种植面积达62.8万亩以上，平均亩产260斤左右，全旗荞麦总产量在1.6亿斤以上，为全面推进乡村振兴起到重要的支撑保障作用。

五、赤峰绿豆地理标志证明商标

绿豆起源于中国，栽培历史悠久。属于药食同源之品，营养成分丰富，蛋白质、脂肪、维生素E、维生素B、钙、磷、钾等含量均优于其他同类产品。赤峰绿豆产地位于内蒙古自治区赤峰市，范围位于北纬41°17′10″~45°24′15″、东经116°21′07″~120°58′52″，主要分布于阿鲁科尔沁旗和巴林左旗等12个旗县区境内。赤峰绿豆因其高品质在市场上一直久享盛名，价格坚挺，是国内著名的优质绿豆之乡。

赤峰绿豆地理标志商标申请注册号：23769420，国际分类：31-饲料种籽。批准日期为2016年3月31日。赤峰绿豆性喜温暖、耐旱适应性强，生长期短，豆味浓香，好煮易烂，粒大颗均、深绿有光。赤峰绿豆地理标志商标的成功注册，具有重要的商业价值和品牌强农作用。它标志着赤峰绿豆这一产品有了进入市场的"身份证"，农产品区域公用品牌建设迈上了新台阶，有望提升农畜产品的附加值，并促进农牧民增收。赤峰绿豆地理标志商标不仅代表了赤峰绿豆的独特品质和地理特色，还体现了其在农业品牌建设中的重要作用，有助于推动赤峰绿豆产业的持续发展。

2023年"赤峰绿豆"地理标志授权使用主体已达32家企业，其中国家级重点龙头企业2家，省级重点龙头企业4家、国家级农民合作社1家，其余的多数为赤峰市重点龙头企业。授权主体获得绿色食品认证的有12家企业，获得有机农产品认证的有5家企业。据对赤峰绿豆地理标志授权企业统计，2023年赤峰绿豆种植面积为46.13万亩，年销售额13.5亿元。产品出口额达到3亿元。全产业链产值18亿元。线下主要销售额7.5亿元，批发市场销售额1.5亿元，线上主要销售渠道销售额1.2亿元。

赤峰市倾力打造"赤峰绿豆"区域公用品牌，品牌建设取得了显著成效。2016年3月31日，"赤峰绿豆"批准实施国家农产品地理标志登记保护。2018年"赤峰绿豆"在国家知识产权局成功注册为地理标志证明商标。2021年发布实施了《地理标志证明商标产品 赤峰绿豆》团体标准。"赤峰绿豆"品牌入选第二批中国特色农产品优势区名单、中国农业品牌名录、全国名特优新农产品名录。2023年12月，第十届内蒙古品牌大会公布"2023年内蒙古知名区域公用品牌榜"，"赤峰绿豆"区域公用品牌价值106.9亿元。

六、赤峰羊绒地理标志证明商标

赤峰羊绒地理标志证明商标注册号为第23769422号，使用"赤峰羊绒"地理标志证明商标商品的生产范围位于北纬41°17′10″~45°24′15″、东经116°21′07″~120°58′52″，分布在赤峰市红山区、松山区、巴林右旗、阿鲁科尔沁旗和林西县等12个旗县区境内。

"赤峰羊绒"产自罕山白绒山羊身上,纤维强力适中。赤峰羊绒颜色纯白,因其"细长白"的特点,又被称为"白中白"。赤峰羊绒制品,蓬松又柔软。赤峰羊绒于20世纪70年代中期起步,随着毛纺业兴起,80年代末期,全国各大毛纺企业原料供应紧张,于是各个方面围绕绒毛展开抢购,当时称之为"羊毛大战"。赤峰市是羊毛羊绒主产区,年产羊毛近2万吨、山羊绒近600吨,品质较好,受到各地毛纺厂的青睐。赤峰市着力打造的"赤峰羊绒"区域公用品牌建设已初见成效:2018年9月,"赤峰羊绒"获准注册地理标志证明商标;2021年9月,《地理标志证明商标产品 赤峰羊绒》团体标准在全国团体标准信息平台上正式发布实施;2022年12月,"赤峰羊绒"喜获中国农产品百强标志性品牌;2023年12月,"赤峰羊绒"品牌价值评估达62.31亿元,荣获"内蒙古知名区域公用品牌"称号。

2023年,赤峰市人民政府印发《赤峰市绒毛加工产业高质量发展行动方案(2023-2025)》,要求按照"绿色、精品、高端"的发展方向,以龙头企业为抓手,助推绒毛加工业高质量发展。已经获准使用这一地理标志专用标志的赤峰东黎羊绒股份有限公司和赤峰圣伦绒毛制品有限公司,迅速驶入生产经营发展快车道,是赤峰市羊绒产业不断跃进的缩影,进一步提升了赤峰羊绒的整体形象和知名度。在赤峰纺织行业中,羊绒制品加工创造了每年450吨的纺纱产能、200万件的羊绒衫产能,10亿元以上的产值、3000多人因它的存在有了稳定的工作和收入。赤峰羊绒,正用温柔的力量影响世界。

赤峰羊绒地理标志证明商标的成功注册和使用,不仅有助于保护和传承赤峰地区的羊绒产业文化和技艺,也为当地羊绒产业的发展提供了有力的品牌支持和市场保障。同时,它也有助于消费者识别和购买到真正的赤峰羊绒产品,保障消费者的权益。作为赤峰地区羊绒产业的一张亮丽名片,它代表了赤峰羊绒的独特品质和地域特色,对于推动当地羊绒产业的持续健康发展具有重要意义。

第十节 通辽市区域公用品牌——通辽农品

通辽市全域品牌"通达辽阔"、农产品区域公用品牌"通辽农品",分别代表通辽市城市形象和特色农品,为通辽品牌化建设注入新活力。科尔沁牛作为内蒙古地区特有的品种,因其肉质鲜美、营养丰富而受到消费者的喜爱。通辽市大力推进"科尔沁牛"区域公用品牌、企业品牌、产品品牌建设,科左后旗以科尔沁牛区域公用品牌建设为契机，加强品种改良和规模化养殖，全力推进黄牛全产业链发展。2021年"科尔沁牛"品牌价值达到258.1亿元，居内蒙古畜产品品牌价值榜榜首，从全国地理标志产品区域品牌榜排名第50之后上升到今年的第20，"科尔沁牛"品牌影响力不断提升。2023年内蒙古科尔沁牛业股份有限公司通过"蒙"字标认证，是通辽市第一家通过"蒙"字标认证的企业。"通辽黄玉米"以其容重高、营养含量高、霉变率低、含水率低"两高两低"的优良品质，形成了氨基酸、淀粉糖等13大类200多种产品的全株产业链，获得了生态原产地证明商标和农产品地理标志"双认证"，2022年品牌价值达到305亿元，列中国百强农畜产品区域公用品牌榜第39位，居内蒙古农产品品牌价值榜首位。

一、开鲁红干椒地理标志证明商标

开鲁红干椒地理标志产品批准公告为2010年第17号，证明商标注册号为第16023615号。开鲁县位于北纬43°~44°、东经120°~123°之间，辖区十二个镇场自然资源优越，土壤肥沃且多数为黑五花土、白五花土等壤质土壤。光照强，昼夜温差大，有效积温3200℃以上；地下水源充足，水质为重碳酸钙、钠型淡水，矿化度好，为优质的灌溉水，农业基础设施完备，农民有种植红干椒的成熟技术。据《开鲁县志》记载，开鲁县红干椒起源于东风镇（原道德镇）道德村，已有70多年种植历史，最初是由外地移民带入道德村，当时人称"小辣椒"，主要用于菜肴的调制品开鲁红干椒。开鲁县优越的自然资源条件和社会条件，孕育了开鲁县辣椒产业的发展。开鲁红干椒果实辣味适中，维生素、辣椒素（辣椒素含量0.8%左右）和氨基酸含量（含量达到1.2%以上）均高于其他地区生产的同类产品，具有品质优良，无污染，口感好，特别香浓的辣味，被称为"香辣型"，深受消费者青睐。

2021年，《地理标志产品 开鲁红干椒地方标准》（DB15/T 548—2021）出台。通过提升高质量标准化种植，来提高红干椒品质，建设开鲁县红干椒产业"一站式"服务，落实好红干椒高质量标准化示范基地建设，继续挖掘开鲁县红干椒产品特有品质，带动全县60万亩红干椒全部采取高质量标准化种植，重点推广示范开鲁县红干椒高质量标准化生产体系，提高红干椒品质，提升红干椒品牌，壮大开鲁县红干椒产业。开鲁县为全国绿色食品标准化生产基地，年产辣椒30亿斤，实现产值25亿元以上。截至2024年6月，拥有冷藏库30余万平方米，冷冻冷藏能力30余万吨。辣椒加工企业15家，年加工能力14万吨，有辣椒酱、辣椒酥、辣椒粉等20余种深加工产品。全国绿色食品原料标准化基地（红干椒）认证20万亩，累计认证绿色食品企业6家。产品主要出口日本、韩国以及南亚一些国家。2023年，被中国蔬菜流通协会授予"中国红干椒之都"的美誉。

开鲁红干椒"走红",改写中国"辣版图",打造龙头企业,推动红辣椒全产业链发展。"开鲁红干椒"拥有红干椒地方标准体系,获得生态原产地证明商标和农产品地理标志"双认证",入选全国名特优新农产品名录,发展红干椒产业,有着独特的优势。"开鲁红干椒"红色素、维生素、辣椒素、氨基酸含量远高于国内其他地区椒品,是"老干妈""康师傅"等知名品牌的供应原料,更是生活中必不可少的调味品,已得到国内外市场广泛认可。农牧业品牌化升级助力乡村振兴,实现农村牧区可持续发展。

二、库伦荞麦地理标志证明商标

库伦旗被称为"中国荞麦之乡",种植面积大,产量高,具有很强的区域优势。库伦荞麦及荞麦制品在国内外享有盛誉,已成为全国知名农产品品牌(图9-3)。2006年,"库伦荞麦"(31类未加工的)地理标志证明商标申请成功,属于通辽市认证的首枚地理标志证明商标。2014年,库伦旗被命名为"中国荞麦文化之乡"。2015年,成功申请注册了"库伦荞麦"(30类加工过的)地理标志证明商标。"库伦荞麦"获得了生态原产地证明商标和农产品地理标志"双认证",入选全国名特优新农产品名录,被认定为第二批内蒙古特色农畜产品优势区。2018年,库伦荞麦被农业农村部认证为地理标志农产品,成为通辽市第一个区域公用品牌。2019年,库伦荞麦被农业农村部农产品质量安全中心确认为"全国名特优新农产品"。2021年,库伦旗《发展传统特色产业促进少数民族地区农牧民增收致富——荞麦产业扶贫模式》成功入选第二届"全球减贫案例最佳案例"。2023年,"库伦荞麦"区域公用品牌价值达77.63亿元。同年,库伦荞麦旱作系统被列入第七批中国重要农业文化遗产。"库伦荞麦"营养价值高,富含具有保健功能的多种矿物质、维生素,荞麦米、荞麦面、荞麦茶、荞麦白酒、荞麦精酿啤酒、荞麦麦片等产品深受消费者喜爱,"库伦荞麦、健康常在"已经深入人心,以优异的品质享誉海内外。

图9-3 库伦荞麦品牌

立足资源禀赋，加大品牌建设力度。倾力打造"库伦荞麦"区域公用品牌，延伸荞麦产业链条，荞麦产业逐步走上规模化种植、标准化生产、品牌化经营的道路。库伦旗全面加强品质管控，大力实施农牧业生产"三品一标"提升行动，依托传统特色产业优势，引领特色荞麦产业高质量发展。与央视主流媒体平台签订广告合同，邀请CCTV2财经频道《生财有道》栏目组到库伦旗，拍摄荞麦全链条发展；在内蒙古卫视宣传"库伦荞麦"区域公用品牌；在北京国际会议中心召开内蒙古库伦荞麦特色产业推介会。库伦"荞管家"苦荞茶进驻自治区"两会"会场，在白塔机场、通辽机场等重点场所，借助通辽市出租车、公交车宣传。依托"印象库伦"微信公众号等平台，制作宣传短视频、原创长图。

促进强链补链延链，助力乡村振兴。近年来，库伦旗制定《库伦荞麦产业发展实施方案》《库伦旗"十四五"乡村特色产业发展规划》，为今后荞麦产业高质量发展指明了方向、明确了目标。同时不断加快绿色经济产业带建设进程，已成功申请建设"通辽市荞麦产业园"，积极申请"自治区荞麦产业园"。依托"库伦荞麦"品牌优势，库伦旗大力招引精深加工企业入驻，加快形成荞麦特色产业聚集区，进一步拉长荞麦产业链条，合作开发更具科技含量的荞麦产品。建设优良品牌繁育基地和建立试验示范基地。引进高层次人才攻克多项荞麦产业技术难题，开展特色荞麦品种复壮选优工作。对荞麦优质种植带进行筛选，继续推进小三棱品种提纯复壮扩繁，分别落实50亩地块进行提纯复壮、150亩用于明年预留种扩大种植面积。发展全域种植。2023年，库伦旗通过招商引资的方式建立起"公司+基地+农户"的经营模式，依托"库伦荞麦"的品牌优势，精心打造以荞麦为主的杂粮品牌，总产量达到960万斤左右、产值达到3360万元以上。

创新发展模式，制定《库伦荞麦高质量标准体系》等15项自治区地方标准。2023年11月，内蒙古弘达盛茂农牧科技有限公司生产的荞麦米、荞麦面顺利通过"蒙"字标认证，实现零突破。

三、奈曼甘薯区域公用品牌

奈曼旗立足农牧业资源优势，发挥蒙味道名牌企业引领作用，始终以品牌运营为核心，以"内蒙古特产优势带动原产地农畜产品营销"为持续增长点，全方位推动蒙味道"原生态、质朴乡情、蒙古族民风"品牌价值体系的快速成长。通过品种推广示范、技术应用、打造示范片、提升社会化服务能力等多种举措，全力培育打造优质高效增粮、生物育种产业化基地，形成了可复制、易推广的"奈曼模式"。"奈曼甘薯"已入选全国名特优新农产品名录，入选全国"一村一品"示范村镇名录,被纳入内蒙古区域公用品牌和第二批特色农产品优势区。根植内蒙古农牧产业领域,打造地域品牌,"奇石净土、奈曼甘薯"已经声名远播,通过创新农牧业发展模式,壮大新型经营主体,带动旗、乡、村农畜产品上行,链接内蒙古农牧业资源,通过"品牌化、全品类、区域性"农畜产品体系构建,实施"原产地计划+产品溯源+销售对接"一体化新模式,带动内蒙古系列化农畜产品销售,推动农村产品上行全方位突破,构建商贸科技与小规模实体经济融合发展,提升本地区农畜产品商品化处理能力,增加农畜产品附加值,有效提升农户产品上行动能,让更多农牧民受益,服务乡村振兴。"蒙味道"秉承严谨态度和严格标准,以"严选好物产、严选好品牌"为发展根基,深入特色产品原产地,通过原产地取材,严格控制产品品质,同时,与优质名牌企业供应商合作,为顾客甄选货真价实的特色产品,带来地道的"内蒙古好味道"。"蒙味道"坚持"只有严选的特产,才是好特产"这一经营宗旨,持续推进模式创新,以"打造内蒙古农畜产品品牌"为目标,培育"蒙味道"成为代表性品牌,成效显著,成果喜人。"蒙味道"通过全方位品牌推广模式,推动线上、线下全渠道销售,加强直播电商平台人才培育,构建"电商直播基地"运营服务体系,导入奈曼旗电子商务产品标准示范流程建设。"蒙味道"经营模式成为奈曼旗电子商务中最具竞争力的品牌名片,服务乡村振兴战略。

第十一节　兴安盟区域公用品牌——源在兴安

"源在兴安"是以生态区域品牌为战略定位,依托兴安盟农牧业、文化产业、旅游产业打造的全品类区域公用品牌。兴安盟"蒙"字标认证可申报的产品由原来"兴安盟大米"的1个品类,增加了兴安盟牛肉、内蒙古黄芪、内蒙古桔梗、内蒙古纯牛奶、内蒙古鲜牛奶、内蒙古沙棘籽油、内蒙古大兴安岭黑木耳、内蒙古亚麻籽油、内蒙古风干牛肉等品类。通过打造"兴安产,安心选"金字招牌,"兴安盟大米"地理标志品牌提升行动,"突泉小米""突泉绿豆"地理标志运用促进工程实施,知识产权公共服务优化,支持驰名商标培育和保护,指导"兴安盟大米"等地理标志做大做强,提升品牌影响力和竞争力。兴安盟首部美食纪录片《知味兴安盟》以铸牢中华民族共同体意识为主线,全面展示国家重要农畜产品生产基地建设成果和内蒙古的良好形象。聚焦兴安盟的绿色净土,以美食、美景、美文、美听为切入,把兴安盟的自然风光、风土人情、独特文化和各族群众团结友爱的幸福图景融为一体,进一步践行大食物观,展现共有精神家园,不断提升内蒙古、兴安盟的知名度、美誉度和产品竞争力,展示了兴安盟乃至内蒙古的无限魅力与活力。

以"兴安盟大米"为例。兴安盟气温适宜,水源纯净充足,为稻米生产提供了极好的生态基础条件,黑土地土壤肥沃,昼夜温差大,具有生产优质水稻的天然优势,同时有着悠久的水稻种植历史,形成了特有的"兴安盟大米"品牌特色优势。"兴安盟大米"含有钙、钾、硼、锌、钠等元素,特别是硒、铁微量元素较高,被称为"富硒大米""富铁大米"。为了突出品牌培育,兴安盟将"兴安盟大米"品牌建设纳入农牧业发展战略,制定加强品牌建设的政策扶持办法,推动形成"兴安盟大米"品牌集群。2015年,"兴安盟大米"被成功注册为地理标志证明商标。在品牌建设引领下,兴安盟不断强化知识产权的运用和保护,培育"蒙"字标高端产品,赋能"兴安盟大米"产业发展。

兴安盟坚持把"小特产"做成"大产业",凝心聚力谋划品牌名片打造,品牌美誉度不断攀升,提高了"兴安盟大米"地理标志品牌的整体竞争力。"兴安盟大米"成为农民致富的"白金米"、产业发展的"指挥棒",不断汇聚品牌经济强韧动能,实现生态品牌效益向经济价值转化,推动农牧业实现高质量发展,引领兴安盟经济向高质量发展迈进,为打造"现代化、规模化、标准化、品牌化"生产基地,擦亮"兴安"品牌贡献力量。规划引领科技支撑为"好米"变"名米"奠定基础。作为"东北上游,净产好米"的典型代表,"兴安盟大米"的独特品质得益于原生态环境特质和得天独厚的自然条件。种得好、产得好,却没能卖得好。为破解兴安盟大米"养在深闺无人识"的困境,近年来,兴安盟委依托良好的生态条件,放大资源环境优势,大力发展绿色农畜产品加工,使大米产业走出一条突围崛起之路,实现生态环境"绿起来"和人民群众"富起来"。兴安盟结合落实国家重要农畜产品生产基地建设任务,为了突出品牌培育,兴安盟将"兴安盟大米"品牌建设摆在工作突出位置、行署办印发《推进地理标志助力乡村振兴行动实施方案》,并纳入农牧业发展战略,健全完善各项制度机制,出台政策扶持办法,推动形成"兴安盟大米"品牌集群。

三产融合发挥潜能,经济效益社会效益双提升,以打造产业示范园区建设为抓手,实现一二三产无缝衔接、融合发展。依托主导产业"生产+加工+科技",实现"兴安盟大米"全程质量追溯,并成为旅游、研学新的"网红打卡地"。推出"我有一亩田""稻梦空间""稻田鱼""稻田鸭"等营销新模式,不断增加产业经济效益和社会效益。围绕绿色农畜产品加工输出基地建设重点任务,当地不断扩大水稻基地面积,有机绿色水稻基地突破100万亩,占兴安盟水稻种植面积的72.5%。同时,成功打造义勒力特镇、扎赉特旗好力保乡、科右中旗哈日道卜等万亩绿色有机水稻示范基地。实现"兴安盟大米"全程质量追溯。科右前旗归流河镇（水稻）、乌兰浩特市义勒力特镇（水稻）、科右前旗察尔森镇（水稻）先后被国家评为全国农牧业产业强镇，水稻产业发展也走到了全国前列。2023年，园区实施"兴安盟大米"国家地理标志产品保护示范区培育工程，在产品质量检测、质量追溯体系建设上取得明显成效。同年"兴安盟大米"区域公用品牌价值评价结果为262.87亿元。截至2023年底，已完成兴安盟大米地理标志认证企业37家，列全国百强农产品区域品牌粮食类第3名。

推动地理标志运用，搭建"兴安盟大米"授权企业利用"知产"换"资产"桥梁。兴安盟高效运营严格保护，深入挖掘潜力，擦亮"兴安盟大米"品牌底色。利用专利、商标等知识产权获得更多收益。例如，龙鼎米业利用专利连续3年累计获得6600万元的质押融资，开辟了兴安盟专利质押融资新篇章；绰勒银珠米业获得300万元"蒙"字标质押融资；岭南香米业获得专利质押融资100万元。2023年以来，兴安盟市场监督管理局、金融办、银保监分局和人民银行兴安盟支行联合实施知识产权质押融资企业"白名单"双向推送机制，开展"入园惠企"行动，调查"兴安盟大米"企业知识产权质押融资需求，联合举办政银企对接服务座谈会，促进银企合作，支持企业利用知识产权获得融资，纾解企业资金困难问题。

建设高质量标准体系。兴安盟市场监管局组织制定《"兴安盟大米"产地环境要求》《原料水稻品种选择要求》《兴安盟大米》系列9项标准，规范"兴安盟大米"的定义、分类、稻谷来源、质量标准等，实现了全产业链质量标准可追溯，建立起一整套高质量标准体系，现标准覆盖率达到90.5%，有效规范"兴安盟大米"特色产业发展。同时完成《"蒙"字标农产品认证要求 兴安盟大米》标准制定工作，绰勒银珠等5家"兴安盟大米"企业通过"蒙"字标认证，标准实施率达到100%。大力促进知识产权转化运用，加强商标品牌建设已成为内蒙古经济高质量发展的有效路径。

加强培育、深挖潜力、擦亮"兴安盟大米"品牌底色，坚持品牌与文化相融，提升产业融合体系建设水平。深入挖掘"兴安盟大米"文化内涵，在"三合"民俗体验馆、"敖包山"稻田景区、"察尔森"稻花音乐节、"好力保"稻田景区，构建"旅游+水稻产业"模式，积极培育以特色消费为内容的旅游新业态，讲好"兴安盟大米"品牌故事，体验"兴安盟大米"美味美食，提升品牌的文化档次和品位，增强品牌软实力。让旅游与农牧业发展深度融合，让特色产业变成旅游产业，让农副产品变成旅游产品。加强品牌资源整合，处理好"兴安盟大米"与区域公共品牌

"源在兴安"和企业自主品牌的关系,突出使用"兴安盟大米"地理标志,不断提升"兴安盟大米"区域品牌知名度和市场竞争力。在品牌建设引领下,兴安盟不断强化知识产权运用和保护,培育"蒙"字标高端产品,赋能"兴安盟大米"产业发展,扎实的品牌建设工作换来了市场的肯定。

第十二节 呼伦贝尔市区域公用品牌——呼伦贝尔大草原

一、呼伦贝尔市区域公用品牌

由于《呼伦贝尔大草原》歌曲被广为传唱以及呼伦贝尔旅游的持续推广,"大草原"因此成为呼伦贝尔留在消费者脑海中最有价值的心智认知。同时,"草原好,羊肉就好"的心智认知,能产生"呼伦贝尔草原羊肉是最好的羊肉"的市场认知。以打造"呼伦贝尔大草原"市域公用品牌为契机,呼伦贝尔市突出生态天然多元富集,产品绿色健康安全,全方位推介"呼伦贝尔大草原"优质品牌,持续增加生态产品附加值,辖呼伦贝尔草原羊肉、黑木耳、牛奶、牛肉、马铃薯、芥花油、蓝莓、大豆等八大农畜产品区域公用品牌。其中,"扎兰屯黑木耳"作为中国食用菌典型代表,成功入选首批受欧盟保护100个中国地理标志产品,标志着中欧各界对"扎兰屯黑木耳"独特产区、优异品质及其在国际市场影响力的认可。2023年12月4日,国家知识产权局正式发布通知,"西旗羊肉"成为内蒙古自治区第二个获批筹建的国家级地理标志产品保护示范区,筹建期3年。呼伦贝尔牛肉、呼伦贝尔冰香稻、牙克石种薯等10个区域公用品牌获得"2023年度内蒙古知名区域公用品牌",区域公用品牌评估价值累计达到682.4亿元,其中呼伦贝尔牛肉品牌价值330.16亿元,位居内蒙古自治区第一。区域公用品牌运营主体呼伦贝尔农牧业投资发展有限公司被授予2023年内蒙古品牌培育示范单位称号,并被任命为内蒙古绿色农畜产品输出产业联盟常务副主席单位。"呼伦贝尔草原羊肉"品牌打造,对提升呼伦贝尔羊业形象,提高呼伦贝尔羊肉溢价,必将产生重大的影响。"美食节"为品牌走红"添火",让呼伦贝尔文化旅游带火"呼伦贝尔草原羊肉"。呼伦贝尔属于国内高端旅游目的地,"呼伦贝尔草原游"是国内众多旅行社夏季的王牌项目。随着活动的持续开展,呼伦贝尔草原羊肉品牌也开启"走红之旅"。此外,呼伦贝尔草原羊肉频频登上荧屏,如《舌尖上的中国》《风味人间》《家乡菜中国味》等美食节目,受到全国人民的关注。通过品牌的持续推广、综合监管技术的应用，呼伦贝尔草原羊肉品牌效益彰显。

增强品牌的引领和带动作用，充分发挥绿色、生态优势，积极培育民族特色农牧业。通过积极响应内蒙古牧区现代化建设工作，助推地方乡村振兴发展，按照坚持走集约化、规模化、高端化新路子，抓好农畜产品的精深加工，深化龙头企业+合作社+牧户利益联结机制，握指成拳、补链成群，做优做强系列区域品牌，增强整个呼伦贝尔肉业行业专业化水平及竞争力，进一步提升呼伦贝尔草原羊肉区域公共品牌影响力，产品销售主要以线上线下相融合模式，全力打造呼伦贝尔草原羊肉区域公共品牌及其核心产区"西旗羊肉"。坚持高位推动，完善政策体系，促进经济社会加快发展，全面推进边境地区振兴。

二、额尔古纳河右岸区域公用品牌

"额尔古纳河右岸"区域公用品牌标识，由主标志和文字两部分组成。主标志部分是以额尔古纳拼音和英文的首字母"E"为造型，似千年流淌、静谧蜿蜒的额尔古纳河，与右岸的自然生态和谐共生，滋养着右岸百姓世代繁衍生息，并敞开怀抱笑纳四海宾朋、迎接八方来客。文字部分由"额尔古纳河右岸"及字母缩写组成。标识中绿和蓝，是额尔古纳河右岸最亮丽的底色，表达世代额尔古纳人守护好、建设好、发展好这片土地的信心与决心。字体通过艺术性的加工，彰显了额尔古纳河右岸的历史深邃与文化的厚重。"额尔古纳河右岸"区域公用品牌正式启用，标志着额尔古纳市区域公用品牌建设工作进入了一个新的里程碑，将为额尔古纳全域全季全业旅游、绿色生态农牧业等产业发展提供品牌支撑，在提升额尔古纳城市形象等方面具有重大意义，为推动农牧和林下等重点集群产业提供品牌支撑，有力推动优质、绿色的"额尔古纳河右岸"生态产品立足北疆、放眼全国、走向世界。

三、呼伦贝尔农垦企业品牌

2024年第二十一届世界品牌大会在北京召开，"呼伦贝尔农垦"与旗下知名品牌"苍茫谣"再传喜讯，双双荣膺"2024年中国500最具价值品牌"称号。这充分彰显了呼伦贝尔农垦及其品牌在国内外市场的卓越影响力与价值增长。呼伦贝尔农垦品牌凭借其深厚的产业基础、卓越的产品品质以及广泛的市场认可，品牌价值超200亿元，评估价值达到201.35亿元，榜单排名较2023年提升31名。与此同时，作为集团旗下明星品牌"苍茫谣"以65.17亿元的品牌价值成功入选，进一步巩固了其在国内食品行业的领先地位，体现了品牌在技术创新、绿色生态及消费者信任等方面持续耕耘的成效。通过不断突破与创新，在全球范围内树立了鲜明的品牌形象。品牌价值评估覆盖了财务数据、品牌强度和消费者行为等多个维度，"呼伦贝尔农垦"与"苍茫谣"能够脱颖而出，不仅得益于其在食品行业的深厚底蕴，还得益于企业在数字化转型、可持续发展策略以及ESG（环境、社会和治理）绩效上的突出表现。世界品牌实验室在评价中特别提到了低碳国际（Carboncare International）对品牌企业的碳排放计量，这意味着"呼伦贝尔农垦"和"苍茫谣"在追求经济效益的同时，兼顾环境保护，积极响应全球碳中和趋势。"呼伦贝尔农垦"主品牌及系列子品牌培育将持续探索与实践，引导并支持创建以及整合企业品牌和产品品牌，推动呼伦贝尔经济高质量发展，为推动中国品牌走向世界舞台贡献力量。

在品牌经济日益重要的今天，农畜产品品牌成为促进呼伦贝尔市产业兴旺、助力百姓增收致富、推进乡村振兴的重要支撑。呼伦贝尔市形成了政府统一领导、行政主管部门指导，社会团体、行业协会、科研院校和农牧企业共同参与的农畜产品区域公用品牌评定和评估机制，维护品牌的权威性和公正性。如果将企业看成"点"，产业则是"线"，区域是"面"。坚持农畜产品区域公用品牌和企业品牌、产品品牌有机结合，按照自治区"内蒙古味道"授权要求，进一步引导企业强化品牌树立意识，加强品牌建设与推广，积极组织企业参加国内外交流平台，发挥区域品牌带动和企业品牌、产品品牌的支撑作用。

结　语

　　建设国家重要农畜产品生产基地，是习近平总书记交给内蒙古的五大任务之一，也是保障国家粮食安全、加快把内蒙古建设成为农牧业强区，促进农牧民增收致富的战略举措。"内蒙古味道"是内蒙古自治区区域公用品牌，具有良好的品牌效应，在发展过程中一直坚持以"生态优先、绿色发展"为导向，通过充分发挥内蒙古绿色农畜产品资源优势，深入挖掘内蒙古饮食文化内涵。推动内蒙古特色农畜产品和文化传承与发展，充分发挥品牌优势，提升内蒙古品牌形象。以"内蒙古味道"区域公用品牌为依托，开展品牌营销，为内蒙古优质绿色农畜产品"走出去"搭建新路径、新渠道，引领更多"老字号""蒙"字标企业关注品牌建设，构建"农畜产品区域公用品牌+企业品牌+产品品牌"的品牌矩阵（附录1至附录3），不断扩大文化旅游融合效应，为农畜产品区域公用品牌健康发展提供有力支撑。立足打造优质农畜产品生产基地，推动绿色农畜产品"走出去"，进而为内蒙古新发展格局贡献品牌力量，提升自治区农畜产品品牌影响力，助力内蒙古农牧业经济高质量发展。

　　"蒙"字标引领内蒙古生态优质农畜产品高质量发展，内蒙古加快推进农牧业规模化、产业化、品牌化。作为国家重要农畜产品生产基地的内蒙古，以农牧业供给侧结构性改革为主线，加快转变发展方式、优化经济结构、转换增长动力，释放出农牧业发展新活力。内蒙古已成为国家重要的"粮仓""肉库""奶罐""绒都"，为推动更多生态优质农畜产品走向全国、走向世界，内蒙古自治区探索出一条以"蒙"字标认证打造"蒙"字标品牌，让内蒙古"闺中宝"以"蒙"字标"身份证"走出大草原的新路子。以区域品牌为带动，以企业品牌为主体，以产品品牌为基础，以"蒙"字标为牵引，运用更大的公信力平台，推动本地品牌崛起。通过创建"蒙"字标认证的标准体系、认证体系、产业体系、质量管控体系和综合服务体系，采取"以认证、选真品"的方式，围绕内蒙古优势特色农畜产品，以"蒙"字标认证产品的形式，让好产品"走出去"，与消费者零距离。"蒙"字标通过突出内蒙古区域、挖掘内蒙古资源、体现内蒙古生态、传播内蒙古品质、传承内蒙古文化，建立起完整的"蒙"字标标准体系。通过不断加强"蒙"字标品牌打造，把更多好产品做成好品牌、做出美誉度、占领大市场，让"千里草原、万顷牧场，生态内蒙古、绿色好味道"越唱越响亮，进一步提升"蒙"字标品牌影响力、完善"蒙"字标品牌建设体系、拓展"蒙"字标品牌建设领域，让"蒙"字标品牌成为内蒙古生态优质农畜产品"代名词"。

发展新质生产力，释放品牌新势能。从品牌建设与发展的角度来看，"蒙"字标作为内蒙古农畜产品品牌的独特认证标准，其知识产权保护体系的完善不仅有助于提升品牌的知名度和美誉度，更能有效地保护品牌的合法权益，防止假冒伪劣产品的侵害。通过对"蒙"字标知识产权保护体系的深入探讨，为内蒙古农畜产品品牌提供了更为坚实的法律保障，进一步推动了品牌建设和发展的步伐。在知识产权法领域"蒙"字标为农畜产品品牌的知识产权保护提供了更为明确和具体的法律依据和指导。通过深入研究和分析"蒙"字标知识产权保护体系的现状和不足，提出了有针对性的完善建议，为相关法律法规的制定和修改提供了重要的参考和借鉴。这不仅有助于加强农畜产品品牌知识产权的保护力度，也为其他领域的知识产权保护提供了有益的启示和借鉴。在知识产权管理层面，"蒙"字标研究强调了知识产权管理在品牌建设和发展中的重要性，亟待加强知识产权管理，提升知识产权保护意识，完善知识产权管理制度，有助于推动建立健全的知识产权管理体系，提高内蒙古的核心竞争力和品牌力。

扎实推进"蒙"字标团体标准培优行动，引导企业加强品牌管理体系建设，为增强企业国际竞争力和塑造良好品质形象提供平台。围绕自治区优势特色产业，研究制定"蒙"字标团体标准，推进标准研制，将区域优势、资源优势、生态优势、质量优势和人文优势转化为品牌优势，并融入"蒙"字标认证高水平标准研制指标中。加大标准征集与研究力度，做好"蒙"字标企业培育工作。"蒙"字标工作推进组始终坚持"高标准+严认证"的原则，积极开展"蒙"字标团体标准培优行动。深入研究分析本地区优势特色产业，广泛征集农牧、工信、商务、文旅、工商联等相关部门及企业、商会协会、重点企业等各方意见，加强与科研机构的交流，做好标准征集、标准研制、标准储备、标准修订，确保标准参数设置科学准确、特征突出、差异明显，打牢"高标准"根基，确保在"蒙"字标团体标准研制过程中突出优势产业的"优点"和特色产业的"特点"。广泛宣传"蒙"字标认证，动员企业贯彻落实已发布的"蒙"字标团体标准，争取每项标准培育2~5个企业，形成梯次配置，制定培育计划、目标、措施，促进企业质量提升，开展企业对标达标等活动，把好认证的"第一道关"，按照"成熟一个、申报一个、认证一个"的方式，稳步推进各盟市"蒙"字标企业培育工作。深挖内蒙古优势特色产业，统筹产业发展和市场消费需求，明确品牌发展定位，扩大"蒙"字标团体标准覆盖面。

以做优绿色生态"蒙"字标品牌为指导，打造"蒙"字标——大草原优品内蒙古区域公用品牌为目标，坚持"高标准、严认证、强监管、优服务"，制定"蒙"

结 语

字标认证产品技术规范，组织化程度高，实施信息化追溯，注重生态保护，不断完善"蒙"字标制度体系，强化"蒙"字标品牌传播，加快"蒙"字标扩面增量，充分发挥各级推进机制作用，依法科学高效推进，以高标准引领"蒙"字标高质量发展。"蒙"字标品牌建设工作面临着前所未有的良好形势，突出品牌特色，树立品牌形象，讲好中国农牧业品牌故事。"国际供应链促进博览会"等为世界各国企业搭建高规格政企沟通平台、高水平国际合作平台、高质量品牌宣传平台、高端化新品首发平台以及高效率商业对接平台。"蒙"字标相关产业链、供应链的"蒙"字标获证企业参加链博会，围绕内蒙古主动服务构建新发展格局、紧扣高质量发展主线、打造国家向北开放重要桥头堡的重要举措，依托链博会等重要平台，充分展示"蒙"字标品牌建设成果，积极宣传和推介"蒙"字标获证企业和内蒙古优质农畜产品，更好地融入全球产业链、供应链、创新链，助力自治区优质农畜产品"走出大草原、走向大市场、卖上好价钱"。随着"蒙"字标——大草原优品成为内蒙古自治区区域公用品牌，其知名度和影响力不断提升，越来越多的政企和消费者开始认可和接受"蒙"字标品牌，共同推动内蒙古农畜品牌主体获取GAP、HACCP等出口认证认可，提升国际市场接受度和信任度。围绕先进农牧业生产力打造农畜产品品牌，抢抓品牌农业发展先机，赋能农畜产品市场核心竞争力，使得农业提质增效、农民增收致富，乡村产业振兴与发展取得更大成效。

参考文献

[1] 吴汉东.知识产权总论[M].北京：中国人民大学出版社，2020.

[2] 王丰阁.龙头企业在农产品区域品牌建设中的策略：基于"智猪博弈模型"[J].当代经济，2014(15)：88-89.

[3] 赵仕红.农产品品牌创建主体与经营模式的分析[J].江苏商论，2012(8)：25-28.

[4] 蒋雯君.区域农产品品牌培育研究：以江苏银杏为例[J].中外企业家，2016(7)：25-26.

[5] 杨利珍.内蒙古"蒙"字标认证助推农畜产品品牌建设行稳致远[J].市场监督管理，2022(15)：2.

[6] 何珊君.法社会学新探：一个学科框架与知识体系的构建[M].北京：北京大学出版社，2014.

[7] 毕雁英.行政立法不作为责任研究[J].法学杂志，2010，31(8)：19-22.

[8] 范二平.品牌价值提升策略探讨[J].企业经济，2013(1)：21-24.

[9] 施光耀.2012中国资本品牌评价报告[M].北京：经济科学出版社，2012.

[10] 刘常宝.品牌管理[M].2版.北京：机械工业出版社，2014.

[11] 陈小平.贵州省农产品品牌及地理标志商标研究[J].贵州师范大学学报（社会科学版），2011(4)：6.

[12] 金潇明.产业集群合作创新的螺旋型知识共享模式研究[D].长沙：中南大学，2010.

[13] 方四平.市场营销技能实训[M].北京：清华大学出版社，2009.

[14] 李程程，王怡，陆雨霏.基于自媒体的特色旅游城镇营销策略研究[J].财讯，2020(10)：1.

[15] 申长雨.迈向知识产权强国之路：知识产权强国建设实施问题研究（第2辑）[M].北京：知识产权出版社，2017.

[16] 吴汉东.中国知识产权蓝皮书（2005年卷）[M].北京：北京大学出版社，2007.

[17] 汤晨."一带一路"背景下中国知识产权审判机制研究[D].合肥：合肥工业大学，2020.

[18] 肖玉杰.大保护格局下知识产权"三审合一"完善路径研究[J].太原城市职业技术学院学报，2022(11)：181-184.

[19] 黎文靖，彭远怀，谭有超.知识产权司法保护与企业创新：兼论中国企业创新结构的变迁[J].经济研究，2021，56（5）：144-161.

[20] 吴汉东，张平，张晓津.人工智能对知识产权法律保护的挑战[J].中国法律评论，2018（2）：1-24.

[21] 宋华，胡庆.数字经济时代知识产权检察保护新模式探索[J].中国检察官，2021（17）：20-23.

[22] 王莹.完善深圳知识产权司法保护体系研究[J].深圳职业技术学院学报，2017，16（2）：24-28.

[23] 云娜.内蒙古专利代理行业发展中的政府作用研究[D].呼和浩特：内蒙古大学，2021.

[24] 刘淑婷.内蒙古知识产权人才队伍建设问题研究[D].呼和浩特：内蒙古大学，2021.

[25] 闫宇超.内蒙古地区地理标志法律保护研究[D].呼和浩特：内蒙古财经大学，2022.

[26] 张凯.内蒙古包头市知识产权行政保护研究[D].呼和浩特：内蒙古大学，2021.

[27] 刘淑芳.知识产权保护对中国外贸高质量发展的影响研究[D].武汉：中南财经政法大学，2021.

[28] 白军胜，姚毅奇.内蒙古文化产业知识产权法制保障的对策要论[J].法制与经济，2017（3）：73-75.

[29] 杨德桥.论地方知识产权战略的法律化：以《内蒙古自治区知识产权战略纲要》为例[J].内蒙古财经大学学报，2016，14（1）：76-83.

[30] 安书芳.地理标志产品的品牌保护与建设问题研究[D].扬州：扬州大学，2009.

附　录

附录1　2024—2026年内蒙古农牧业品牌目录——区域公用品牌

序号	区域公用品牌	区域公用品牌经营主体
	呼和浩特市：6个	
1	源味武川	武川县农牧和科技局
2	五彩土默特	土默特左旗阿勒坦农牧业发展投资有限责任公司
3	和林蒙鲜	内蒙古和盛发展投资有限公司
4	武川燕麦	武川县农牧和科技局
5	武川藜麦	
6	武川马铃薯	
	包头市：4个	
1	达茂草原羊	达茂联合旗农牧局
2	固阳黄芪	包头市固阳县土特产行业协会
3	41度固阳献	固阳县商务局
4	土默特羊肉	土右旗畜牧业技术推广中心
	呼伦贝尔：10个	
1	牙克石种薯	牙克石马铃薯种薯协会
2	呼伦贝尔黑木耳	呼伦贝尔农牧业投资发展有限责任公司
3	呼伦贝尔牛奶	
4	呼伦贝尔牛肉	
5	呼伦贝尔马铃薯	
6	呼伦贝尔草原羊肉	
7	呼伦贝尔芥花油	
8	呼伦贝尔蓝莓	
9	呼伦贝尔大豆	
10	呼伦贝尔冰香稻	
	兴安盟：3个	
1	突泉绿豆	突泉县龙头企业协会
2	兴安盟大米	兴安盟农牧业产业化龙头企业协会
3	兴安盟牛肉	
	通辽市：5个	
1	通辽黄玉米	通辽市农牧局农畜产品质量安全中心
2	通辽肉牛	
3	开鲁红干椒	开鲁县农牧局农畜产品质量安全中心

续　表

序号	区域公用品牌	区域公用品牌经营主体
4	库伦荞麦	库伦旗农牧和科技局
5	奈曼甘薯	奈曼旗农畜产品质量安全服务中心
赤峰市：5个		
1	敖汉小米	敖汉旗农牧技术推广中心
2	赤峰羊绒	赤峰农牧业产业化龙头企业协会
3	赤诚峰味	内蒙古赤诚实业有限公司
4	赤峰小米	赤峰市农牧业综合检验检测中心
5	赤峰绿豆	
锡林郭勒盟：3个		
1	阿巴嘎策格	阿巴嘎旗畜牧工作站
2	锡林郭勒奶酪	锡林郭勒盟品牌建设促进中心
3	锡林郭勒羊	
乌兰察布市：6个		
1	原味乌兰察布	乌兰察布市农畜产品质量安全中心
2	乌兰察布马铃薯	
3	乌兰察布燕麦	
4	塞外丰川	内蒙古丰川现代农牧业发展投资有限责任公司
5	丰镇月饼	丰镇市月饼行业协会
6	卓资熏鸡	卓资县熏鸡协会
鄂尔多斯市：5个		
1	暖城多味	鄂尔多斯市农牧局
2	鄂托克螺旋藻	鄂托克旗品牌促进服务中心
3	鄂托克阿尔巴斯羊肉	
4	鄂托克前旗羊肉	鄂托克前旗肉羊协会
5	鄂尔多斯细毛羊	鄂尔多斯细毛羊协会
巴彦淖尔市：5个		
1	陕坝味道	杭锦后旗绿色发展对外联络处
2	天赋河套	内蒙古巴彦绿业实业（集团）有限公司
3	河套向日葵	巴彦淖尔市绿色产业发展中心
4	河套番茄	
5	巴彦淖尔小麦	巴彦淖尔市农牧业科学研究所
乌海市：1个		
1	乌海葡萄	乌海市农牧局

续 表

序号	区域公用品牌	区域公用品牌经营主体
阿拉善：3个		
1	阿拉善肉苁蓉	阿拉善左旗苁蓉行业协会
2	阿拉善白绒山羊	阿拉善盟绒源白绒山羊双峰驼专业合作社
3	阿拉善双峰驼	
共计：56个		

数据来源：内蒙古自治区农牧厅。

附录2　2024—2026年内蒙古农牧业品牌目录——企业品牌

序号	企业品牌	企业品牌经营主体
呼和浩特市：35个		
1	蒙牛	内蒙古蒙牛乳业（集团）股份有限公司
2	蒙恩	内蒙古蒙恩乳业有限公司
3	青青草原	内蒙古青青草原牧业有限公司
4	华欧	内蒙古华欧淀粉工业股份有限公司
5	浩峰	内蒙古浩峰农业有限责任公司
6	塞北粮仓	内蒙古塞北粮仓农业发展有限公司
7	康新牧场	内蒙古康新食品有限公司
8	蒙清	内蒙古蒙清农业科技开发有限责任公司
9	食全食美	内蒙古食全食美股份有限公司
10	伊利	内蒙古伊利实业集团股份有限公司
11	盛健	内蒙古盛健生物科技有限责任公司
12	正大饲料	内蒙古正大有限公司
13	田牧	内蒙古田牧实业（集团）股份有限公司
14	宇航人	内蒙古宇航人生物工程技术有限公司
15	阜丰	内蒙古阜丰生物科技有限公司
16	草原红太阳	内蒙古草原红太阳食品股份有限公司
17	中粮面业	呼和浩特中粮面业有限公司
18	桃李	内蒙古桃李食品有限公司
19	大窑	内蒙古大窑饮品有限责任公司
20	华琳食品	内蒙古华琳食品有限责任公司
21	宏焱	内蒙古宏焱油脂有限公司
22	精德	呼和浩特市精德食品有限公司
23	泰利达	内蒙古泰利达乳业有限公司
24	宏利元	清水河县宏利元粮油购销有限责任公司

续　表

序号	企业品牌	企业品牌经营主体
25	蒙歌来	武川县蒙歌来食品有限责任公司
26	久鼎	内蒙古久鼎食品有限公司
27	薯元康	内蒙古薯元康生物科技有限公司
28	禾川	武川县禾川绿色食品有限责任公司
29	君珍	内蒙古君珍丰禾农业科技发展有限公司
30	草原小骏马	内蒙古伊泰草原小骏马食品有限公司
31	悦购	呼和浩特市悦购食品有限责任公司
32	蒙亮	内蒙古蒙亮（民贸）集团有限公司
33	蒙羊羊	内蒙古蒙羊羊乳业有限公司
34	优农尚品	内蒙古优农尚品农业科技有限公司
35	万利福	内蒙古万利福生物科技有限公司
包头市：20个		
1	鹿王	内蒙古鹿王羊绒有限公司
2	东宝	包头东宝生物技术股份有限公司
3	龙驹	包头市龙驹农牧业科技有限公司
4	铁木真	内蒙古铁木真食品有限公司
5	金鹿	包头市金鹿油脂有限责任公司
6	文公乡情	内蒙古文公乡情生态农牧业股份有限公司
7	小尾羊	内蒙古小尾羊食品有限公司
8	永盛祥	内蒙古永盛祥农牧业发展有限公司
9	套马沟	内蒙古丰域农牧业农牧科技有限责任公司
10	北辰饲料	包头北辰饲料科技股份有限公司
11	舌尖管家	内蒙古舌尖管家农牧业有限公司
12	大圣鹿业	内蒙古圣鹿源生物科技股份有限公司
13	蒙闰田园	包头市丰国园养殖贸易发展有限公司
14	双有	内蒙古双有食品有限公司
15	新欣禾	包头市欣禾农业开发有限责任公司
16	鲁蕊香	内蒙古鲁蕊香农牧业专业合作社
17	长信	包头长信农牧业开发有限公司
18	天牧人	内蒙古天牧人品牌管理有限公司
19	凯妍时尚	包头市凯妍时尚绒业有限公司
20	禧年	包头市禧年农商商贸有限公司
呼伦贝尔：13个		
1	海乳	呼伦贝尔海乳乳业有限责任公司
2	鸿发祥	呼伦贝尔市鸿发祥种养结合生态科技有限公司

续表

序号	企业品牌	企业品牌经营主体
3	傲林	呼伦贝尔傲林山珍食品有限公司
4	丽丽娅	额尔古纳市丽丽娅食品有限责任公司
5	双实	满洲里双实肉类食品有限公司
6	森峰	牙克石市森峰薯业有限责任公司
7	野老大	牙克石市野老大饮品有限公司
8	西旗先达	新巴尔虎右旗先达食品有限责任公司
9	伊赫塔拉	内蒙古伊赫塔拉牧业股份有限公司
10	绿祥	呼伦贝尔绿祥清真肉食品有限责任公司
11	蒙祥羊（图形）	满洲里蒙祥羊食品有限公司
12	呼伦贝尔农垦	呼伦贝尔农垦集团有限公司
13	中荣	呼伦贝尔肉业（集团）股份有限公司
兴安盟：22个		
1	二龙屯	内蒙古二龙屯有限责任公司
2	华牛牧场	内蒙古华牛生态农业科技有限公司
3	华阳昇	内蒙古华阳牛业科技集团有限公司
4	吉祥爱里	兴安盟吉祥爱里农业发展有限公司
5	恒佳	科右前旗恒佳果业有限公司
6	阿力得尔	科右前旗阿力得尔牧场百吉纳农牧营销专业合作社
7	北峰岭	内蒙古北峰岭粮油有限公司
8	满达胡金刚	科右前旗满达胡金刚种植专业合作社
9	巴拉格歹	科右前旗巴拉格歹绿雨稻米种植加工农民专业合作社
10	科尔沁王	内蒙古科尔沁王酒业有限公司
11	蒙佳	内蒙古蒙佳粮油工业集团有限公司
12	群鹿缘	科右前旗群鹿养殖专业合作社
13	阿尔1198	内蒙古阿尔——九八酒业有限公司
14	安达凤鸟	内蒙古安达牧业有限公司
15	景方	内蒙古景方特色农业特技有限责任公司
16	草原三河	兴安盟草原三河有机农业开发有限公司
17	岭南香	兴安盟岭南香农产品开发有限公司
18	科沁万佳	内蒙古科沁万佳食品有限公司
19	天极	内蒙古天极农业开发有限公司
20	绰勒银珠	扎赉特旗绰勒银珠米业有限公司
21	蒙源	扎赉特旗蒙源粮食贸易有限公司
22	魏佳	扎赉特旗魏佳米业有限公司

续 表

序号	企业品牌	企业品牌经营主体
通辽市：11个		
1	昂乃	奈曼旗昂乃养殖有限公司
2	百艺丰	内蒙古百艺丰食品有限公司
3	老哈河	内蒙古老哈河粮油工业有限责任公司
4	广发草原	通辽市广发草原食品有限责任公司
5	蒙古王	内蒙古蒙古王实业股份有限公司
6	科尔沁 kerchin	内蒙古科尔沁牛业股份有限公司
7	白音杭盖	内蒙古白音杭盖食品有限公司
8	谷龙塔 HUREE GOLOMT	库伦旗谷龙塔商贸有限公司
9	玛拉沁艾力	内蒙古玛拉沁艾力农牧业发展有限责任公司
10	新正达	扎鲁特旗正达粮油贸易有限公司
11	海成家庭牧场	科尔沁左翼后旗甘旗卡镇北甘旗村海成家庭牧场
赤峰市：34个		
1	维聪	内蒙古维聪乳业有限公司
2	HR	赤峰和润农业高新科技产业开发有限公司
3	天拜山	赤峰市天拜山饮品有限责任公司
4	福美优选	内蒙古草原福美食品有限公司
5	塞飞亚	内蒙古塞飞亚农业科技发展股份有限公司
6	东方万旗	内蒙古东方万旗肉牛产业有限公司
7	荣兴堂	赤峰荣兴堂药业有限责任公司
8	故乡宝	克什克腾旗故乡宝食品有限公司
9	金沐伦	内蒙古金沐伦酒业有限公司
10	达里湖	克什克腾旗达里湖渔业有限责任公司
11	穆香源（首农集团投资）	赤峰穆香源肉类食品有限公司
12	独伊佳	内蒙古独伊佳食品有限公司
13	多维尔	内蒙古多维尔生物科技股份有限公司
14	喜利来	内蒙古喜利来食品有限公司
15	东黎	赤峰东黎羊绒股份有限公司
16	嘉润何记	赤峰市嘉润生物科技有限责任公司
17	佟明阡禾	内蒙古佟明阡禾食品有限公司
18	立志农庄	宁城县立志果蔬专业合作社
19	草原汇香	内蒙古草原汇香食品科技有限公司
20	草原之歌	内蒙古草原之歌食品有限公司
21	凤姐	喀喇沁旗凤姐生态农牧场

续 表

序号	企业品牌	企业品牌经营主体
22	粟香飘	内蒙古粟香飘农业发展有限公司
23	沙漠之花	内蒙古沙漠之花生态产业科技有限公司
24	农老头	内蒙古农老头农业发展有限公司
25	坝林短角	内蒙古坝林短角有机农业发展有限公司
26	浩道都河	巴林右旗浩道都河畜产品经销有限责任公司
27	蒙天	赤峰蒙天粮油有限公司
28	利隆	阿鲁科尔沁旗利隆米业有限公司
29	福润东方	内蒙古福润东方有机农业科技有限公司
30	查布嘎	内蒙古查布嘎绿茅酒业有限公司
31	昭乌达	内蒙古昭乌达肉羊生态养殖有限公司
32	食乐康	内蒙古食乐康食品有限公司
33	春志	赤峰绿苑种植专业合作社
34	凌志	内蒙古凌志马铃薯科技股份有限公司
锡林郭勒盟：19个		
1	呼德阿伦	锡林郭勒盟呼德阿伦食品有限公司
2	大庄园	锡林郭勒大庄园肉业有限公司
3	沁绿	内蒙古西乌珠穆沁旗沁绿肉类食品有限责任公司
4	草原	内蒙古太仆寺旗草原酿酒有限公司
5	棒棒牛	锡林浩特市棒棒牛食品有限责任公司
6	蜂花	锡林浩特市蜂花奶食品有限公司
7	蒙元都	正蓝旗蒙元都农牧业开发有限公司
8	牧乡源	锡林浩特市牧乡源奶食品有限公司
9	上都牛	正蓝旗上都牛肉有限公司
10	长虹	正蓝旗长虹乳制品厂
11	草都	内蒙古草都草牧业股份有限公司
12	蒙郭勒	内蒙古草原万开蒙郭勒肉业有限公司
13	牧人恋	阿巴嘎旗牧人恋乳业有限责任公司
14	功宽	苏尼特左旗功宽肉食品有限公司
15	乔宇	苏尼特左旗乔宇肉食品有限公司
16	红井源	锡林郭勒盟红井源油脂有限责任公司
17	照富	阿巴嘎旗照富经贸有限公司
18	泰羊	东乌珠穆沁旗草原泰羊肉业有限公司
19	文贡浩尼沁（蒙文图形）	镶黄旗文贡浩尼沁奶食乳业有限公司

续 表

序号	企业品牌	企业品牌经营主体
乌兰察布市：35个		
1	塞主粮	内蒙古塞主粮食品科技股份有限公司
2	阿吉纳	乌兰察布阿吉纳肉业有限公司
3	格琳诺尔	内蒙古格琳诺尔生物股份有限公司
4	海鹏	丰镇市海鹏食品股份有限公司
5	胡一饼	内蒙古胡一饼食品有限公司
6	康美乡	内蒙古康美食品有限责任公司
7	绿康源	内蒙古绿康源生态农业有限公司
8	蒙乡肴	内蒙古蒙乡肴食品有限公司
9	新荞农	丰镇市新荞农苦荞茶生产经营有限责任公司
10	阴山优麦	内蒙古阴山优麦食品有限公司
11	纳尔松	乌兰察布市集宁纳尔松酿业有限公司
12	草原民丰	内蒙古民丰种业有限公司
13	丰缜珍佰	丰镇市珍佰农业有限公司
14	十二洲	乌兰察布市十二洲现代农业发展有限公司
15	心蒙穗	内蒙古蒙穗农业科技发展有限公司
16	天天草原	内蒙古天天食品有限公司
17	京西天路	内蒙古京西农牧业科技发展有限责任公司
18	鑫龍清	乌兰察布市鑫龍清生物有限公司
19	宏福农业	乌兰察布宏福农业有限公司
20	塞上活力	察哈尔右翼前旗塞上活力种养殖专业合作社
21	正北方	内蒙古正北方乳业有限责任公司
22	薯都薯	内蒙古薯都凯达食品有限公司
23	星华源	内蒙古星华源食品股份有限公司
24	祥顺园	察右前旗祥顺园食品有限公司
25	壹号蒙	四子王旗蒙泽信农牧业有限公司
26	兰格格	内蒙古兰格格乳业有限公司
27	阿信哥	内蒙古阿信哥食品有限公司
28	土豆集	土豆集（内蒙古）实业集团有限公司
29	田牧	田牧乳业（乌兰察布市）有限公司
30	京一根	京一根（内蒙古）农业科技发展有限公司
31	张金涛	内蒙古张金涛熏鸡有限责任公司
32	益得	内蒙古神牛雲海乳业有限公司
33	溢源马铃薯醋	内蒙古溢源醋业有限责任公司

231

续 表

序号	企业品牌	企业品牌经营主体
34	草原福泉	化德县草原福泉食品有限责任公司
35	田也	乌兰察布市凉城县世纪粮行有限公司
鄂尔多斯市：19个		
1	鄂尔多斯	内蒙古鄂尔多斯酒业集团有限公司
2	东达蒙古王	内蒙古东达蒙古王集团有限公司
3	农乡丰	内蒙古农乡丰工贸有限公司
4	高原露	内蒙古高原杏仁露有限公司
5	蒙绿原	鄂尔多斯市绿原农牧业科技发展有限责任公司
6	乌澜	鄂尔多斯市乌兰煤炭（集团）有限责任公司大自然农业开发分公司
7	朵日纳美好农场	内蒙古朵日纳现代农业有限责任公司
8	再回首	内蒙古再回首生物工程有限公司
9	蒙加力	鄂尔多斯市加力螺旋藻业有限责任公司
10	高原圣果	鄂尔多斯市高原圣果生态建设开发有限公司
11	蒙纯	鄂尔多斯市蒙纯乳业有限责任公司
12	蒙歌尔	内蒙古蒙歌尔实业有限公司
13	天骄	鄂尔多斯市天骄资源发展有限公司
14	亿利	鄂尔多斯市亿利沙漠生态健康股份有限公司
15	鄂尔多斯	内蒙古鄂尔多斯资源股份有限公司
16	恒科	鄂尔多斯市恒科农牧业开发有限责任公司
17	偶宜	内蒙古禹宣瑞祥农牧产品开发有限公司
18	淳点	内蒙古淳点控股集团有限公司
19	人人益	内蒙古人人益清真食品有限责任公司
巴彦淖尔市：21个		
1	旭一健坤	内蒙古旭一牧业有限公司
2	大发公	杭锦后旗大发公面粉有限公司
3	纳和云稼	巴彦淖尔市纳和稼农农牧业发展有限公司
4	杭后王利平	杭锦后旗陕坝镇王利平食品店
5	邱霞面人	杭锦后旗邱霞面人食品厂
6	兆丰	内蒙古兆丰河套面业有限公司
7	三瑞	三瑞农业科技股份有限公司
8	心连心	巴彦淖尔市心连心食品有限责任公司
9	春雪	内蒙古春雪羊绒有限公司
10	金伯利农场	内蒙古金伯利农场有限公司
11	金草原	内蒙古金草原生态科技集团有限公司

续表

序号	企业品牌	企业品牌经营主体
12	昌兴达	乌拉特前旗昌兴达实业有限责任公司
13	草原鑫河	内蒙古草原鑫河食品有限公司
14	鼎尚佳仁	内蒙古鼎尚佳仁农业科技发展有限公司
15	和兴利	内蒙古和兴利食品股份有限公司
16	王爷地	内蒙古王爷地苁蓉生物有限公司
17	三胖蛋	巴彦淖尔市三胖蛋食品有限公司
18	FCKYS	内蒙古富川饲料科技股份有限公司
19	小肥羊	内蒙古小肥羊食品有限公司
20	澳菲利	内蒙古澳菲利食品股份有限公司
21	佘太酒业	内蒙古佘太酒业股份有限公司
	乌海市：6个	
1	云飞	乌海市云飞农业种养科技有限公司
2	吉奥尼	内蒙古吉奥尼葡萄酒业有限责任公司
3	阳光田宇	内蒙古阳光田宇葡萄酿酒有限公司
4	巴悦八	内蒙古兴芯农业科技有限公司
5	沙漠传奇	内蒙古沙漠传奇酒业有限公司
6	塞星	内蒙古塞星食品有限公司
	阿拉善：16个	
1	大漠魂	阿拉善盟大漠魂特产商贸有限公司
2	丰茂德	内蒙古丰茂德生态农牧林科技有限公司
3	莱芙尔	阿拉善左旗莱芙尔绒毛有限责任公司
4	嘉利蒙高丽亚（MGLY）	阿拉善嘉利绒毛有限公司
5	吴文龙	阿拉善盟吴文龙清真食品有限公司
6	驼中王	阿拉善左旗驼中王绒毛制品有限责任公司
7	沙漠之神	内蒙古沙漠之神生物科技有限公司
8	沙漠王	阿拉善盟沙漠王绒毛有限公司
9	驼妈妈	内蒙古沙漠驼妈妈实业有限公司
10	阿王府源	阿拉善左旗阿王府源食品有限公司
11	浩泽	内蒙古浩泽农牧林开发有限责任公司
12	漠圣斋	阿拉善左旗漠圣斋肉品加工有限公司
13	尚容源	阿拉善盟尚容源生物科技股份有限公司
14	神驼	阿拉善右旗神驼乳业科技有限公司
15	胡杨女人	额济纳旗胡杨女人实业有限公司
16	驼乡	内蒙古驼乡生物科技发展有限责任公司
	共计：251个	

数据来源：内蒙古自治区农牧厅。

附录3 2024—2026年内蒙古农牧业品牌目录——产品品牌

序号	产品品牌	产品品牌经营主体
呼和浩特市：11个		
1	特仑苏、瑞哺恩、随变、绿色心情	内蒙古蒙牛乳业（集团）股份有限公司
2	塞北清高、吃劲儿	内蒙古塞北粮仓农业发展有限公司
3	鼎和	内蒙古久鼎食品有限公司
4	藜元帅	内蒙古优农尚品农业科技有限公司
5	派驰PASTURE	内蒙古食全食美股份有限公司
6	安慕希、金领冠	内蒙古伊利实业集团股份有限公司
7	正大食品	内蒙古正大有限公司
8	金钻、悠致100	内蒙古田牧实业（集团）股份有限公司
9	草原绿林源	呼和浩特市绿林源农业科技开发有限公司
10	麦帮主	内蒙古伊泰草原小骏马食品有限公司
11	黑河	内蒙古阳泰生物科技有限公司
包头市：23个		
1	圆素	包头东宝生物技术股份有限公司
2	1号牧场	包头市博克食品有限责任公司
3	小西滩	达茂旗北方禾牧农业专业合作社
4	蒙骏马	内蒙古博格农牧业开发有限责任公司
5	成吉思汗、华乳	内蒙古铁木真食品有限公司
6	古的草原（图形商标）	内蒙古三中养殖有限责任公司
7	佰歌力	内蒙古天宇牧歌农牧业科技发展有限公司
8	由小子	包头市宏乐粮油食品有限公司
9	蒙翔山高	内蒙古蒙降三高食品有限责任公司
10	粮老头	内蒙古粮老头农牧业有限公司
11	游牧印象	内蒙古游牧印象实业有限公司
12	二子	包头草原立新食品有限公司
13	骆驼	内蒙古骆驼酒业集团有限公司
14	红卫	包头市红卫日用化工有限公司
15	花冠	包头市康汇进出口有限公司
16	田禾	田禾种养殖农民专业合作社
17	骑士	内蒙古骑士乳业集团股份有限公司
18	三主粮	内蒙古三主粮集团股份公司
19	快乐小羊	内蒙古快乐小羊调味品有限公司
20	启明	内蒙古启明中药饮片有限公司
21	建华、艾歌	包头市建华禽业公司
22	润宸	内蒙古润宸农业发展有限公司
23	润泽园	内蒙古润泽园农业科技有限公司

续 表

序号	产品品牌	产品品牌经营主体
呼伦贝尔市：23个		
1	哈吉草原	呼伦贝尔丰益麦业有限公司
2	黑朵朵	呼伦贝尔森宝农业科技发展有限公司
3	秀水乡	呼伦贝尔市金禾粮油贸易有限责任公司
4	大源野	呼伦贝尔长征饮品有限责任公司
5	塞外金庄园	扎兰屯市珍果食品有限公司
6	呼伦	莫力达瓦达斡尔族自治旗武坤水稻种植专业合作社
7	艾融苏	呼伦贝尔塞尚乳业有限公司
8	诺敏山	大兴安岭诺敏绿业有限公司
9	贝尔情	鄂伦春自治旗大杨树荣盛商贸有限责任公司
10	北纬48°	牙克石市源天玉饮品有限公司
11	丑小鸭	呼伦贝尔市三江饮品有限公司
12	夏日、哈伦哈贝、北一季、三河牛、苍茫谣	呼伦贝尔农垦食品集团有限公司
13	岭尊	呼伦贝尔环球瞭望生物科技有限公司根河市分公司
14	西旗羊肉	新巴尔虎右旗草原行肉类食品有限责任公司
15	蒙A缘隆	新巴尔虎右旗缘隆肉类食品有限公司
16	达达	莫力达瓦达斡尔族自治旗兴达米业有限责任公司
17	兴安猎神	呼伦贝尔市鄂伦春自治旗原生态制品有限公司
18	呼伦部落HULUNTRIBE	扎兰屯市广顺食品有限公司
19	索日古格	呼伦贝尔市金棘草布里亚特食品厂
20	发达发	牙克石市发达发食品厂
21	独臻天下	呼伦贝尔城投生态农业有限责任公司
22	淳江	呼伦贝尔市淳江油脂有限公司
23	阿力腾	鄂温克旗阿力腾天然食品有限公司
兴安盟：31个		
1	塞音特牧	科右中旗特牧牧业开发有限公司
2	巴达仍贵、鲜稻家、三餐驾到	科右前旗银辉米业有限公司
3	绿泰源	科右前旗蒙良经贸有限公司
4	甄好喝	科右前旗金口味食品有限公司
5	特门郭勒	科右前旗鑫祥圆养殖专业合作社
6	西四丰	突泉县太和米业有限公司
7	蒙禽	内蒙古安达牧业有限公司
8	蒙泉	内蒙古绿丰泉农牧科技有限公司
9	蕠鲜	乌兰浩特市嘉鹤牧业有限公司
10	天骄赋	兴安盟双特米业有限责任公司
11	水田村	扎赉特旗水田高壹米业有限公司

续 表

序号	产品品牌	产品品牌经营主体
12	绰尔蒙珠	内蒙古谷语现代农业科技有限公司
13	蒙溜达、蒙溜达羊、蒙溜达鸡	扎赉特旗老兵养殖专业合作社
14	北果传奇	内蒙古兴安盟可为食品有限公司
15	极北香稻	龙鼎（内蒙古）农业股份有限公司
16	先亮苍裕	扎赉特旗苍裕米业有限公司
17	罕达罕、袁贵味稻	扎赉特旗金鑫宇农牧业有限公司
18	蒙育芳华	扎赉特旗锦誉农牧业专业合作社
19	草原福旺香、大汗部落	扎赉特旗兴旺米业有限公司
20	溪柳	突泉县筷柳紫皮蒜专业合作社
21	福贵鸿臣	内蒙古金辉粮油贸易有限公司
22	蒙希牧泰	科右中旗希牧肽奶制品加工有限公司
23	讷日态	科右中旗浩日沁塔拉种养殖专业合作社
24	绿雨	科右前旗巴拉格歹绿雨稻米种植加工农民专业合作社
25	察尔森鱼	科右前旗森淼水产有限责任公司
26	德伯斯黑羊山	科右前旗昌隆玉朱种畜专业合作社
27	特门塔拉	科右前旗特门塔拉农副产品专业合作社
28	蒙野、森林之眼	阿尔山市天原林产有限责任公司
29	纯境阿尔山	阿尔山市纯境农林科技有限责任公司
30	浩屾林产	阿尔山市白狼浩屾林产有限责任公司
31	五洲雪狼	阿尔山市雪狼谷农业发展有限公司
通辽市：26 个		
1	优盛达	通辽市宏通乳制品有限公司
2	蒙赫赛恩	扎鲁特旗新利生态农场
3	草原村	内蒙古蒙古包食品有限公司
4	东胡	内蒙古草原牛王肉业有限公司
5	包特木勒	内蒙古额茹乐农牧业有限公司
6	天利小镇	通辽市三淼畜牧养殖有限公司
7	开鲁	内蒙古百年酒业有限责任公司
8	司令套布	科尔沁左翼中旗金家种植专业合作社
9	玉泰	内蒙古玉王生物科技有限公司
10	弘达盛茂	内蒙古弘达盛茂农牧科技发展有限公司
11	安牧态	内蒙古玛拉沁食品有限公司
12	塞外天润	通辽经济技术开发区蒙鑫羊业养殖专业合作社
13	九汇阳光	内蒙古玛拉沁生物科技有限责任公司
14	巧厨娘	开鲁县蒙椒都农业科技发展有限公司
15	媛晶	内蒙古晶山食品有限公司

续 表

序号	产品品牌	产品品牌经营主体
16	马莲河	科左后旗禾丰粮食购销有限责任公司
17	草原鑫凯	奈曼旗凯宏种养殖专业合作社
18	皇栖谷	扎鲁特旗中硒农业科技有限公司
19	蕴奇绿丰	扎鲁特旗绿丰粮食加工有限公司
20	喜牧泰	扎鲁特旗秋丰农贸有限责任公司
21	牛老汉	通辽市东蒙肉业有限公司
22	品香康宝、品香科左、稻谷香科左、稻谷香康宝	内蒙古粮行天下生态农业有限公司
23	黄金地带	通辽市德瑞玉米工业有限公司
24	包果实	库伦旗库伦镇丰顺有机杂粮农民专业合作社
25	福跃	通辽市明清肉制品有限公司
26	安代臻牛	内蒙古鹏莱农牧业发展有限公司
赤峰市：39个		
1	孟克河	敖汉旗惠隆杂粮种植农民专业合作社
2	契丹广惠、广汇牛歌	内蒙古广汇牧业发展有限公司
3	三生荞	内蒙古明阳农业科贸有限公司
4	塞飞亚草原鸭	内蒙古塞飞亚农业科技发展股份有限公司
5	塞外旭日	内蒙古宏发巴林牧业有限责任公司
6	于永辉	内蒙古浩源农业科技发展有限公司
7	恒丰绿谷	林西县恒丰粮油加工有限责任公司
8	乐土	宁城县志永米业有限公司
9	翁旗沙米	翁牛特旗吴氏米业有限公司
10	锤打麻油	克什克腾呼德艾勒农牧业农民专业合作社
11	昭洋	内蒙古草原金峰畜牧有限公司
12	契丹、毛毛谷	内蒙古大辽王府粮贸有限公司
13	契丹粮道	内蒙古盛野农业科技发展有限公司
14	辽都实在人	巴林左旗实在人食品加工有限公司
15	上京巧娘	巴林左旗亿亨源草编制品有限公司
16	吉祥鸟	内蒙古绿水清山农牧科技有限公司
17	红山嘉致	内蒙古嘉致农业科技有限公司
18	万宝葡萄	元宝山区万宝富硒葡萄家庭农牧场
19	绿之坊	内蒙古北方大地农业发展股份有限公司
20	土山沟	赤峰凯峰商贸有限公司
21	姜嘉姊弟	赤峰市松山区祥达食品厂
22	梦幻草原	赤峰市国民食品有限公司松山区分公司
23	冯志伟	赤峰市冯氏桔梗食品有限公司
24	赢久、喀沁	喀喇沁旗红利丰农业专业合作社

续 表

序号	产品品牌	产品品牌经营主体
25	冰石谷	喀喇沁旗华盈种植专业合作社
26	清纯菇娘	喀喇沁旗金鹏种植专业合作社
27	雪原牧场	赤峰塞外旭日食品加工有限公司
28	敖优峰味	敖汉旗农耕小米产业发展（集团）有限公司
29	兴隆沟	内蒙古金沟农业发展有限公司
30	惠牛·傻子旺	赤峰惠牛傻子旺食品有限公司
31	金安达	巴林右旗金哈达粮业有限公司
32	草原穗	巴林右旗众惠新型农牧业联合社
33	红日牌	赤峰市天山酒业有限责任公司
34	拉赫斯	赤峰圣伦绒毛制品有限公司
35	蒙古老酸奶/赤峰老酸奶	内蒙古维聪乳业有限公司
36	和润绿岛	赤峰和润农业高新科技产业开发有限公司
37	玉龙元	内蒙古聚骐农业有限公司
38	乾梦香/乾乾香/富裕地	内蒙古北斗星科技有限公司
39	草原金凤巢	敖汉惠丰种禽有限责任公司
锡林郭勒盟：11个		
1	相约草原/牧场荣耀	东乌珠穆沁旗吉祥草原食品有限公司
2	赛依德/德吉赛	锡林浩特市牧乡源奶食品有限公司
3	锡牧图	苏尼特左旗鑫海肉食品有限公司
4	搏克牛仔/搏克/锡盟牛/牧牛牛	锡林浩特市棒棒牛食品有限公司
5	草原王	内蒙古太仆寺旗草原酿酒有限责任公司
6	蒙仁馋嘴羊	锡林郭勒盟草原蒙强肉业有限公司
7	草之味	苏尼特左旗满都拉图肉食品有限公司
8	夏季牧场	锡林郭勒盟威远畜产品有限公司
9	蜂花缘	锡林浩特市蜂花奶食品有限公司
10	吉羊羊	锡林郭勒盟羊羊牧业股份有限公司
11	西穆原	西乌珠穆沁旗立峰肉食品有限责任公司
乌兰察布市：24个		
1	彤发	察右前旗同发种养殖专业合作社
2	番小样	乌兰察布宏福四季番茄小镇示范园
3	马佳园	丰镇市马大哈食品有限责任公司
4	阳光玫瑰葡萄	内蒙古中泰农旅投资集团有限公司
5	戎立特	内蒙古爱立特纺织股份有限公司
6	平帝泉水豆制品	内蒙古昕源豆制品有限公司
7	草原亲	乌兰察布明星联创种养殖专业合作社
8	田园丰青	乌兰察布田园农产品开发有限公司
9	牧奕源	内蒙古蒙源现代农牧业发展有限公司

续 表

序号	产品品牌	产品品牌经营主体
10	草原香莜牛牛	内蒙古香莜牛牛食品有限公司
11	蒙亚香	察右前旗兴泰粮食加工有限责任公司
12	瑞田（图形）	乌兰察布市瑞田现代农业股份有限公司
13	平帝泉	内蒙古高锶钙矿泉水有限公司
14	盟王府	内蒙古美食汇农牧有限责任公司
15	草原心乐	内蒙古草原心乐乳业有限公司
16	醋姑姑	凉城县醋姑姑酿造食品有限公司
17	绿塬	内蒙古绿塬农牧业有限公司
18	冰思泉	内蒙古纳西锶泉水业有限公司
19	后旗红	内蒙古壹蒙壹牧电子商务有限公司
20	卓滋味	内蒙古卓滋味食品科技有限公司
21	李珍	卓资县李珍熏鸡有限公司
22	百瑞	内蒙古百瑞食品科技有限责任公司
23	川顺	内蒙古川顺农业发展有限公司
24	察尔湖	内蒙古察尔湖农业科技有限公司
鄂尔多斯市：9个		
1	鄂尔多斯敬酒	内蒙古鄂尔多斯酒业集团有限公司
2	天牧朔方	鄂尔多斯市同圆农牧业服务有限责任公司
3	九成宫	鄂尔多斯市九成功生态科技有限公司
4	蒙农丰	鄂尔多斯市蒙融农牧业开发有限公司
5	伊克森 联丰宝 伊克天骄	鄂尔多斯市绿原农牧业科技发展有限责任公司
6	乌提	鄂托克前旗原生态牧业专业合作社
7	无定河	乌审旗无定河农牧业开发有限公司
8	朝日沁	内蒙古牧名食品有限责任公司
9	亨盛丰	鄂尔多斯市亨盛农牧业有限公司
巴彦淖尔市：23个		
1	荣记顺	内蒙古荣记食品餐饮有限公司
2	魏记河套硬四盘	杭锦后旗魏记大碗羊肉店
3	河套王	内蒙古河套酒业集团股份有限公司
4	双庙	巴彦淖尔市双妙食品有限公司
5	培食代	内蒙古培尧食品有限公司
6	朝霞红	杭锦后旗陕坝镇朝霞肉焙店
7	老聚源肉焙店	杭锦后旗陕坝镇老聚源肉焙店
8	杭后财全肉焙子	杭锦后旗陕坝镇财全焙子店
9	鸡鹿塞	内蒙古兆丰河套面业有限公司
10	三瑞农科	三瑞农业科技股份有限公司
11	金草胡羊/贵恒/牧际	内蒙古金草原生态科技集团有限公司

续 表

序号	产品品牌	产品品牌经营主体
12	鸿雁传奇	内蒙古蒙元宽食品有限公司
13	雪候鸟	内蒙古春雪羊绒有限公司
14	河套	内蒙古恒丰集团银粮面业有限责任公司
15	草原农夫	内蒙古朔河禾农业发展有限公司
16	鲜农中泰/智剑	内蒙古鲜农农牧业科技有限公司
17	恒牧钧	乌拉特中旗草原恒通食品有限公司
18	山咀粮	乌拉特前旗丰达源农贸有限责任公司
19	昭君红	乌拉特前旗昌兴达实业有限责任公司
20	阿伟	内蒙古鼎尚佳仁农业科技发展有限公司
21	傻小胖	五原县大丰粮油食品有限责任公司
22	圣牧	内蒙古蒙牛圣牧高科乳品有限公司
23	玉衡	内蒙古天衡制药有限公司
乌海市：4个		
1	田野农科	乌海市田野农业科技有限公司
2	漠中牧果	乌海市鑫双丰农业科技有限公司
3	乌兰湖	内蒙古森泰农业有限责任公司
4	蒙蛋	乌海市保元农业开发有限公司
阿拉善盟：7个		
1	贺兰山	阿拉善宇联纺织原料有限公司
2	沙漠之舟	阿拉善盟豪绒综合专业合作社联合总社
3	芸善堂	内蒙古曼德拉生物科技有限公司
4	蒙绿森	阿拉善左旗超格图呼热苏木绿森生态农民专业合作社
5	圣漠金丝	内蒙古圣漠沙产业有限公司
6	银根苏	阿拉善盟金戈壁驼奶农牧业专业合作社
7	乌泽沐	阿拉善左旗巴润别立乌泽木农牧业专业合作社
		共计：231个

数据来源：内蒙古自治区农牧厅。

附录4 "蒙"字标认证标准汇总

（100项，截至2024年9月）

序号	"蒙"字标认证地方标准名称	地方标准编号	实施日期
1	"蒙"字标认证通用要求 农业生产加工领域	DB15/T 1700.1-2019	2019.11.01
序号	"蒙"字标通用团体标准名称	团体标准编号	实施日期
1	"蒙"字标认证采信有机产品认证的规则	T/NMSP.MZB00.01-2023	2023.11.10
序号	"蒙"字标认证团体标准名称	团体标准编号	实施日期
1	"蒙"字标农产品认证要求 兴安盟大米	T/NMSP.MZB01.01-2022	2022.8.25
2	"蒙"字标农产品认证要求 赤峰小米	T/NMSP.MZB01.02-2022	2022.8.25
3	"蒙"字标农产品认证要求 乌兰察布马铃薯 鲜食型	T/NMSP.MZB01.03-2022	2022.8.25
4	"蒙"字标农产品认证要求 乌兰察布马铃薯 种薯	T/NMSP.MZB01.04-2022	2022.8.25
5	"蒙"字标农产品认证要求 河套小麦粉	T/NMSP.MZB01.05-2022	2022.8.25
6	"蒙"字标农产品认证要求 内蒙古黄芪	T/NMSP.MZB01.06-2023	2023.2.13
7	"蒙"字标农产品认证要求 内蒙古桔梗	T/NMSP.MZB01.07-2023	2023.2.13
8	"蒙"字标农产品认证要求 内蒙古亚麻籽油	T/NMSP.MZB01.08-2023	2023.2.13
9	"蒙"字标农产品认证要求 内蒙古燕麦 燕麦米	T/NMSP.MZB01.09-2023	2023.2.13
10	"蒙"字标农产品认证要求 内蒙古燕麦 燕麦片	T/NMSP.MZB01.10-2023	2023.2.13
11	"蒙"字标农产品认证要求 呼伦贝尔芥花油	T/NMSP.MZB01.11-2023	2023.2.13
12	"蒙"字标农产品认证要求 呼伦贝尔大豆	T/NMSP.MZB01.12-2023	2023.2.13
13	"蒙"字标农产品认证要求 通辽黄玉米	T/NMSP.MZB01.13-2023	2023.2.13
14	"蒙"字标农产品认证要求 赤峰绿豆	T/NMSP.MZB01.14-2023	2023.2.13
15	"蒙"字标农产品认证要求 乌兰察布胡萝卜	T/NMSP.MZB01.15-2023	2023.2.13
16	"蒙"字标农产品认证要求 鄂尔多斯螺旋藻	T/NMSP.MZB01.16-2023	2023.2.13
17	"蒙"字标农产品认证要求 乌海葡萄	T/NMSP.MZB01.17-2023	2023.2.13
18	"蒙"字标农产品认证要求 阿拉善荒漠肉苁蓉	T/NMSP.MZB01.18-2023	2023.2.13
19	"蒙"字标农产品认证要求 河套食用葵花籽	T/NMSP.MZB01.19-2023	2023.2.13
20	"蒙"字标农产品认证要求 河套葵花籽油	T/NMSP.MZB01.20-2023	2023.2.13
21	"蒙"字标农产品认证要求 河套番茄酱	T/NMSP.MZB01.21-2023	2023.2.13
22	"蒙"字标农产品认证要求 河套番茄汁	T/NMSP.MZB01.22-2023	2023.2.13
23	"蒙"字标农产品认证要求 开鲁红干椒	T/NMSP.MZB01.23-2023	2023.2.13
24	"蒙"字标农产品认证要求 库伦荞麦	T/NMSP.MZB01.24-2023	2023.2.13
25	"蒙"字标农产品认证要求 河套黄柿子	T/NMSP.MZB01.25-2023	2023.7.27
26	"蒙"字标农产品认证要求 河套鲜食玉米	T/NMSP.MZB01.26-2023	2023.7.27
27	"蒙"字标农产品认证要求 河套黄柿子汁	T/NMSP.MZB01.27-2023	2023.7.27
28	"蒙"字标农产品认证要求 兴安盟绿豆	T/NMSP.MZB01.28-2023	2023.11.10
29	"蒙"字标农产品认证要求 赤峰番茄	T/NMSP.MZB01.29-2023	2023.11.10
30	"蒙"字标农产品认证要求 乌兰察布马铃薯 薯片（条）	T/NMSP.MZB01.30-2023	2023.11.10

续　表

序号	"蒙"字标认证团体标准名称	团体标准编号	实施日期
31	"蒙"字标农产品认证要求 内蒙古燕麦 燕麦粉	T/NMSP.MZB01.31-2023	2023.11.10
32	"蒙"字标农产品认证要求 丰镇月饼	T/NMSP.MZB01.32-2023	2023.11.10
33	"蒙"字标农产品认证要求 内蒙古卜留克酱腌菜	T/NMSP.MZB01.33-2023	2023.11.10
34	"蒙"字标农产品认证要求 赤峰北沙参	T/NMSP.MZB01.34-2023	2023.11.10
35	"蒙"字标农产品认证要求 内蒙古苍术	T/NMSP.MZB01.35-2023	2023.11.10
36	"蒙"字标农产品认证要求 内蒙古赤芍	T/NMSP.MZB01.36-2023	2023.11.10
37	"蒙"字标农产品认证要求 兴安盟沙果、果干	T/NMSP.MZB01.37-2023	2023.11.10
38	"蒙"字标农产品认证要求 清水河小香米	T/NMSP.MZB01.38-2023	2023.12.20
39	"蒙"字标农产品认证要求 内蒙古鲜食糯玉米	T/NMSP.MZB01.39-2023	2023.12.20
40	"蒙"字标农产品认证要求 阿拉善盐藻	T/NMSP.MZB01.40-2023	2023.12.20
41	"蒙"字标农产品认证要求 扎鲁特绿豆	T/NMSP.MZB01.41-2024	2024.6.20
42	"蒙"字标农产品认证要求 开鲁红辣椒酱	T/NMSP.MZB01.42-2024	2024.6.20
43	"蒙"字标农产品认证要求 阿拉善荒漠肉苁蓉片、粉	T/NMSP.MZB01.43-2024	2024.6.20
44	"蒙"字标农产品认证要求 通辽风干芥肉	T/NMSP.MZB01.44-2024	2024.7.15
45	"蒙"字标农产品认证要求 内蒙古马铃薯 食用淀粉	T/NMSP.MZB01.45-2024	2024.7.15
46	"蒙"字标农产品认证要求 内蒙古饲用燕麦 干草	T/NMSP.MZB01.46-2024	2024.7.15
47	"蒙"字标农产品认证要求 奶豆腐月饼	T/NMSP.MZB01.47-2024	2024.9.19
48	"蒙"字标农产品认证要求 酸酪月饼	T/NMSP.MZB01.48-2024	2024.9.19
49	"蒙"字标农产品认证要求 肉苁蓉	T/NMSP.MZB01.49-2024	2024.9.19
50	"蒙"字标农产品认证要求 赤峰荞麦粉（米）	T/NMSP.MZB01.50-2024	2024.9.19
51	"蒙"字标农产品认证要求 扎鲁特葵花籽	T/NMSP.MZB01.51-2024	2024.9.19
52	"蒙"字标农产品认证要求 内蒙古防风	T/NMSP.MZB01.52-2024	2024.9.19
53	"蒙"字标农产品认证要求 内蒙古牛膝	T/NMSP.MZB01.53-2024	2024.9.19
54	"蒙"字标农产品认证要求 内蒙古甘草	T/NMSP.MZB01.54-2024	2024.9.19
55	"蒙"字标畜产品认证要求 锡林郭勒羊肉	T/NMSP.MZB02.01-2022	2022.8.25
56	"蒙"字标畜产品认证要求 科尔沁牛肉	T/NMSP.MZB02.02-2022	2022.8.25
57	"蒙"字标畜产品认证要求 呼伦贝尔牛肉	T/NMSP.MZB02.03-2022	2022.8.25
58	"蒙"字标畜产品认证要求 呼伦贝尔羊肉	T/NMSP.MZB02.04-2022	2022.8.25
59	"蒙"字标畜产品认证要求 内蒙古风干牛肉	T/NMSP.MZB02.05-2023	2023.2.13
60	"蒙"字标畜产品认证要求 内蒙古鲜牛奶	T/NMSP.MZB02.06-2023	2023.2.13
61	"蒙"字标畜产品认证要求 内蒙古纯牛奶	T/NMSP.MZB02.07-2023	2023.2.13
62	"蒙"字标畜产品认证要求 策格（酸马奶）	T/NMSP.MZB02.08-2023	2023.2.13
63	"蒙"字标畜产品认证要求 达茂草原羊肉	T/NMSP.MZB02.09-2023	2023.2.13
64	"蒙"字标畜产品认证要求 兴安盟牛肉	T/NMSP.MZB02.10-2023	2023.2.13

续 表

序号	"蒙"字标认证团体标准名称	团体标准编号	实施日期
65	"蒙"字标畜产品认证要求 四子王戈壁羊肉	T/NMSP.MZB02.11-2023	2023.2.13
66	"蒙"字标畜产品认证要求 鄂尔多斯阿尔巴斯山羊肉	T/NMSP.MZB02.12-2023	2023.2.13
67	"蒙"字标畜产品认证要求 鄂尔多斯细毛羊肉	T/NMSP.MZB02.13-2023	2023.2.13
68	"蒙"字标畜产品认证要求 阿拉善山羊肉	T/NMSP.MZB02.14-2023	2023.2.13
69	"蒙"字标畜产品认证要求 河套牛肉	T/NMSP.MZB02.15-2023	2023.7.27
70	"蒙"字标畜产品认证要求 卓资熏鸡	T/NMSP.MZB02.16-2023	2023.11.10
71	"蒙"字标畜产品认证要求 锡林郭勒奶豆腐（浩乳德）	T/NMSP.MZB02.17-2023	2023.11.10
72	"蒙"字标畜产品认证要求 内蒙古山羊乳粉	T/NMSP.MZB02.18-2023	2023.11.10
73	"蒙"字标畜产品认证要求 乌兰察布发酵乳	T/NMSP.MZB02.19-2023	2023.11.10
74	"蒙"字标畜产品认证要求 鄂托克前旗羊肉	T/NMSP.MZB02.20-2023	2023.12.20
75	"蒙"字标畜产品认证要求 乌审草原红牛肉	T/NMSP.MZB02.21-2023	2023.12.20
76	"蒙"字标畜产品认证要求 二狼山山羊肉	T/NMSP.MZB02.22-2023	2023.12.20
77	"蒙"字标畜产品认证要求 锡林郭勒牛肉	T/NMSP.MZB02.23-2023	2023.12.20
78	"蒙"字标畜产品认证要求 乌兰察布牛肉	T/NMSP.MZB02.24-2023	2023.12.20
79	"蒙"字标畜产品认证要求 巴氏杀菌驼乳	T/NMSP.MZB02.25-2024	2024.7.15
80	"蒙"字标畜产品认证要求 灭菌驼乳	T/NMSP.MZB02.26-2024	2024.7.15
81	"蒙"字标畜产品认证要求 阿拉善双峰驼绒	T/NMSP.MZB02.27-2024	2024.9.19
82	"蒙"字标畜产品认证要求 黄油（希日陶苏）	T/NMSP.MZB02.28-2024	2024.9.19
83	"蒙"字标畜产品认证要求 奶皮子（乌乳穆）	T/NMSP.MZB02.29-2024	2024.9.19
84	"蒙"字标畜产品认证要求 饮用乳清	T/NMSP.MZB02.30-2024	2024.9.19
85	"蒙"字标畜产品认证要求 兴安盟羊肉	T/NMSP.MZB02.31-2024	2024.9.19
86	"蒙"字标畜产品认证要求 扎鲁特草原羊肉	T/NMSP.MZB02.32-2024	2024.9.19
87	"蒙"字标林草产品认证要求 内蒙古大兴安岭黑木耳	T/NMSP.MZB03.01-2022	2022.8.25
88	"蒙"字标林草产品认证要求 呼伦贝尔黑木耳	T/NMSP.MZB03.02-2023	2023.2.13
89	"蒙"字标林草产品认证要求 内蒙古沙棘籽油	T/NMSP.MZB03.03-2023	2023.2.13
90	"蒙"字标林草产品认证要求 内蒙古沙棘原汁（浆）及其饮料	T/NMSP.MZB03.04-2023	2023.11.10
91	"蒙"字标林草产品认证要求 开鲁鸡心果、果干	T/NMSP.MZB03.05-2023	2023.12.15
92	"蒙"字标林草产品认证要求 内蒙古杏仁露	T/NMSP.MZB03.06-2023	2023.12.20
93	"蒙"字标林草产品认证要求 呼伦贝尔蓝莓汁及蓝莓汁饮料	T/NMSP.MZB03.07-2023	2023.12.20
94	"蒙"字标林草产品认证要求 呼伦贝尔蓝莓果酱	T/NMSP.MZB03.08-2023	2023.12.20
95	"蒙"字标认证要求 羊绒制品 第1部分：山羊绒衫	T/NMSP.MZB04.01-2024	2024.5.14
96	"蒙"字标认证要求 羊绒制品 第2部分：山羊绒大衣	T/NMSP.MZB04.02-2024	2024.5.14
97	"蒙"字标认证要求 羊绒制品 第3部分：山羊绒围巾、披肩	T/NMSP.MZB04.03-2024	2024.5.14
98	"蒙"字标认证要求 草原盐湖食用盐	T/NMSP.MZB04.04-2024	2024.6.20

数据来源：内蒙古自治区市场监督管理局（知识产权局）。

附录5 "蒙"字标认证获证企业

（截至2024年9月）

"蒙"字标认证	获证企业	所在城市	归属产业
兴安盟大米	内蒙古二龙屯有机农业有限责任公司	兴安盟	粮油产业
	扎赉特旗绰勒银珠米业有限公司	兴安盟	粮油产业
	扎赉特旗水田高壹米业有限责任公司	兴安盟	粮油产业
	扎赉特旗蒙源粮食贸易有限责任公司	兴安盟	粮油产业
	龙鼎（内蒙古）农业股份有限公司	兴安盟	粮油产业
	兴安盟家禾米业有限公司	兴安盟	粮油产业
赤峰小米	内蒙古大辽王府粮贸有限公司	赤峰市	粮油产业
	内蒙古禾为贵农业发展（集团）有限公司	赤峰市	粮油产业
	内蒙古金沟农业发展有限公司	赤峰市	粮油产业
	敖汉旗惠隆杂粮种植农民专业合作社	赤峰市	粮油产业
乌兰察布马铃薯	内蒙古民丰种业有限公司	乌兰察布市	林下和果蔬产业
河套小麦粉	内蒙古兆丰河套面业有限公司	巴彦淖尔市	粮油产业
	内蒙古恒丰集团银粮面业有限责任公司	巴彦淖尔市	粮油产业
	杭锦后旗大发公面粉有限公司	巴彦淖尔市	粮油产业
内蒙古黄芪	内蒙古天衡制药有限公司	巴彦淖尔市	深精加工
内蒙古亚麻籽油	内蒙古格琳诺尔生物股份有限公司	乌兰察布市	粮油产业
内蒙古燕麦	内蒙古塞宝燕麦产业有限公司	呼和浩特市	粮油产业
	内蒙古阴山优麦食品有限公司	乌兰察布市	粮油产业
	内蒙古燕谷坊全谷物产业发展有限公司	呼和浩特市	粮油产业
	内蒙古三主粮天然燕麦产业股份有限公司	呼和浩特市	粮油产业
呼伦贝尔芥花油	呼伦贝尔农垦集团有限公司	呼伦贝尔市	粮油产业
呼伦贝尔大豆	呼伦贝尔农垦那吉屯农牧场有限公司	呼伦贝尔市	粮油产业
赤峰绿豆	赤峰蒙天粮油有限公司	赤峰市	粮油产业
乌兰察布胡萝卜	察哈尔右翼中旗农投农牧业投资开发有限公司	乌兰察布市	林下和果蔬产业
鄂尔多斯螺旋藻	内蒙古再回首生物工程有限公司	鄂尔多斯市	深精加工
	鄂尔多斯市加力螺旋藻业有限责任公司	鄂尔多斯市	深精加工

续 表

"蒙"字标认证	获证企业	所在城市	归属产业
乌海葡萄	乌海市鑫双丰农业科技有限公司	乌海市	林下和果蔬产业
	乌海市云飞农业种养科技有限公司	乌海市	林下和果蔬产业
	乌海市阳光田宇农业科技发展有限责任公司	乌海市	林下和果蔬产业
河套食用葵花籽	内蒙古李牛牛食品科技股份有限公司	巴彦淖尔市	粮油产业
	巴彦淖尔市三胖蛋食品有限公司	巴彦淖尔市	粮油产业
库伦荞麦	内蒙古弘达盛茂农牧科技发展有限公司	通辽市	粮油产业
锡林郭勒羊肉	锡林郭勒盟羊羊牧业股份有限公司	锡林郭勒盟	畜牧产业
	锡林郭勒大庄园肉业有限公司	锡林郭勒盟	畜牧产业
	苏尼特左旗满都拉图肉食品有限公司	锡林郭勒盟	畜牧产业
	阿巴嘎旗额尔敦食品有限公司	锡林郭勒盟	畜牧产业
	内蒙古草原万开蒙郭勒肉业有限责任公司	锡林郭勒盟	畜牧产业
	苏尼特左旗乔宇肉食品有限公司	锡林郭勒盟	畜牧产业
科尔沁牛肉	内蒙古科尔沁牛业股份有限公司	通辽市	畜牧产业
	通辽市明清肉制品有限公司	通辽市	畜牧产业
	内蒙古草原牛王肉业有限公司	通辽市	畜牧产业
呼伦贝尔牛肉	呼伦贝尔市中荣食品有限公司	呼伦贝尔市	畜牧产业
呼伦贝尔羊肉	内蒙古伊赫塔拉牧业股份有限公司	呼伦贝尔市	畜牧产业
	新巴尔虎右旗草原行肉类食品有限责任公司	呼伦贝尔市	畜牧产业
	呼伦贝尔新巴尔虎左旗顺祥清真肉食品有限公司	呼伦贝尔市	畜牧产业
	呼伦贝尔小肥羊西旗羊肉有限公司	呼伦贝尔市	畜牧产业
内蒙古风干牛肉	呼和浩特市蒙亮食品有限公司	呼和浩特市	深精加工
	通辽市广发草原食品有限责任公司	通辽市	深精加工
	内蒙古白音杭盖食品有限公司	通辽市	深精加工
	阿鲁科尔沁旗那牧尔民族食品有限责任公司	赤峰市	深精加工
策格（酸马奶）	阿巴嘎旗照富经贸有限责任公司	锡林郭勒盟	深精加工
达茂草原羊	内蒙古天宇牧歌农牧业科技发展有限公司	包头市	畜牧产业
鄂尔多斯阿尔巴斯山羊肉	内蒙古牧之源农牧业投资有限责任公司	鄂尔多斯市	畜牧产业
鄂尔多斯细毛羊肉	乌审旗国有农牧业开发有限公司	鄂尔多斯市	畜牧产业

续　表

"蒙"字标认证	获证企业	所在城市	归属产业
鄂托克前旗羊肉	鄂尔多斯市恒科农牧业开发有限公司	鄂尔多斯	畜牧产业
河套牛肉	内蒙古旭一牧业有限公司	巴彦淖尔市	畜牧产业
内蒙古大兴安岭黑木耳	内蒙古大兴安岭林下产品有限责任公司	呼伦贝尔市	林下和果蔬产业
	呼伦贝尔金坤元商贸有限公司	呼伦贝尔市	林下和果蔬产业
呼伦贝尔黑木耳	呼伦贝尔市满都盛达生物菌有限责任公司	呼伦贝尔市	林下和果蔬产业
内蒙古沙棘籽油	内蒙古宇航人高技术产业有限责任公司	呼和浩特市	深精加工
	内蒙古沙漠之花生态产业科技有限公司	赤峰市	深精加工
河套黄柿子汁	内蒙古民隆商贸有限责任公司	巴彦淖尔市	深精加工
丰镇月饼	丰镇市海鹏食品股份有限公司	乌兰察布市	深精加工
	内蒙古康美食品有限公司	乌兰察布市	深精加工
阿拉善荒漠肉苁蓉	内蒙古曼德拉生物科技有限公司	阿拉善盟	深精加工
内蒙古桔梗	赤峰荣兴堂药业有限责任公司	赤峰市	深精加工
	内蒙古祈蒙药业股份有限公司	赤峰市	深精加工

数据来源：内蒙古自治区市场监督管理局（知识产权局）。